EN BUSCA DE EMMA

EN BUSCA DE EMMA

Cómo creamos nuestra familia

ARMANDO LUCAS CORREA

HarperCollins *Español*

EN BUSCA DE EMMA. Copyright © 2021 de Armando Lucas Correa. Todos los derechos reservados. Impreso en los Estados Unidos de América. Ninguna sección de este libro podrá ser utilizada ni reproducida bajo ningún concepto sin autorización previa y por escrito, salvo citas breves para artículos y reseñas en revistas. Para más información, póngase en contacto con HarperCollins Publishers, 195 Broadway, New York, NY 10007.

Los libros de HarperCollins Español pueden ser adquiridos para propósitos educativos, empresariales o promocionales. Para más información, envíe un correo electrónico a SPsales@harpercollins.com.

Título original: *En busca de Emma: Dos padres, una hija y el sueño de una familia*

Publicado en 2009 por HarperCollins Rayo

PRIMERA EDICIÓN DE HARPERCOLLINS ESPAÑOL PUBLICADO EN 2021

Este libro ha sido debidamente catalogado en la Biblioteca del Congreso de los Estados Unidos.

ISBN 978-0-06-307079-0

21 22 23 24 25   LSC   10 9 8 7 6 5 4 3 2 1

A mis hijos, Emma Isabel, Anna Lucía y Lucas Gonzalo.

A cada hombre le está dado, con el sueño, una pequeña
eternidad.

—JORGE LUIS BORGES

Lo que se hizo en ella era la vida, y la vida era la luz.

—EVANGELIO SEGÚN SAN JUAN

Whoever you are—I have always depended on the
kindness of strangers.

—TENNESSEE WILLIAMS, *A Streetcar Named Desire*

CONTENIDO

Nueva York, 1.º de febrero de 2021

Mis queridos Emma, Anna y Lucas:

Estas páginas son una trampa para la memoria.

Son la conversación silenciosa que inicié contigo, Emma, el 14 de noviembre de 2005 a las 4:27 de la tarde, y que continuó con ustedes, Anna y Lucas, cuatro años más tarde, el 13 de diciembre, en la habitación oscura de un hospital en San Diego, California.

Emma, Anna, Lucas, este libro es nuestra coraza.

Nunca voy a olvidar, Emma, el día que preguntaste quién era tu mamá. Habíamos celebrado tu tercer cumpleaños. Era la época de las princesas, de los payasos, de las varitas mágicas, ¿recuerdas?

Tenías contigo los dibujos que habías hecho la noche anterior y me dijiste: «Éste es para tu mamá». Te pregunté entonces quién era mi mamá y me contestaste sin titubear: «Abuelita Niurca». Entonces abrí la caja de Pandora.

—¿Y quién es la mamá de Papi Gonzalo?

—Abuelita Cuqui, que vive en Cuba —dijiste, todavía ensimismada en tus trazos precisos.

Después de una pausa, comenzaste a preguntar.

—¿Y quién es mi mamá?

Gonzalo tragó en seco. Yo te respondí sin aliento, midiendo cada palabra:

—Tú tienes dos papás. Hay niños que tienen una mamá y un papá; otros, dos mamás; otros crecen sólo con una madre o un padre; incluso hay niños que son huérfanos, que no tienen ni mamá ni papá.

Nos mantuvimos en silencio, a la espera. Conté los segundos, que resultaron eternos.

—¿Tú quieres que Mary sea tu mamá? —sugerí, aludiendo a la
mujer que te había llevado en su vientre.

—No —repusiste de inmediato.

—¿Tu abuelita, tu tía? ¿Quieres que ellas sean tus mamás?

—No —repetiste.

Esa noche comencé a preparar un pequeño libro con imágenes del día
en que Papi y yo viajamos por primera vez a San Diego para concebirte,
nuestro encuentro con Mary y con Karen, el día en que nos mostraron
los trece embriones y cuando transfirieron el que luego se convertiría en
ti. También incluí fotos de Mary durante el embarazo y el día del parto.
Una foto tuya cerraba el álbum: bailabas y jugabas en la nieve, con gafas
oscuras y corona de princesa. Lo titulé En busca de Emma.

Fue por esa época que nos dijiste que querías tener un hermanito o una
hermanita. Como tiendo a olvidar los momentos terribles, me llevaste a
reanudar, sin dudarlo, el proceso de traer al mundo a otro ser humano. Así
llegaron a nuestras vidas ustedes, Anna y Lucas, dos años después de la
petición de Emma.

Ha sido un camino lleno de vicisitudes y accidentes, pero ustedes
son nuestras mejores creaciones. Ustedes vinieron al mundo para
completarnos.

Emma, tu inteligencia y sensibilidad son nuestro orgullo.

Anna, cada noche anhelo nuestra rutina de repasar el acontecer del
día. Tu sabiduría y tus ojos atentos nunca dejan de sorprenderme.

Lucas, anoto cada una de tus preguntas. Tu ingenuidad y el nivel de tu
razonamiento te hacen especial. Eres un niño curioso, noble y bondadoso.

Hoy los veo caminar a mi lado, los tres ya casi de mi estatura, y
escucho emocionado sus proyectos. Una quiere ser ingeniera aeroespacial;
la otra, veterinaria; el otro, ingeniero civil. Cada día me convenzo más
de que están preparados para enfrentar la vida, pero debo confesarles
que, a pesar de verlos felices, no puedo dejar de experimentar un temor
incontrolable. Miro hacia atrás y puedo aún sentir el acecho.

Hay quienes cuestionaron por qué los trajimos al mundo.

Hay quienes dijeron que ustedes no eran nuestros hijos.

Hay quienes los miraron con lástima.

Hay quienes nos dieron la espalda.

Hay quienes se negaron a bautizarlos.

Hay quienes se distanciaron.

Hay quienes dijeron que preferirían estar muertos antes que tener dos papás.

Desde que nacieron, hemos ido venciendo juntos cada una de esas batallas. Pronto les tocará a ustedes desafiarlas solos.

Sé que hemos sido felices, que les hemos brindado la mejor educación a nuestro alcance, que han crecido rodeados de amor y que los hemos preparado para ser compasivos con la ignorancia. Nunca bajen la cabeza. Miren hacia delante, lo más lejos que puedan, sin detenerse, sin miedo. El mundo les pertenece.

Una vez, ustedes fueron nuestra ilusión. Ahora, queridos hijos, les toca soñar. Cierren los ojos con todas sus fuerzas y verán cómo, un día, esos sueños se harán realidad.

Ustedes son la evidencia.

Gracias por habernos escogido.

Papá y Papi

2000—2004

LA BÚSQUEDA

EL MIEDO

PARA TENER UN HIJO, he matado a cinco.

Durante meses esa imagen me persiguió. Una célula, un embrión, un latido del corazón. Cada noche me levantaba sobresaltado, tres, cuatro, cinco embriones lanzados al abismo.

Oraba por uno. Sólo uno. Aquel que tuviera fuerzas, que se aferrara a las paredes de un útero desconocido, con un corazón que cabalgara sin detenerse hasta que un día, nueve meses más tarde, irrumpiera en el mundo con un grito, el llanto al que todos aspiramos.

Lo primero fue el miedo. Un miedo que corroe, que inmoviliza. Fueron días, semanas, meses aterrorizado. Al otro lado, siempre estaba el enemigo. Yo aquí y ellos allá, al otro lado del mundo, de Nueva York a California, la tierra prometida. Nunca antes el este y el oeste habían estado tan distantes. Y los desconocidos siempre al acecho. Voces sin rostro, sin alma. Escuchaba frases como instrucciones, palabras como órdenes. Tenía todo un ejército contra mí.

Le abrí paso al escrutinio. Tenía que pasar bajo la mirada inquisidora de abogados, médicos, enfermeras, sicólogos y trabajadores sociales que analizarían cada célula de mi cuerpo. Se disponían a penetrar en mis pensamientos, incluso en mis sueños. Debía ser sometido a todas las pruebas; sólo así me sería permitido aportar mi cincuenta por ciento al bebé que traeríamos al mundo. La otra mitad también sería analizada, no sólo la que aportaría la célula preciada, sino mucho más atrás: una, dos, tres generaciones. Todo en busca de la perfección, de un ideal. No era posible dejar margen al error.

Me sometí a esa vorágine solo porque, desde muy temprano, en mi niñez, había tomado una decisión: convertirme en padre.

DE PEQUEÑOS, MUCHOS sueñan con ser astronautas, bomberos, policías, vaqueros, artistas. Yo no. Yo quería ser papá. Me casé recién cumplidos mis veinte años —ella tenía dieciocho—, y durante dos años evitamos a toda costa un embarazo. Yo no quería que mi hijo naciera en Cuba. Éramos muy jóvenes y ambos estábamos estudiando pero, cuando la vida universitaria terminó, decidimos divorciarnos. Ésa fue mi primera pérdida y al escapárseme la oportunidad de ser papá «como Dios manda», las posibilidades de tener un hijo se redujeron.

Más adelante conocí a Gonzalo, y juntos salimos de Cuba en 1991 para los Estados Unidos. La idea de crear una familia entre los dos siempre estuvo presente.

Adoptar era una opción, y comencé por Ucrania, desde donde todavía recibo correos electrónicos relacionados con grupos de adopción. Ucrania era entonces uno de los pocos países con leyes relativamente flexibles para que un hombre de mi edad pudiera adoptar a un niño. La mayoría de los países que ofrecía posibilidades de adopción exigía que se tratara de parejas heterosexuales casadas; varios establecían además límites de edad. El proceso podía extenderse de tres a cinco años.

Accedí a orfanatos de Rumania, Ucrania y Rusia, en los que fui abordado por rostros de niños hacinados en cunas desencajadas y sucias. Intercambié correspondencia tanto con otros aspirantes a padres, frustrados por el proceso, como con algunos que habían vencido todas las trabas y tenían ya a un bebé bajo su techo.

Entonces nos encontramos con el obstáculo principal, en el estado de la Florida, donde vivíamos, la adopción era ilegal para una pareja formada por dos hombres.

Mientras más me adentraba en el universo de la adopción, más me convencía de que no era la vía adecuada para mí.

No estaba preparado para todo aquel proceso de indagación no sólo antes, sino también después de tener al bebé: las visitas constantes al hogar para evaluar tu labor de padre y, por supuesto, la terrible y eterna posibilidad de que, por alguna insólita decisión burocrática, ese niño que has convertido en tu hijo y que te necesita casi para respirar, pueda serte arrebatado en un abrir y cerrar de ojos.

En 1997 nos mudamos a Nueva York. Me habían ofrecido trabajar como escritor principal en la revista *People en Español*, con lo cual las posibilidades de llevar adelante mi proyecto se incrementaron. Un día llegó a mi oficina la primera prueba de imprenta de una edición de la revista *People Weekly*, un privilegio derivado de trabajar para el mismo grupo editorial. En ese número, que a los pocos días saldría a la venta, leí por primera vez una pequeña historia que, si alguien me la hubiera contado antes, la habría tomado por ciencia ficción.

En Phoenix, Arizona, un hombre de treinta y nueve años se había convertido en padre a través de una madre gestacional. La bebé, una hermosa niña de más de ocho libras, era suya biológica y legalmente, ya que el embrión que la madre gestacional llevó en su vientre había sido concebido con el esperma del futuro padre y el óvulo de una donante.

El hombre, que había estado casado por un breve periodo y que por muchos años había luchado consigo mismo para aceptar su homosexualidad, estaba decidido a tener un hijo. ¿Cómo? Un anuncio de la agencia Surrogate Mothers, Inc., que ofrecía servicios de donación de óvulos y madres gestacionales, había sido la solución; aunque, al ser un hombre soltero, muchas de las candidatas se negaron a trabajar con él.

Hubo incluso dos doctores que rehusaron hacer la fertilización *in vitro* porque el hombre no tenía pareja. Su odisea se convirtió en la búsqueda de una donante de óvulos y una madre gestacional que se decidieran a ayudarlo. Entonces apareció su ángel de la guarda: una mujer de treinta años que ya tenía hijos propios, y que aceptó iniciar el proceso con él. ¿Cuál había sido el costo? Más de cuarenta mil dólares, sin contar los gastos legales y médicos.

Ese día encontré mi camino. Tendría que vencer muchos obstáculos, pero no me importaba; sería un proceso desgastador, y qué más daba; costaría una fortuna —que yo no tenía—, pero ya encontraría una solución.

Desde ese día, el miedo se apoderó de mí. Comenzaba la batalla.

EL NUEVO MILENIO

Todo comenzó con un sueño. Yo soñé a mi hija la última noche de 1999. La familia de Gonzalo se reunió en el norte de Italia para esperar el milenio. Llegaron desde Cuba, Brasil, Miami, y nosotros de Nueva York. Estábamos en una pequeña casa de finales del 1800 en la ciudad de Varese, a cincuenta kilómetros de Milán.

Brindamos, nos abrazamos, celebramos la llegada del siglo XXI, y yo no hice ninguna promesa para el año nuevo.

Esa noche me fui a la cama y no podía dormir. Hacía frío. A través de una ventana abierta pude ver el cielo oscuro, sin estrellas. Casi al amanecer, me quedé profundamente dormido y soñé. Esa noche vi a mi hija. No la imaginé rubia ni trigueña, con ojos azules ni castaños. La soñé en mis brazos, recién nacida, su piel sobre mi piel. La sentí, la olí, la acaricié y me dormí a su lado. Fue una angustia, pero una angustia placentera. Me desperté agitado, con la respiración entrecortada y el pulso acelerado.

No soy de los que creen en los sueños. Tiendo, incluso, a olvidarlos.

Mi amiga Norma Niurka me llama cada vez que tiene un sueño extraordinario. Para ella son visiones, anhelos. Los descifra, les busca explicaciones y conexiones con la realidad. Cada elemento del sueño tiene un porqué, y me los narra como si fueran una obra teatral, se emociona, los actúa. Piensa que su vida está por tomar otro rumbo, indicado por lo que su cerebro creó mientras dormía. Cada vez que termina de contármelos a toda velocidad, y para que mi atención no decaiga, me pregunta: «¿Tú no crees en los sueños, verdad?».

Y no es que no crea, es que no busco ni encuentro respuestas en ellos. Para mí, los sueños no son premoniciones, sino más bien simples deslices eléctricos.

Muchas veces no logro siquiera diferenciar una pesadilla de un sueño. Tanto una como el otro me sofocan. Y, como hago con todas las cosas que me mortifican, los instalo en el olvido. Tal vez por eso, al despertar, rara vez recuerdo lo que soñé.

Pero en aquella ocasión, el escenario era diferente.

Finalizaba un siglo, estaba lejos de mi familia y recién había cumplido cuarenta años. Era un sueño que no podía ignorar.

Al día siguiente sentí una extrema sensación de calma. Me sentía relajado, como si me hubiese quitado de encima un peso enorme.

Tomamos el tren a Roma, que me pareció una ciudad diferente de la que había recorrido en otras oportunidades. No sentía ansiedad por descubrir cada esquina, visitar cada museo, encontrar reliquias dispersas en iglesias renacentistas, atravesar el monte Palatino, sentir el peso del Arco de Constantino, perderme en los laberintos del Coliseo o el mausoleo de Adriano, contemplar la Capilla Sixtina o recorrer el Trastévere. Solo quería, sin desviarme, asistir a la primera misa en latín del nuevo siglo en la Basílica de San Pedro, que tendría lugar el segundo domingo después de Navidad y estaría dedicada a los niños.

Gonzalo realizó un recorrido por la ciudad con los demás, mientras yo me confundía con una multitud devota, proveniente de todas partes del mundo, hasta llegar al altar, donde se vence el miedo al vacío.

Allí me arrodillé, oré por mi hija y pedí con insistencia poder conocerla. Recorrí cada detalle de las columnas del altar, en busca de una señal. Contemplé el manto de Verónica y un trozo de uno de los maderos de la cruz, reliquias que sólo se exhiben en años sagrados. Como ordena el ritual, atravesé el gran salón de la basílica y llegué hasta la imponente puerta de entrada de la derecha, abierta sólo en años de jubileo. Acaricié las rodillas lustrosas del Jesús crucificado de la puerta, pulidas por la devoción de millones de peregrinos.

Al pie de la *Pietá*, protegida por un cristal a prueba de balas, encendí una vela y oré por mi hija bajo el reinado de Juan Pablo II, el papa número 264.

Abandoné la basílica en paz y me uní a nuestro grupo en una Roma tumultuosa y cosmopolita, que daba la bienvenida al nuevo siglo en medio del jubileo que marcaba la transición del segundo al tercer milenio de la era cristiana. Percibía la ciudad más iluminada, y comencé a sentir a mi hija en cada rincón. Ella era mi gran secreto. Nadie me preguntó qué me pasaba, tal vez porque me veían relajado y feliz.

EL REGRESO A Nueva York fue rápido. En el avión, traté de reproducir el sueño una y otra vez. Aún podía cerrar los ojos y verla entre mis brazos.

Ya en nuestro apartamento de Manhattan, comencé a delinear cuáles serían los primeros pasos para buscarla.

No quería, ni podía, perder ni un segundo.

El apartamento de entonces era pequeño. Tendríamos que salir de él. Como había aumentado su valor, podríamos venderlo y financiar con la ganancia el proceso de búsqueda. En caso de que no se pudiera vender de inmediato, el cuarto era lo suficiente amplio como para colocar una cuna, algún mueble, los primeros juguetes.

Hoy, después de conocer a Emma, trato de dibujar su rostro en el sueño, pero no puedo. Busco sus ojos, su llanto, su sonrisa, pero no lo consigo. Busco su frondosa cabellera y no la encuentro. Sus manos, su carita redonda, sus piececitos. Nada.

Pero en el sueño era ella. Sabía que era mi hija, que estábamos conectados física y espiritualmente, y ese día prometí que movería cielo y tierra para traerla al mundo.

PADRE AUSENTE

DESDE MUY PEQUEÑO TENÍA una vaga idea de cómo se hacían los niños. En mi casa nunca nos dijeron que venían de París, y el cuento de la cigüeña que deja caer a los bebés en pañales por la chimenea era demasiado bucólico para una isla del Caribe. Nada de varitas mágicas ni inmaculada concepción. Para tener un hijo, hacían falta un hombre y una mujer. Y para más detalles, me habían dicho que ambos debían estar desnudos.

El día que entré a la escuela, las cosas se complicaron. Mi familia quiso que comenzara antes de la edad establecida —nunca comprendí cuál era la ventaja—, por lo que, aunque era el más alto del aula, siempre fui el más joven. Allí, con mis compañeros de clase, que me llevaban más de tres o cuatro años, fue donde entré en contacto con otras interpretaciones de cómo se hacían los niños. La primera versión, que perduró en mí por mucho tiempo, tenía que ver con la emisión de un líquido por parte del hombre. Hasta ahí parecía haber cierta lógica, pero el encargado de transmitir la historia asumía que ese líquido mágico no era más que el sudor del pene, extenuado al hacer contacto con la vagina.

Así, siempre me supuse infértil: mi pene no sudaba.

Desde esa época tan temprana, comenzó mi preocupación por ser papá. Sometí a mi órgano a extremas temperaturas y ciertos malabarismos para hacerlo destilar al menos una gota de sudor, pero ni el eterno verano tropical era capaz de volverme fértil. Así, desde muy pequeño, tuve la certeza de que nunca podría estar con mujeres —y, en consecuencia, no me convertiría en padre— pues mi órgano sexual no transpiraba.

Fue en una limitada clase de Biología donde nos explicaron el procedimiento de manera científica, y ahí el trauma fue aún mayor, pues no provenía de un amiguito del aula, sino de la maestra. Ya no se trataba sólo de sudor, sino de algo mucho más complejo que debía fabricar en mi interior para tener hijos. Así, por muy claro que me lo explicaran, todavía dudaba de mi facultad para fecundar, no me sentía capaz de emitir fluido mágico alguno.

En mi largo camino por encontrar a Emma, y hasta el momento en que me mostraron mis trece embriones fecundados, tuve dudas de mi fertilidad.

Hoy, no sólo sé cómo se hacen los bebés, sino que puedo desentrañar el procedimiento casi a nivel celular. Terminé creando mi propia cigüeña.

Tal vez aquellas ansias de ser papá tenían que ver con que crecí sin la presencia de uno. Mis padres se divorciaron cuando yo sólo tenía dos años y medio. Mi mamá volvió a casarse, y el padrastro que tuve desde muy pequeño no fue más que un patético extraño que relegué al olvido, como acostumbro hacer con todo cuanto me resulta desagradable. Por otro lado, mi padre, con quien tuve encuentros esporádicos durante mi infancia y juventud, creó a su vez una familia nueva. Hoy día vive con su segunda esposa en un matrimonio de más de cincuenta años, y tiene tres hijas, a las que rara vez llamo hermanas —no por despecho ni celos, sino por falta de hábito—. Cada una de mis hermanas tiene dos hijos, así que mi hija sería para él un nieto más. Al menos, pasaría a ser su nieta menor.

Si crecí en medio de un matriarcado que marcó mi vida

—mi abuela, mi madre, mi hermana, mis tías, mis primas—, la presencia imponente de mi abuelo paterno siempre me inspiró. Mi abuelo Lalo era un hombre elegante, siempre con su sombrero de pana, de buenos modales, un apasionado de la historia y muy hábil para los negocios. Con problemas en la vista y afectado por la diabetes, nos dictaba sus cartas a amigos e hijos con ímpetu y una retórica decimonónica. En las noches, calculaba su pequeña fortuna, prestaba dinero a sus amigos y yo, desde que aprendí a sumar y restar, era una especie de contador, agrupando billetes y limpiando sus monedas antiguas de plata. Mi abuelo era mi ídolo. Hasta el día en que me llevó al salón vacío del que fuera Río Bar, un negocio que construyó en Guantánamo y perdió tras el triunfo de la revolución. Mi abuelo, al que ya había pasado en estatura, se acercó a mí y muy circunspecto me dijo: «Es preferible ser ladrón, asesino, que ser maricón». Comencé a temblar, me quedé en silencio. Cuando me dio la espalda me fui a la casa, me encerré en mi habitación y comencé a llorar, avergonzado. Yo sólo tenía trece años.

Después de más de diez años sin verlo, busqué a mi padre para que Emma lo conociera. Por ella me reencontré con él —aunque no creo que una niña de dos años pueda grabar en su memoria un encuentro que sólo duró un par de meses—, o para que, al pasar de los años, pudiera tener una foto con su abuelo. Un abuelo ausente, pero al menos con un nombre y un rostro.

Invitarlo a visitarme fue una gran odisea y, como muchos de mis proyectos, comenzó en secreto. Fue una utopía que duró más de un año, hasta que logró obtener la visa para entrar en los Estados Unidos.

La primera vez que nos abrazamos en el aeropuerto tuve la sensación de haberme encontrado con un extraño. Salió de la aduana, atravesó el salón de espera del aeropuerto con cara de susto, unas gafas gastadas y pesadísimas que le daban un aire de anciano. No sentí ninguna conexión con él, pero lo abracé como si nos hubiéramos dejado de ver el día anterior. Él se sorprendió y sentí que trató de establecer cierta distancia. Incluso, cada vez que me acercaba a él para tomarnos una foto y apoyaba mi brazo sobre su hombro, tenía la sutil sensación de que su cuerpo se tensaba para no permitir que me acercara demasiado.

Mi padre es de pocas palabras. Es discreto y evita los problemas. Creo que usa el mismo recurso que yo: evadir todo lo que pueda distraerme de mi camino, y más aún si esa distracción implica drama. Ahí coincidimos.

A dos días de su llegada, mi padre comenzó a cambiar. Su rostro rejueneció, sus mejillas adquirieron un tono rosado, un nuevo corte de cabello le daba cierto aire de dignidad y lo hacía parecer más joven. Lo vi disfrutar de su silencio, ensimismarse en su ocio, deleitarse con las oportunidades que le facilitaba. No sabía cómo agradecer el tiempo que recuperaba al lado nuestro. Y mientras mi padre se acercaba a mí, yo me alejaba. Un distanciamiento que era, paradójicamente, una señal honesta de confianza.

Conversamos del pasado, de los escasos encuentros que tuvimos. De su familia paterna, con la cual rara vez se encuentra, de sus padres, sus abuelos, su infancia. Recordó momentos con mi mamá, que lo recibió con cariño familiar.

Era divertido verlos juntos, en una relación que parecía más de hermanos que han dejado de verse por unos años que de marido y mujer que dejaron de vivir juntos cinco décadas atrás. Con frecuencia intentaba imaginar qué pensaba mi mamá al verlo, fuerte y saludable, aún dedicado a su trabajo; un esposo y padre ejemplar para la familia que creó después de divorciarse de ella. ¿Se habrá preguntado cómo habría sido la vida con él?

Al hablar con mis hermanas en Cuba, ellas se sorprenden de las reacciones de nuestro padre. Él siempre estuvo dedicado a ellas; cerca, pero al mismo tiempo distante. No era cariñoso, nunca lo habían visto llorar, pero en nuestro reencuentro lo vimos derramar lágrimas, expresar una profunda admiración por sus hijos perdidos —mi hermana y yo— y disfrutar cada momento, consciente de que pronto llegaría a su fin.

Lo mejor de nuestro reencuentro fue el no habernos reprochado lo que hicimos ni dejamos de hacer durante todos esos años. Me vi en él y él se vio en mí, y creo que eso fue suficiente satisfacción. Me dio tranquilidad verlo y sentir que también yo podría envejecer con su misma dignidad.

Mi padre es un buen padre para sus hijas. No fue un mal padre para mi hermana y para mí, fue sólo un padre ausente. Alguien a quien siempre quisimos acercarnos sin conseguirlo, por circunstancias ajenas a nosotros. Nunca imaginé que convertirme en papá me permitiría reencontrarme con mi propio padre, pero así ocurrió. Ahora lo conocemos mejor y lo queremos, gracias a Emma.

QUIERO SER PARA mis hijos el padre que nunca tuve. Verlos nacer, crecer milímetro a milímetro. Verlos llorar y reír por primera vez, enseñarles a gatear y a caminar. No creo que mi padre recuerde mi infancia como recuerda la de sus hijas. Recuerda el día que nacieron, sus cumpleaños, las vacaciones en la playa, la vez que les cortaron bien corto el cabello a las tres.

Desde que soñé a mi hija, la he visualizado año por año en todas las etapas de su vida. De camino a la escuela, el día en que se gradúe de secundaria, sus comienzos en la universidad, su primer amor, el día de su boda. Ahí voy a estar, cerca de ella para todo lo que necesite.

Por eso la traje al mundo, por eso la busqué, para que sea feliz, para que sea querida, para que crezca rodeada de todos los que la aman.

Tropezará con obstáculos y será fuerte, vencerá las dificultades, caerá y se levantará, llorará y volverá a reír. Pero siempre va a saber que me tiene ahí, cuando llore o cuando ría.

También encontrará a algunos que cuestionarán cómo la traje al mundo, cómo le negué la posibilidad de tener una madre; incluso hablarán de Dios. Pero ella sabrá explicarles, porque ella está aquí por la voluntad de Dios. Porque Dios da vida, no la quita. Dios está a favor del amor y contra la intolerancia. En un laboratorio se podrá crear el embrión más perfecto pero, como aclaró el doctor que me ayudó a concebir a mis hijos, que un embrión se convierta en bebé sólo está en las manos de Dios. Que ellos existan, pues, no es más que un innegable acto de creación.

Poco a poco, ellos también lo entenderán y sabrán defenderse. Y responderán con una sonrisa a quienes los cuestionen.

Nunca dudé un segundo de lo que hacía, porque sabía que no estaba solo. Mi búsqueda no iba en contra de ninguna ley de la naturaleza, todo lo contrario. Mis hijos son luz, son vida. Y la vida es obra de la naturaleza.

LA PRIMERA AGENCIA

Cada vez que he debido tomar decisiones trascendentales, como cambiar de trabajo, mudarme de Miami a Nueva York, regresar a Miami, aceptar un nuevo puesto de trabajo o incluso comprometerme a escribir un libro, recurro a mi amiga Mirta Ojito. Bromeo con ella cuando le digo que sigo sus pasos.

Fue ella quien me contrató en el periódico *El Nuevo Herald*, de Miami, como asistente del departamento de noticias. Luego me convertí en reportero, y cuando ella se marchó a trabajar en el *New York Times*, me recomendó como escritor al editor de *People en Español*, una revista de entretenimiento que recién comenzaba. Así, Gonzalo y yo partimos para Nueva York, donde radica la revista. Unos años después, Mirta regresó a Miami para escribir un libro, y un tiempo después la seguí para trabajar desde allí, aún vinculado a *People en Español*. Más tarde, Mirta regresó a Nueva York y, sin proponérmelo, también yo tuve que volver.

Así que, al leer el artículo sobre la pareja que había tenido a su hijo a través de una madre gestacional, la llamé. En aquel momento Mirta tenía dos hijos, y quedó impresionada con el proyecto. Como me conoce, sabía que lo iba a lograr. Mirta siempre tiene una respuesta, al menos la que yo necesito:

—Mi ginecólogo en Nueva York tuvo a su hijo de esa manera —me dijo.

Su mujer no podía tener hijos y acudieron a una agencia en Oregón. Hoy son padres de un bebé.

Por supuesto, de inmediato llamé al ginecólogo de Mirta, que me atendió sin mucho entusiasmo, pero me dio toda la información que le pedí. Hacía sólo diez meses que había nacido su hijo, y tenía la esperanza de repetir el procedimiento para buscar al segundo.

Esa fue mi primera agencia, Thorsen's Surrogate Foundation, en Portland, Oregón. Yo no tenía la menor idea de dónde estaba, si las leyes permitían la subrogación en ese estado o cuál era el porcentaje de bebés nacidos a través de madres gestacionales, pero me lancé de cabeza.

Nueva York, 16 de junio de 2000

Estimado Dr. Sampson:

Le escribo hoy con la esperanza de que pueda ayudarme a cumplir el sueño de toda mi vida: convertirme en padre. He realizado una extensa investigación y mis opciones para serlo son limitadas. He encontrado la respuesta en la subrogación gestacional. La ciencia y la tecnología han logrado que el proceso de fecundar un óvulo en un laboratorio sea una realidad para mí.

Ahora todo lo que necesito es que me ayude a encontrar una maravillosa, generosa y dedicada mujer que quiera darle vida a este sueño.

Le incluyo toda la información necesaria para comenzar el proceso.

Espero saber de usted pronto.

Atentamente,
Armando

Mi primera conversación con el doctor Sampson me atormentó. El bombardeo de términos médicos y procedimientos, así como las posibilidades reales de tener un bebé, me dejaron casi inconsciente en medio de arenas movedizas. Las probabilidades de convertirme en padre de un bebé a través de un proceso de fertilización *in vitro* eran del veinticinco por ciento.

La subrogación gestacional —que implica una donante de óvulos, mi esperma y una madre gestacional— reducía mis posibilidades. En la subrogación gestacional, la mujer seleccionada para llevar al bebé por nueve meses no puede ser la misma que dona el óvulo, que es fecundado en un laboratorio (*in vitro*) con espermatozoides seleccionados de mi donación de esperma. El embrión resultante es transferido al útero previamente preparado de la madre gestacional. El hecho de que la madre gestacional no sea la madre biológica del bebé es una ventaja de esta técnica de reproducción asistida, pues previene más complicaciones sentimentales de las ya implícitas en el proceso.

El doctor me aconsejaba la subrogación tradicional, donde la madre sustituta es la misma que aporta el óvulo. En ese caso, mi esperma se utilizaría para fertilizar el óvulo a través de una inseminación artificial. Los ovarios de la madre sustituta son estimulados con medicamentos que inducen la ovulación. De forma natural, el organismo sólo produce un óvulo durante cada ciclo mensual. Con este procedimiento de inducción, se desarrollan varios en un mismo ciclo. Luego se prepara el semen en el laboratorio. Entre millones de espermatozoides, son seleccionados aquellos que tengan morfología y movilidad óptimas. La inseminación se efectúa en el consultorio del médico, sin requerimientos de anestesia, y la madre sustituta sólo debe permanecer en reposo varios minutos después del procedimiento.

El proceso me preocupaba, pues la madre sustituta debía entregar a un bebé que habría llevado en su vientre durante nueve meses, y que además sería su hijo biológico. En el caso de una madre gestacional, el bebé que lleva en su interior no es suyo, sino de la donante del óvulo; así, al tener que entregar el bebé a su padre genético y legal el día del parto, el trauma sería menor. Al menos, así lo creía yo.

En ambos casos, antes, durante y después del embarazo existe un contrato legal en el que la madre gestacional renuncia al embrión creado en un laboratorio o en su interior con un espermatozoide extraído de una donación de semen. En el mejor de los casos, yo, el futuro padre, sería el único responsable, padre legal y biológico del bebé, al cual la madre gestacional renunciaría durante su embarazo ante un juez, momento en el cual se me otorgaría la patria potestad del aún no nacido.

Se suponía que yo estaría en el parto y, una vez nacido, el bebé pasaría a mi custodia y en el certificado de nacimiento yo aparecería registrado como su padre. Según el estado, el nombre de la madre portadora podría o no aparecer en el certificado. Más adelante, con ayuda legal, en el certificado podría eliminarse el nombre de la madre gestacional para que sólo apareciera el mío. En dependencia del hospital y del estado donde naciera el bebé, los trámites de adopción serían los estipulados. En el caso de Oregón, el padre biológico del bebé —o sea, yo— tendría que adoptar a mi hijo. Al parecer, aquella era mi única posibilidad en ese estado, lo cual me provocaba aún más incertidumbre.

En ambos casos, sería posible que los documentos que contenían los nombres de la madre portadora o de la donante de óvulos permanecieran bajo sello judicial, y sólo podrían ser consultados con la autorización de un juez.

Me enfrentaba a un gran dilema con el método de subrogación tradicional: ¿cómo podría una madre «abandonar» a un bebé recién nacido que había llevado en su vientre y que le pertenecía a nivel celular? También, en el otro caso, si la madre gestacional entregaba al bebé, tal cual se acordara en términos legales, porque es consciente de que no puede mantenerlo junto a ella, ¿cómo reaccionaría ante el descalabro hormonal que provocan un embarazo y un parto?

Oregón es un estado pequeño. Tiene cuatro millones de habitantes y colinda con Washington y California. A diferencia de California, un estado en el que existían casos que amparaban legalmente la subrogación, en Oregón no había leyes relacionadas con el uso, o el pago de una madre gestacional. En otros estados, como Kentucky, se prohibía la subrogación si ésta implicaba un pago para que una madre gestacional o de subrogación renunciara a sus derechos sobre el bebé. De todas formas, en Kentucky existían agencias, y hasta entonces esa ley no había sido aplicada. En algunos se reconocía la subrogación y la intervención estatal era mínima, por lo que varias agencias podían conducir su práctica sin obstáculos. También existían estados en los que el contrato de una madre gestacional o de subrogación no tenían validez alguna. Fuera de los Estados Unidos, había países donde la subrogación gestacional tenía amparo legal, como Nueva Zelanda, Sudáfrica, Canadá o India. En España aún no se reconocía el acuerdo legal entre la madre gestacional y los futuros padres. En Argentina, un comité evaluaba caso por caso para su aprobación. En Brasil no existían leyes que regularan un procedimiento de esa índole. En el Reino Unido, estaba permitido mientras no implicase ánimo de lucro. En Israel era aceptado siempre y cuando la madre gestacional fuera soltera y la pareja que la contratara estuviera casada. En Francia aún se debatía, y se continúa debatiendo, su aprobación. En China y en Italia estaba prohibido.

Al menos en Oregón no existían leyes que condenaran la subrogación, así que, para mí, era una posibilidad real.

Ya casi decidido a llevar adelante un proceso de subrogación tradicional —creía que todo dependía de quién fuera la madre sustituta—, comencé el arduo proceso de escribir y compilar documentos, biografía y ensayos para convencer a una madre sustituta de que me aceptara como padre en busca de un bebé.

Para protegerme, me encerré en un hermetismo total, y hasta a mi amiga Mirta la mantuve alejada de mis progresos. Algo me decía que la búsqueda no era la adecuada, pero hasta ese momento, era mi único camino. Vivía en un sobresalto constante, comencé a tener dificultades para dormir y regresó el miedo.

El doctor me recomendó un análisis de esperma que midiera mi nivel de fertilidad, más aún considerando que yo nunca había engendrado un hijo. Fue entonces cuando mi cabeza comenzó a embotarse con las posibilidades reales de la infertilidad masculina: era posible que padeciese de astenozoospermia, una condición que implica movilidad reducida de los espermatozoides, u oligozoospermia, que describe el número excesivamente bajo de espermatozoides en la eyaculación; o peor aún, azoospermia, que es la ausencia total de espermatozoides en el semen.

Para eliminar mis dudas y comenzar de veras el procedimiento, o al menos la etapa de firmar innumerables contratos, el doctor me recomendó que acudiera a mi médico de cabecera con una lista infinita de pruebas sanguíneas. Era necesario excluir cualquier posibilidad de enfermedad venérea o de transmisión sexual y de VIH (virus de inmunodeficiencia humana), así como otra serie de virus que nunca en mi vida había oído siquiera mencionar, o enfermedades más conocidas, como hepatitis y deficiencias hematológicas.

Mis niveles de estrés se dispararon. ¿Dónde había caído?, me preguntaba a cada instante. ¿Hasta dónde iba a llegar todo ese escrutinio? Mi hijo nacería en Oregón de una madre que había decidido abandonarlo. *Sería un hijo no querido*, pensaba, aunque sabía que iba a ser más que querido por mí y los que me rodean, pero tendría el síndrome de los niños adoptados, que siempre terminan buscando desesperados a la madre o al padre a los que están conectados de manera genética, y que decidieron abandonarlos a un desconocido. En mi caso, yo sería el padre real, así que me consolaba el hecho de que el síndrome sólo afectara a mi hijo en un cincuenta por ciento. Ésa era mi terapia.

Así y todo, con las dudas en pleno apogeo, comencé a imaginar a mi bebé, a intentar darle un rostro, pero me era imposible. Y el terror se intensificó en el momento que empecé a acercarme a los estratosféricos costos de todo el proceso.

Era necesario deshacerse del apartamento. Dejar Manhattan. Comenzar una vida nueva lejos, bien lejos de la ciudad. Pero antes, tendría que endeudarme. Buscar dinero donde fuera, recurrir a las tarjetas de crédito, a préstamos con intereses exorbitantes.

Me adentraba en una encrucijada desconocida, confiaba en extraños que sólo conocía a través de Internet o de esporádicas llamadas telefónicas. Nombres sin rostro en los que debía confiar con los ojos cerrados. Y confié.

Aquel verano llegó a su fin y me preparé para enfrentar la llegada del otoño. Si encontraba a la madre sustituta y la inseminábamos en los dos meses siguientes, mi hija o hijo estaría conmigo en menos de un año. No podía creerlo. No me veía aún como padre. Una cosa era soñarlo y otra verme, pero el camino se había iniciado. Tendría a mi bebé el siguiente verano. Y nacería en Oregón.

¿Cómo son los nacidos en Oregón? ¿Es un estado republicano o demócrata? Todas estas preguntas me impulsaron a comenzar un proceso investigativo (¿acaso alguna vez ha finalizado?). ¿Cuántos votos electorales? ¿Quiénes son sus senadores? ¿Oregón le ha dado algún presidente a este país? ¿Qué escritor o persona famosa es de Oregón?

¿En qué hospital nacería mi bebé? ¿Tendría que adoptarlo, o sería mío por ley desde el momento en que naciera? Así, comencé a ver las primeras señales. Una, fue el fascinante lema de Oregón: «Vuela con tus propias alas» (*Alis volat propriis*). La segunda, es el único estado del país que tiene un fruto seco nacional, la avellana, que es mi favorita. Allí se cultiva el noventa y nueve por ciento de las avellanas de todo el país.

Entré a la página de Internet de la agencia, pero era un poco limitada. No ofrecía información detallada del personal, ni de cuántos bebés habían nacido a través de madres sustitutas o de donantes de óvulos. Por supuesto, sí aparecía el monto aproximado de los costos del proceso, pero sin aclarar que aquellos gastos podían dispararse hasta el infinito.

Lo mejor de todo aquel intervalo de análisis e investigación fue que había dado el primer paso. Me encontraba ya inmerso en un proceso, y comencé a entender cómo funciona ese tipo de agencias.

En pocas palabras, una agencia es como un hospital. Antes de entrar debes ser admitido y es importante pasar por un control médico inicial. Luego, te tratan como si estuvieras enfermo. Así, lo primero que se proponen descubrir es cuán grave es tu estado, si es operable y si, al final, el cirujano acepta llevarte al quirófano. Más que un futuro padre, eres un paciente, y comienzan a crearte un historial clínico.

Lo peor es que, además de ser un enfermo difícil de diagnosticar, no podrás evitar convertirte en conejillo de Indias. No se sabe qué saldrá del proceso, si los resultados serán positivos o negativos y, de hecho, no tienes la más mínima certeza de si te dicen la verdad o te engañan. A su vez, no hay seguro que cubra ese tipo de atención. Eres, a fin de cuentas, una especie de vagabundo que implora atención médica y, aunque tengas algo de dinero ahorrado, nunca será suficiente.

No encontré fotos de la agencia, pero la imaginaba como una oficina de hospital, más bien pequeña, con una recepcionista amable tras una ventanilla de cristal. Si tocabas el timbre, ella abriría la ventana, sonreiría y tú tratarías de husmear qué había del otro lado. Imaginaba también un complejo laboratorio lleno de probetas, tubos de ensayo, tanques de acero níquel y grupos de médicos absortos en microscopios electrónicos. En el *lobby* no faltarían fotos de bebés en las paredes y de mujeres embarazadas sonriéndoles a hombres que, junto a ellas, contemplan el tamaño de su vientre. Y, por supuesto, podía ver al doctor que manipularía los embriones, con una bata blanca de mangas largas, rostro ocupado de ilustre profesor con gafas, suspirando al darte una respuesta, la que estabas esperando. El doctor tendría unos sesenta años, más de treinta de experiencia y, en su haber, la creación de más de mil niños.

Pero, en realidad, aún no lo había conocido. Sólo había escuchado su voz tranquila y suave, que intentaba convencerme de que mi mejor vía para tener un bebé era a través de la inseminación artificial de la madre sustituta. La subrogación tradicional.

DIANA

Diana tiene treinta años. Nació en California y vive en Oregón. Está casada y tiene hijos. Ahora quiere ser madre sustituta. ¿Por qué? Me explica que, cuando era muy joven, dio en adopción a uno de sus bebés, y asegura que su experiencia fue más que positiva y que podría hacerlo de nuevo pues, aunque no fue fácil, se emocionó al ver la reacción de los futuros padres con sus nuevos hijos. Quiere ayudar a quienes quieran hacer realidad sus sueños de convertirse en padres.

Diana me escogió a mí. Trabaja, pero quiere estudiar computación y diseño de sitios web. Tiene una hermosa sonrisa y un rostro maternal. Sus ojos son de un azul cristalino y su cabello es castaño claro. Es baja de estatura y tiene algunas libras de más. Se nota que lucha contra el sobrepeso. Es una mujer saludable. No usa gafas ni lentes de contacto, nunca ha debido corregir su dentadura y jamás se ha sometido a una operación. Es una mujer alegre. Le gusta bailar, coser y le fascina la artesanía. También le gusta visitar viñedos. Dice que tiene un gran sentido del humor, que es responsable y que tiene un buen corazón. Es extrovertida, aclara.

No tiene ningún problema para concebir. Sus embarazos transcurren sin inconvenientes, los llevó a término y todos culminaron en partos naturales. Sus períodos menstruales son regulares, cada veintiocho días, y como medida anticonceptiva toma píldoras. Sus exámenes vaginales son normales. Nunca ha padecido de ninguna enfermedad de transmisión sexual. No ha tenido, tampoco, rubéola. ¿Su estado de salud? Excelente.

Diana no sufre de depresión, ni tampoco ningún miembro de su familia. Nunca ha estado bajo tratamiento psicológico o psiquiátrico. Los únicos medicamentos que toma son para el dolor de cabeza o algún que otro dolor de muela. Jamás ha consumido drogas ilegales. Nunca ha fumado y no toma bebidas alcohólicas, «sólo de forma esporádica, digamos que una vez al mes», aclara.

Sus hijos no padecen ni han padecido ninguna enfermedad grave, y en su historial familiar nadie sufre de asma, alcoholismo, ceguera, diabetes, hepatitis, mononucleosis, epilepsia, alergias, artritis, sangramiento, obesidad, polio, tuberculosis o presión alta. Su punto débil es la piel, que es muy sensible y tiende a irritarse.

Hace poco, su madre murió de cáncer a los sesenta y nueve años. Su padre murió a los cuarenta y cinco de un derrame cerebral. Las hermanas de Diana están vivas y sanas. Su abuela paterna murió a los ochenta y siete años, el abuelo a los noventa. No conoce a sus abuelos maternos.

Su esposo apoya todas las decisiones que ella toma y está feliz con que Diana sea una madre sustituta. Sus hijos son muy jóvenes para entender el paso que ella está dando. Tampoco en su trabajo hay problema alguno con que ella sea madre sustituta. Sus amigos van a apoyarla en todo momento.

Después del parto, en el momento de entregar al bebé, dice que estará un poco triste, pero que se sentirá muy feliz por los futuros padres.

En las fotos, sus hijos se ven felices. La familia desayuna en casa todas las mañanas. Su esposo deja a los niños en la guardería y ella los recoge al atardecer. Ella prepara la cena cada noche y permite que los niños vean televisión un par de horas.

La casa, en un vecindario lleno de familias, es pequeña. Sólo tiene un dormitorio. Los niños duermen en la sala. La cocina es amplia, y Diana dice que es el lugar favorito para compartir en familia. A ella le gusta cocinar. A sus hijos les encantan su pastel de manzanas y sus galletitas de chocolate recién horneadas.

Los sábados van juntos al parque y en la tarde al cine. Los domingos, después de misa, almuerzan en un restaurante familiar. Con el dinero que obtenga como madre sustituta, unos veinte mil dólares, Diana va a estudiar. Quiere prepararse para darles un futuro mejor a sus hijos.

Diana, entonces, sería la mujer que llevaría en su vientre a mi futuro hijo. Ella sería también su madre biológica. No se opondría en absoluto a dejarlo ir, a entregármelo para que se convierta en mi hijo. Sería mi hijo biológico y legal, y Diana estaría muy contenta al verme feliz y ayudarme a cumplir mi sueño.

Lo que no consigo descifrar, aunque trate de convencerme, es cómo podría Diana dejar ir a un hijo al que no sólo llevara en su vientre, sino que además procreara. ¿Cómo les explicará a sus hijos que va a entregar en adopción a uno de sus hermanos? Diana ya lo ha hecho antes, y estoy seguro de que podrá volverlo a hacer, pero de todas formas intento tratar de entenderla, de pensar como ella. Aunque insisto, no lo logro, no lo entiendo. No consigo imaginar a Diana como la madre biológica de mi hijo, la mujer que le daría la mitad de sus cromosomas, de su código genético. Una mujer que dio a sus primeros hijos en adopción. Aunque, para ser justos, sería también la mujer que donaría su óvulo para crear al mío, y lo llevaría en su vientre para que luego yo pueda tenerlo en mi vida.

En camino de la oficina hacia el tren subterráneo, en cada rostro femenino que me sale al paso veo el de una posible madre sustituta. Observo caderas —que deben ser anchas—, senos —voluminosos—, vientres —poderosos—, y no dejo de pensar en cómo será Diana.

Entro a un vagón y frente a mí veo a una mujer de unos treinta años, embarazada, que se sienta y arregla con discreción su blusa ceñida al cuerpo. Me detengo en cada uno de sus gestos, intento adivinar cuántos meses tiene, si su embarazo fue deseado, si se trata de su primer hijo, si tuvo síntomas durante el primer trimestre, si podrá dar a luz o tendrá que someterse a una cesárea. La mujer responde incómoda a mi escrutinio con su mirada. Hasta ese momento no me había percatado de que, inconscientemente, no le he quitado la vista de encima.

Llego a mi parada y abandono la estación convencido de que Diana será la madre de mi hijo. De tanto ver sus fotos, siento como si la conociera; se ha convertido en un miembro de la familia al que pronto estaré muy cercano.

—Diana, gracias por escogerme —le digo.

Ella me abraza con ternura y me estrecha con todas sus fuerzas. Le reitero mi agradecimiento, y la miro con intensidad. Su vientre ha crecido, se lo acaricia y sonríe.

—Es tu hijo, esto que llevo dentro te pertenece —su voz es cálida.

Se despide y se aleja de mí. Se vuelve con una sonrisa permanente y me dice adiós con la mano. Cada vez está más lejos, su figura, comienza a difuminarse, pero aún puedo distinguirla antes de que se pierda en el horizonte. «Diana, gracias». Y sé que sonríe y que ella también se siente agradecida. No quiero que desaparezca, intento seguirla, ir paso a paso detrás de ella para que no se evapore.

La pierdo de vista y me despierto.

Soñaba. Era un dulce sueño.

INFÉRTIL

Soy un paciente más y tengo que esperar. En la sala, un niño se refugia en las piernas de su madre mientras ella trata de confortarlo. Un anciano intenta llenar extensos formularios. Una mujer no deja de hablar por teléfono y pasa de una llamada a otra con una contagiosa ansiedad.

No hay ventanas. Las puertas de las oficinas están cerradas. Hay calor. Suena un teléfono que nadie contesta. Me siento ignorado, como ese paciente desesperado que llama. Escucho mi nombre, me levanto y paso a la primera ventanilla. Sin mirarme a los ojos, la mujer extiende su mano para que yo le alcance la solicitud de los análisis remitidos por mi médico. Su rostro se tensa, abre los ojos y por primera vez me mira como si tratara de averiguar para qué diablos alguien necesita esa cantidad de estudios, el cincuenta por ciento relacionados con enfermedades de transmisión sexual. Se abre una puerta y entra la luz de una ventana. Trato de mirar a través de la ventana para evadir el encierro. La mujer de ojos dormidos prepara una etiqueta para cada examen, me los entrega y me dice que pase al salón a la derecha.

—Para éste —aclara, mientras señala el nombre del test con

su dedo índice—, tiene que ir a este otro laboratorio —y vuelve a señalar con el dedo.

«Éste» es el examen de esperma, que ella no se atrevió a nombrar. Y el «otro laboratorio» al que se refiere es una clínica especializada, donde me imagino que habrá varios cuartos oscuros en los que hombres solitarios y atemorizados por una respuesta que podría poner en tela de juicio su virilidad, deben donar su esperma —o sea, masturbarse— para que un experto lea lo que quizás no quieran oír.

Un hábil flebotomista encuentra mi vena en el primer intento y comienza a extraer sangre como si me hubiera dispuesto a participar en una campaña de donación. Uno, dos, tres, cuatro tubos de ensayo… y ahí paré de contar.

Algo dolorido y sugestionado con mi ahora menor cantidad de sangre en el cuerpo, vuelvo a pasar junto a la mujer que primero me atendió y me sigue con la vista hasta que me alejo de sus predios mientras se imagina lo que me va a tocar hacer en unas pocas horas. Cada vez me siento más débil, más vulnerable.

Tomo uno de los autobuses que atraviesan Manhattan por el corazón del Central Park, y en el Upper East Side, en el primer piso de un elegante edificio, encuentro el laboratorio que la mujer no se atrevió a nombrar.

Entrego el papel y la recepcionista me hace llenar un largo formulario y luego me ordena pasar a un baño que es, más bien, una celda con un inodoro y un lavamanos, donde me esperan una vieja revista *Playboy* y un estante lleno de frascos plásticos estériles y sellados con rótulos verdes donde debo escribir mi nombre, la fecha y mi número de seguro social. Soy un preso, un condenado a muerte.

La donación demora unos pocos minutos, tras lo cual entrego la muestra, que la recepcionista coloca en una caja plástica sin cruzar su mirada con la mía.

¿Los resultados?

—La semana que viene ya los tendrá su médico —responde, aún sin mirarme. Soy un fantasma.

Ese test era la prueba de que ya estaba inmerso en el proceso de convertirme en padre. Había donado mi esperma y el lunes, o a más tardar el martes, tendría los resultados. Estaba feliz y, sin proponérmelo, pienso en todas las posibilidades negativas a las que podría enfrentarme. Es un ejercicio involuntario que me prepara para afrontar las noticias más terribles. Lo que sucede es que muchas veces el desenlace nada tiene que ver con el guion que yo mismo orquesté.

Mi preocupación mayor era no tener espermatozoides, aunque cabía la posibilidad de que ninguno llegara vivo a la eyaculación, pensaba para darme aliento.

Pero un especialista podría ser capaz de rescatar uno vivo de mis testículos, al menos uno, porque sólo uno se necesitaría para fecundar el preciado óvulo y tener a mi hija.

No obstante, si decidiéramos trabajar con Diana, se trataría de una subrogación tradicional. Y para eso sería indispensable conseguir más de un espermatozoide.

¿Cuántos? Muchos. ¿La calidad? Óptima. Tendrían que navegar a toda velocidad y ser fuertes y combativos, romper la zona pelúcida y penetrar el óvulo. Sólo uno sería necesario para fecundarlo, pero ese único valiente e intrépido espermatozoide tendría que nadar y nadar junto a miles de colegas antes de llegar a su destino. Y su cabeza tendría que ser perfecta. Y su cola también.

Iba a ser un fin de semana largo. En un par de días se decidiría mi destino. Todos tenemos un destino.

ES LUNES Y llamo a la secretaria de mi médico. Me confirma que los resultados están listos, pero que el doctor no me puede atender hasta el miércoles. ¿Dos días más? ¿Y no me puede decir si los resultados están bien? ¿Si hay algún problema por el cual preocuparme? Ella, un poco cansada de tener que dar explicaciones de más, corta mi ansiedad con una frase tajante.

—Yo no sé leer resultados. No soy médico. Si fuera médico, no le contestaría el teléfono. El miércoles podrá hablar con él. Venga a las tres de la tarde.

¿Cuál es la lógica de llamar a alguien «médico de cabecera» si en realidad no tienes la más mínima posibilidad de tener acceso a él en el momento en que más lo necesitas, de hacerle una consulta, de tener su teléfono móvil a tu alcance y sentir que él es quien contesta las llamadas de todos sus pacientes y no una torpe intrusa?

Habría debido fingir una emergencia e insistir en que se pusiera en la línea y exigirle que me leyera los resultados. O aparecer en la consulta y sentarme en el claustrofóbico salón de espera hasta que terminara de atender a cada uno de sus ancianos pacientes de ese día.

El consultorio está cerca de mi oficina. ¿Por qué, en lugar de llamar a una secretaria que no es médica —razón por la cual se dedica a contestar el teléfono— no lo esperé a la salida del consultorio para que viera de cerca mi desesperación y se compadeciera de mí? Sólo necesitaba que me dijera: «Todo está bien. No te preocupes. Ven el miércoles a las tres y lo vemos en detalle». O que me enfrentara con pena y, con su brazo sobre mi hombro, me mirara y dijera: «No es lo que esperábamos, pero algo resolveremos. Ven el miércoles».

El resultado de mis análisis está allí, en una pequeña oficina dentro de un majestuoso edificio art decó con portones dorados protegidos por un fornido portero que mantiene a raya a los intrusos como yo que quieran llegar hasta un médico que no recibe a nadie sin cita previa.

No hay nada que hacer sino esperar dos días más.

PARA ALGUNOS, EL invierno es la estación más terrible e inhumana de Nueva York. Para mí lo es el verano. Crecí en el trópico y viví en Miami, pero nada se asemeja al desagradable calor neoyorquino.

La ciudad apesta. Las estaciones del metro tienen escasa ventilación. Los turistas invaden la ciudad y el malhumor de quienes viven en la minúscula isla abarrotada de rascacielos impera como una constante.

Todo el mundo está hastiado. Al menos, los que no tienen casa en los Hamptons, o no pueden refugiarse en la Riviera francesa ni en una villa de la Toscana. Mi médico de cabecera es uno de ellos. Él tiene que trabajar los veranos. Suda sin control, incluso dentro del ambiente con aire acondicionado.

Atiende a sus pacientes como si los regañara: «¿Qué diablos hiciste ahora? ¿Qué quieres que haga?». Y uno se siente culpable. Culpable de un catarro, o de un penetrante dolor de cabeza, o de que la piel esté irritada o la sinusitis no lo deje dormir. Nadie, sólo tú, eres el causante de tus propias miserias. Resuélvelas. ¿Qué quieres que haga un médico que suda, tiene que trabajar cada verano y no tiene casa en las afueras?

A veces, mi médico de cabecera se da cuenta de que se le va la mano y suaviza el tono, te agrede por un lado y te echa una mano por el otro. Si bien «echar una mano» es un decir.

Me siento en la camilla y espero como buen paciente a que entre a la oficina, que más bien parece un clóset. Mi historia clínica está en la puerta, a la espera de que su mano experta la tome, la hojee y me comunique los resultados por los que he esperado sin apenas dormir. Me detengo a leer las partes del cuerpo humano en un afiche descolorido al lado de una pequeña ventana. He pasado quince minutos esperando, sentado en la camilla. Son las tres y cuarto de la tarde. A esa hora nací yo. Entonces aparece mi médico, sudado y cansado como siempre. Sonrío. Nadie pronuncia un saludo. Toma mi historia clínica y pasa las páginas con rapidez —no es posible, no puede haberle dado tiempo a leer esa cantidad de números y códigos que sólo él puede descifrar y no la secretaria, porque por eso es secretaria y solo contesta el teléfono—.

—Esto está mal. Hay problemas —me dice, como si nada. Como si yo, que no soy médico, pudiera haber leído mi sangre desde el momento en que me la extrajeron. Yo, quién si no, el único culpable de que mis resultados tengan problemas.

¿Tengo alguna enfermedad venérea? ¿Estaré infectado con algún virus mortal?

El doctor repasa hoja por hoja y su rostro muestra una mueca de desprecio. Se pone de pie, llama a la secretaria y le ordena que cancele al siguiente paciente.

¿Y yo qué? ¿Piensa dejarme así, como un moribundo al que no vale la pena mostrar una mínima señal de compasión?

Me mira a la cara, como si me gritara «¿Y acaso no lo sabías, imbécil?».

Su silencio parece una eternidad. No le pregunto nada, sólo espero a que él se digne a aclararme cuál es el delito por el que tendré que pagar toda mi vida. Cuál será mi cadena perpetua.

En un instante, todo se ha desmoronado. Yo, un hombre enfermo —iluso yo—, que intentaba convertirse en padre. Un hombre que ahora tiene que luchar sabe Dios contra qué, uno que había seleccionado esperanzado a una buena mujer para que donara su óvulo y su vientre para poder llevar a término su proyecto.

Ahora le tendré que pedir disculpas a Diana porque habrá que detenerlo todo.

¿Cómo voy a tenerte, Emma, si no puedo ni ocuparme de mí? Yo, un hombre que hasta el día de hoy se consideraba saludable.

«Con este resultado, no creo que puedas tener hijos. Tu esperma no sirve. Eres infértil».

EL VACÍO

CADA VEZ QUE ME enfrento a una entrevista me invade el temor al vacío. Aunque me haya preparado la noche anterior, aunque tenga todas las preguntas concebidas, escritas o grabadas en mi cabeza, uno nunca sabe con qué se va a encontrar. El desasosiego proviene de no poder adivinar cuál será el estado anímico del entrevistado, si va a establecerse química entre nosotros, hasta dónde podré llegar con mis preguntas y si al final la persona que tengo delante —y que alguien ha entrenado para que no se desvíe de lo que tiene programado responder, que ha construido una imagen que espera que nadie le afecte— va a responder con sinceridad.

Una de mis estrategias es atacar con las preguntas que el entrevistado espera, y poco a poco encontrar los elementos que él mismo da para llevar la conversación hacia lugares más íntimos y honestos, tanto, que a veces parece más bien una confesión. Pero existen los expertos en responder lo que nunca les has preguntado. Otros, terminan con frases hechas que el público no quiere oír, e incluso están los que emplean todo el tiempo de la entrevista en dar una o dos respuestas enrevesadas y triunfalistas, de las cuales tal vez, con buena suerte, pueda usarse apenas una frase. En presencia del sujeto, casi siempre se logra obtener alguna idea interesante que puede provenir de la preparación de la entrevista, del lugar donde se desarrolla, del personal que lo atiende o incluso de su lenguaje corporal. Y, por supuesto, hay entrevistas que terminan siendo buenas o malas. Las malas, yo siempre las olvido.

Tomo un avión, llego a Miami y antes de registrarme en el hotel voy hasta los estudios de Univision en el Doral. Me espera María Celeste Arrarás, una de las presentadoras principales de la cadena de televisión hispana número uno del país. Falta poco tiempo para que entre a maquillarse antes de presentar las noticias de *Primer impacto*.

María Celeste está emocionada. Va a escribir las impresiones de su viaje a Rusia. Es la mamá de Julián, un niño de tres años, está embarazada de cinco meses de una niña y acaba de adoptar a otro niño, Vadim, en el orfelinato Rayito de Sol, que está a dos horas de Moscú. La primera vez que María Celeste vio a Vadim fue por Internet. Le enviaron una foto del bebé a través de un correo electrónico; estaba vestido de rosa y pesaba solo veinte libras. Más adelante, ella y Manny, su esposo, fueron a visitarlo. Vadim llevaba una camiseta con el número seis. Su ropa estaba sucia y apestaba a humedad. Compartía su cuarto con otros once bebés y no estaba acostumbrado a ver hombres a su alrededor. Ahora a María Celeste se le va a cumplir el sueño de tener tres hijos. Está feliz porque, además, va a salvar a un bebé de la miseria.

Dejo Miami conmovido por la historia de María Celeste y parto hacia México. Allí me espera el actor Saúl Lizaso para ser entrevistado en el Casino Español, un imponente edificio de la época colonial en el centro de la Ciudad de México, donde *El derecho de nacer*, la nueva versión del clásico de las telenovelas, está en plena grabación. Vestido de época, Saúl atraviesa con aire señorial los pasillos del Casino, que funciona como su casa en la serie televisiva.

En ese instante me siento un personaje más del drama. A lo lejos, veo llorar a la protagonista, Kate del Castillo porque su personaje no sabe quién es en realidad su madre. Ha sido abandonada. Me siento patético. Nada es real.

Al grito de «¡Corten!», Saúl se desentiende de su almidonado personaje, se me acerca y me da un abrazo. Me invita a su camerino, en un tráiler sin ventanas y con ropa colgada por doquier. Está feliz. No sólo es uno de los actores mejor cotizados de Televisa, el imperio de las telenovelas en español, sino que hace catorce meses se convirtió en padre. Su hija Paula es su adoración. Él le cambia los pañales, me dice, le da el biberón y hasta se despierta por las madrugadas para consolarla cuando llora. Saúl protagoniza una exitosa telenovela y ha sido seleccionado por la revista *People en Español* como el hombre más sexy del año 2000, pero aclara que hoy su rol más importante es el de papá.

Tomo el avión de regreso a Nueva York y al día siguiente me envían a la Escuela Primaria Clara Barton, en el Bronx, donde me espera un grupo de niños de quinto grado. Elvin, de once años, que vive con sus padres en un apartamento en el sur del Bronx, es el capitán de un equipo que juega en la bolsa con valores ficticios. Invirtieron cien mil dólares y en unas diez semanas obtuvieron una ganancia de treinta y cinco mil dólares. Los niños, en su mayoría hispanos, se han hecho famosos de la noche a la mañana. En un año podrían haberse convertido en millonarios, si no fuera porque invierten en la bolsa de valores de forma hipotética. Antes de irse a jugar béisbol, Elvin revisa las páginas de negocios del *New York Times* para ver cómo van sus inversiones y, junto a sus amigos, decide dónde invertir. Sus padres no se explican de dónde ha salido ese talento de inversionistas, pero se encuentran sumamente orgullosos.

De regreso a mi oficina, en el piso treinta y seis del edificio *Time and Life*, comienzo a transcribir las tres historias —María Celeste, Saúl, los niños del Bronx— sin la adrenalina habitual que me suscita mi trabajo.

Aún llevo en mi bolsillo, doblado en cuatro, el resultado de mi análisis. No he podido hablar con nadie. Tampoco me he atrevido a llamar a la agencia y cancelar mi proyecto con Diana. Es como si este asunto del análisis nunca hubiera pasado.

Despliego sobre mi escritorio las fotos de María Celeste con Vadim en brazos. En una, lo mira con ternura. En otra, lo coloca en una cuna. En una tercera, Manny lo sostiene en el aire y María Celeste le sonríe, radiante de felicidad. Vadim la mira como si supiera que su martirio ha llegado a su fin. Ahora él va a tener un hogar, y María Celeste, otro hijo.

Extraigo de mi bolsillo el análisis del esperma e intento descodificar los números expresados en millones, los porcentajes, los datos sobre la morfología y la movilidad. No entiendo nada. Sólo sé que esas cifras expresan que no estoy apto para tener un hijo. Que jamás podré fecundar el embrión que Diana me donaría; que ninguno de mis espermatozoides podría atravesar el intrincado camino hacía el fresco, saludable y perfecto óvulo de Diana, perforar sus paredes y compartir su código genético con el de ella para dar inicio a la creación de mi hija.

Era mi destino. Estaba escrito, y yo no lo sabía.

Observo la tierna carita de Vadim y pienso en todos los niños que esperan a unos padres bondadosos y valientes que se arriesguen a rescatarlos. Vadim es un niño con suerte. María Celeste es una mujer con suerte. Ése era el destino de ambos. El mío estaba ante mí en un papel, me acaba de llegar como una sonora bofetada.

¿Se trataba de una imperfección genética, o había sido yo el culpable de mi infortunio? ¿Habrían sido aquellas extremas temperaturas a las que había sometido a mis testículos para hacerlos sudar en mi adolescencia? ¿O mi obsesión por bajar de peso y someterme a extenuantes baños de vapor? ¿Acaso las largas horas con la computadora portátil sobre mis piernas habían afectado mi facultad de producir espermatozoides sanos?

—Con un resultado así, no hay posibilidades de inseminación artificial —fue la respuesta del médico de la agencia de Oregón—. No creo que sea posible que logremos fecundar un óvulo.

Adiós, Diana. Adiós, Oregón. Ya no tendré que viajar ni conoceré Portland. Ya mi hija no nacerá en el otro extremo del país. Al parecer, ya no nacerá.

EL CORAZÓN ROTO

ABRIL DE 2002

Son las doce de la noche y Gonzalo duerme. Termino un vaso de helado de té verde y me quedo dormido. A las tres de la mañana, me despierta un constante dolor en la boca del estómago. Voy a la cocina y tomo un vaso de leche, pero el dolor continúa. Voy al baño y no se apacigua. Mi mandíbula comienza a entumecerse y el dolor se extiende al brazo derecho. Comienzo a hacer ejercicios de estiramiento. Me levanto de la cama, me siento, camino, me vuelvo a acostar. Son las seis de la mañana y el dolor se ha intensificado. Gonzalo me descubre desesperado y sale a buscarme un Zantac en la farmacia. Tomo una tableta, el dolor desaparece casi al instante y me quedo dormido.

Más tarde, desde la oficina llamo a mi amiga María, en Miami, y le cuento sobre mi extraño dolor. ¿Acaso lo soñé? María es mi conciencia.

—Debes llamar a tu médico —me recomienda.

Mi nuevo médico de cabecera es un mexicano graduado de Harvard que tiene su consultorio en el Upper West Side, en el mítico edificio Oliver Cromwell, frente al Dakota. A diferencia del anterior, aparenta tener todo el tiempo del mundo para mí. Lo llamé para explicarle lo sucedido.

—Si tomaste un Zantac y el dolor desapareció, debe haber sido una indigestión. Ven mañana.

Al día siguiente, mi amable médico de cabecera me ausculta, controla mis signos vitales y me hace un electrocardiograma. Analiza con detenimiento las curvas en la larga tira de papel cuadriculado y me recomienda ver a un cardiólogo. Llama a la oficina del especialista y pide una cita de urgencia para mí.

En la sala de espera, todas las caras parecen cansadas. Los pacientes tienen más de sesenta años. ¿Qué me habrá pasado? ¿Me habrá fallado el corazón? No fumo, no bebo, no consumo drogas...

El cardiólogo me hace un ecocardiograma y me cita al día siguiente: será necesario examinar el estado de mis arterias.

Cuando regreso a su oficina, mi médico, con su paciencia habitual, intenta calmarme.

—Tengo una buena y una mala noticia, ¿cuál quieres escuchar primero?

La mala, por supuesto.

—Tuviste un pequeño ataque al corazón. Las enzimas están un poco alteradas. La buena noticia es que no hay daños. No tienes ningún coágulo en el sistema.

Lo que me faltaba. Mi esperma es un desperdicio y mi corazón ha decidido que no quiere trabajar más.

Mi destino estaba más que escrito. Regreso al cardiólogo, que me recibe con juvenil buen humor.

—¿Quién se lo iba a imaginar, eh? Pero vamos a investigar qué pasó —afirma, intentando calmarme. Se suceden exámenes radioactivos, electrocardiogramas con esfuerzo, radiografías.

Mi madre se alarma y quiere tomar el primer vuelo de Miami a Nueva York, pero no se lo permito.

—Con los resultados que tenemos hay dos opciones —explica el cardiólogo—: o te pongo bajo medicamentos de por vida para mantener las arterias destapadas o hacemos un cateterismo para confirmar si hay necesidad o no de operar, si podemos destapar en caso de que haya alguna obstrucción, o si al menos podemos ver con exactitud qué te pasó. Los análisis que hemos hecho hasta ahora tienen un margen de error inevitable, no nos dan ninguna seguridad.

Los medicamentos de los que habla pueden mantener saludable al corazón por unos años, pero también pueden comenzar a dañar el hígado o los riñones. Me siento como un discapacitado.

¿Por qué a mí, si no hay nadie en mi familia que padezca del corazón? Mis padres están vivos y son saludables, y mis abuelos murieron muy ancianos.

El cateterismo era la respuesta que nos daría el nivel exacto de la gravedad de mi situación. A Eduardo, un compañero de la oficina, un simple dolor constante en el codo lo condujo a un triple marcapasos después de que un cateterismo revelara que tenía varias arterias obstruidas. Así que, a corazón abierto, Eduardo debió soportar que le trasplantaran venas de las piernas a su débil corazón.

¿Necesitaré un marcapasos? ¿Cuán obstruidas estarán mis venas?

Decido someterme al cateterismo y mi madre llega a Nueva York el día siguiente.

Parezco un moribundo. Camino con lentitud y precaución, evito cualquier estímulo para no agitar mi corazón que, al parecer, decidió detenerse por unos segundos. Evito comer cualquier tipo de grasa y trato de mantenerme en la cama todo el tiempo.

Ya en el hospital, paso a la camilla preoperatoria, no sin antes firmar los documentos que aclaran los peligros del cateterismo. Puedo morir al instante sin que los doctores sean responsables.

Comienzan a insertarme en la ingle la aguja por donde introducirán un catéter que inundará mis arterias con un medio contrastante. No puedo dejar de llorar y un enfermero se sorprende al ver mi estado de depauperación emocional.

—Tranquilo, yo me lo hago todos los años, y ya en dos ocasiones me han tenido que destapar un par de arterias. No es nada —intenta consolarme.

Él no sabe que éste es el fin de un proyecto. No lloro por lo que me vaya a pasar, sino por lo que ya no me pasará.

Me conducen al salón de operaciones mientras mi mamá y Gonzalo esperan fuera.

El doctor inserta el catéter y me explica que cuando el líquido pase a la circulación coronaria voy a sentir frialdad y aceleración de los latidos del corazón. En caso de encontrar alguna arteria coronaria obstruida, utilizarían un balón inflable para destaparla.

En lo alto, varias pantallas en blanco y negro comienzan a mostrar mi interior. El médico le explica a su equipo cuáles son las arterias, detallando cada paso. El líquido comienza a teñir las ramificaciones que llegan hasta el corazón, que no ha dejado de latir, al menos en la pantalla. El bombeo se amplifica y me escucho a mí mismo, como si ya hubiera muerto y estuviera frente a la película de mi vida. El médico les explica a sus asistentes —no a mí—, que mis arterias no sólo están destapadas, sino que, saludables y anchas, tienen espacio más que suficiente para que circule bien mi sangre.

—¿Y mi ataque al corazón? —pregunto, incrédulo.

—No creo que hayas tenido ninguno.

«No creo». ¿Es tan difícil decir directamente: «*No has tenido un ataque al corazón*»?

De inmediato, debo tomar otra decisión. Tengo dos opciones: me suturan con un par de puntos la incisión por donde me introdujeron el catéter, lo que implica que mi recuperación será más lenta, o me colocan una especie de tapón con el que la recuperación sería inmediata. Sólo que el tapón es un procedimiento experimental que podría provocar la formación de un coágulo, que a su vez podría llegar a los pulmones, al cerebro o al corazón.

—¿Qué me recomienda? —le pregunto al cardiólogo.

Me contesta sin titubear

—Definitivamente, el tapón.

Y salgo del salón de operaciones con el tapón.

El médico les informa a Gonzalo y a mi mamá que salí bien, pero en la consulta postoperatoria con el cardiólogo, las dudas vuelven.

—No tienes nada. Pudo haber sido un espasmo, un cambio de temperatura brusco. Pudo ser también un virus o una bacteria, pero para saberlo con precisión tendríamos que hacer una biopsia del corazón, un procedimiento aún más invasivo.

No acepté. No más pruebas. Hasta el día de hoy, nunca he sabido en realidad qué me pasó.

El médico de cabecera, que de alguna manera se siente culpable por no haberme recibido al llamarlo con mis primeros síntomas, se ha tornado aún más paciente conmigo.

—No me habías dicho que estabas en proceso de tener un hijo.

Le cuento de la agencia de Oregón, de Diana, de mi médico anterior y el olvidado análisis de semen, y tal vez compadecido por mi episodio cardíaco, aventura una luz de esperanza. Me explica que cada donación es distinta, pues el esperma se renueva cada tres meses. Me aconseja que visite a un urólogo y me someta a un estudio más profundo antes de tomar una decisión final. A veces la causa puede ser varicoceles en los testículos, cuyo remedio es una sencilla operación.

Pero antes de comenzar a preocuparme por mis testículos iba a tener que recuperarme del susto del corazón. No había sido fácil.

Entusiasmado con la idea de que aún podría tener posibilidades, comencé a seguir el rastro de agencias de madres gestacionales en Nueva York, Nueva Jersey, San Francisco, Los Ángeles, La Jolla, San Diego y Boston, solicitando información y catálogos.

Así comencé a sostener una larga correspondencia electrónica con mujeres desconocidas que ofrecían sus servicios como madres gestacionales y donantes de óvulos.

Después de todas aquellas señales, la búsqueda se convirtió en un fin. Todavía no estaba decidido a someterme a otros estudios para encontrar respuestas que no querría escuchar.

EL ÁNGEL DE LAS AGUAS

MAYO DE 2003

JOAN LUNDEN, UNA EXPRESENTADORA de cincuenta y dos años de *Good Morning America*, de la cadena ABC, está a la espera de que nazcan sus hijos mellizos. Sólo que no está embarazada: una madre gestacional lleva en su vientre a los bebés creados con el esperma del marido de Joan, de cuarenta y cuatro años, y los óvulos de una donante. Joan no es infértil. Tiene tres hijas de un matrimonio anterior de quince, veinte y veintidós años. Su esposo actual, el dueño de un campamento de verano para niños, no tiene hijos. Ella ha decidido recurrir a una madre gestacional para tener a sus hijos, que nacerán en junio.

Vuelvo a mi médico de cabecera y le digo que ha llegado el momento de ponerse en acción. Me remite a un estudio de mis testículos, cuyos resultados son normales.

—Tus varicoceles son mínimas, no hay necesidad de operar. Tampoco son causa de infertilidad —me explica.

El urólogo, por su parte, ordena un análisis completo de mi esperma y sin preámbulos, me ilumina.

—Para tener un hijo, lo único que necesita tu médico es *un* espermatozoide sano. Y tú tienes millones. Ellos sabrán seleccionar cuál es el mejor; así que no te preocupes y comienza el proceso.

Quedé extático. No sabía si darle las gracias, abrazarlo, echarme a reír o llamar a todo el mundo y decirle que iba a tener un hijo.

En un segundo, evoqué todos los errores que había cometido. Quién me lo había recomendado, por qué, y cómo pude aceptar la resolución del otro médico como si fuera la palabra de Dios. ¿Por qué no dudé, o por qué no tuve la determinación de buscar una segunda opinión? ¿Por qué acepté que era un hombre infértil, si no existía ninguna razón lógica, hereditaria o accidental que lo sustentara?

Trataba de encontrar señales, pero a veces tropezamos con ellas, nos detienen o incluso nos golpean e insistimos en ignorarlas. Es más fácil —y solemos estar más abiertos a ello— descubrir las señales que queremos encontrar y no las que ya existen. Las que nos sorprenden o implican un desvío del camino que deseamos, generalmente las atravesamos como si fueran transparentes.

Las señales, tendría que haber visto las señales. ¿Pero cuáles? Para empezar, que nunca es bueno quedarse con la primera opinión. O tal vez que era yo el que aún no estaba listo, mis finanzas no eran las adecuadas para dar un paso tan radical al establecer el compromiso legal y genético de tener un hijo con una madre sustituta.

¿Acaso era Gonzalo el que no quería? Tampoco, él estaba más que convencido, era algo que habíamos discutido por años. Un proyecto de ambos. Cuando nos conocimos en Cuba, recién graduado yo de la universidad, comenzamos a vivir juntos, y juntos logramos salir de Cuba, invitados por una institución universitaria en Nueva York. Juntos nos mudamos a Miami y creamos un hogar. Había llegado el momento de convertirnos en padres, de crear una verdadera familia.

Mi cabeza se llenó de preguntas y comencé a sentir que salía de un hiato de cuatro años. Me hallaba en un vacío, del que quizás nunca hubiera salido de no ser por mi médico de salvación, el de cabecera, el paciente; o gracias a mi supuesto infarto, o por la gracia divina de un médico que me dijo que sólo uno, sólo un valiente espermatozoide, era suficiente para fecundar el óvulo con que se comenzaría a formar la vida de mi hijo. ¿Acaso no lo sabía?

¿No lo había leído?

¿Sentí odio? No lo recuerdo, ya que trato de olvidar todo cuanto me provoque dolor. ¿Me arrepentía de haber perdido tanto tiempo? Habían transcurrido cuatro años; cuatro años malgastados. No se puede confiar. Siempre hay que dudar. Nadie tiene una respuesta definitiva.

No fui capaz de llamar a mi mamá, a mi hermana o ir corriendo a ver a Gonzalo a su trabajo e interrumpirlo para gritarle: «¡Llegó el momento, ahora sí, de buscar en serio a nuestro hijo!».

De vuelta a casa, atravesé el Central Park. Quería caminar, tomarme un tiempo para procesar la buena noticia. Llegué hasta las terrazas de la fuente Bethesda, en el corazón del jardín público más grande de la isla, y me detuve a contemplar a los turistas y los incansables corredores, el lago, los edificios que sobresalen en la avenida Central Park West. No hay vista que relaje más en el parque que ese lago apacible. No sé si serán las arboledas de las Ramblas, el agua mansa o el ángel que preside la fuente. Es el *Ángel de las Aguas*, diseñado a mediados del siglo XIX por Emma Stebbins.

Emma. A Gonzalo le encanta el nombre de Emma. Es corto, tiene una sonoridad redonda, se pronuncia igual en inglés que en español.

Nuestra hija se llamará Emma, como la protagonista de

Madame Bovary, la novela que leí a los diez años en La Habana y que aún releo con placer. Compro diferentes ediciones, diferentes traducciones: Flaubert es una obsesión. Emma Bovary es una obsesión.

Bajé a la plaza, le di una vuelta a la fuente y me detuve a observar todos los detalles del ángel de bronce hasta descubrir que lleva un lirio en la mano izquierda. En la base del ángel, cuatro querubines representan la paz, la salud, la pureza y la moderación.

Me sentí en armonía y acudió a mi memoria el médico cuyo nombre había olvidado. Pero no lo recordé en su oficina oscura y angosta. No. Lo recordé una noche en un modesto restaurante en el distrito de teatros, mientras cenábamos Gonzalo, mi amiga Cristina y yo. Desde el extremo opuesto del restaurante, el médico nos saludó, sonreímos y nos envió de regalo con el camarero una botella de vino italiano. En la etiqueta de la botella, en letras grandes, aparecía el año de la cosecha: 2000. Tomamos un par de copas y al salir le dimos las gracias.

Sólo esa escena me vino a la memoria, y ése fue mi último recuerdo de él.

LA SEGUNDA AGENCIA

ENERO DE 2004

En el vuelo de Nueva York a Los Ángeles, una mujer que ronda los sesenta años se sienta a mi lado. Desde el momento en que alguien te saluda y te hace cualquier comentario, ya sea sobre la temperatura o sobre el libro que lees o sobre cuán lleno está el avión, sabes que te ha tocado un compañero de vuelo hablador. Al viajar, prefiero el silencio. Me gusta leer, pensar o dormir. No me entusiasma entablar un diálogo inevitablemente convencional, y menos aún con un desconocido.

Es su primer viaje al oeste del país para conocer Hollywood, me explica mi locuaz compañera. Va a reunirse con su hijo, su nuera y su nieta, que desde hace dos años viven en San Francisco. Aunque han ido a visitarla a las afueras de Nueva York, donde vive, es la primera vez que ella decide volar al extremo opuesto del país.

Por el camino que iba tomando la conversación, supuse que no iba a poder leer mi libro, ni organizarme antes de llegar a Los Ángeles. Por fortuna, la mujer anticipa la pregunta que, según mis cálculos, dejaría para el final.

—¿Y tú, a qué vas a Los Ángeles?

Nunca he sido más explícito.

—Tengo una cita en Growing Generations, una agencia que brinda el servicio de madres gestacionales y de donantes de óvulos, para iniciar el proceso de tener un hijo. Mañana debo donar mi esperma; luego lo analizan, lo almacenan y con la donante de óvulo ya localizada prepararemos un embrión. A continuación, el embrión es transferido al vientre de una madre gestacional y, con la gracia de Dios, en nueve meses seré papá.

La mujer sonrió con los ojos fueras de las órbitas y no volvió a dirigirme la palabra durante el resto de las cinco horas de vuelo.

Y así fue, había seleccionado Growing Generations. La decisión fue bastante simple. Es una de las agencias más grandes y antiguas del país. Fue fundada por una mujer que con su pareja —otra mujer— tuvo un hijo. El otro dueño es un abogado especializado en fertilidad asistida, que tuvo a sus hijos con la ayuda de una madre gestacional.

Las oficinas de la agencia no estaban escondidas en un rincón de la ciudad, como algunas, o en la casa de la dueña, como otras. Growing Generations se erguía en el corazón de Los Ángeles, en una de sus arterias más conocidas y lujosas, Wilshire Boulevard. Hasta ese momento nunca habían tenido una demanda legal y, lo más importante, trabajaban con cualquier tipo de familia, ya fueran matrimonios, mujeres u hombres solteros o parejas del mismo sexo.

Antes de viajar, y después de mi primer contacto telefónico, recibí un correo electrónico de Teo, uno de los ejecutivos de la agencia, con un itinerario bien estructurado para mi visita. Lo primero sería llenar el clásico y extenso cuestionario diseñado para los futuros padres. Esa vez fue más fácil, porque usé como modelo el que había entregado a la agencia de Oregón. De hecho, el cuestionario debía estar en poder de la agencia antes de mi viaje. El día de la cita debía dirigirme primero a un laboratorio para donar mi esperma, que analizarían y congelarían para su posible uso posterior.

Una hora y media más tarde, me recibirían los miembros del equipo de Growing Generations, incluida su presidenta, quienes responderían a todas mis dudas.

En el correo electrónico estaban también las instrucciones para la donación en el laboratorio. Si el método decidido era la fertilización *in vitro* de una madre gestacional, el semen podría utilizarse de inmediato. En el caso de que el proceso fuera a través de subrogación tradicional, donde la madre sustituta es inseminada artificialmente, el médico podía imponer una cuarentena al semen. En letras mayúsculas y subrayadas, aparecía una advertencia: para la donación era necesario abstenerse de tener relaciones sexuales o masturbarse por no más de cinco y no menos de tres días.

Listo para el procedimiento y con todos los requisitos cumplidos, llegué al laboratorio. Para mi sorpresa, no era como aquellos a los que estaba acostumbrado en Nueva York. El salón de recibimiento, con sofás de color arena y predominio de madera y cristal, estaba ambientado como un *spa*. La luz era indirecta y todos los presentes aparentaban estar relajados, como a la espera de un placentero masaje. Nadie se saludaba, no había contacto visual alguno.

La enfermera me hizo pasar a un amplio salón privado donde, para mi sorpresa, había una variedad de vídeos que satisfacían todas las preferencias sexuales. Una vez más recibí el frasco plástico con la etiqueta y la advertencia de que «al donar el espécimen debía tener extremo cuidado de mantener estéril el interior del frasco». Así, puse manos a la obra con el cuidado de no contaminar con elementos extraños la vasija encantada.

Con la convicción de que en aquella donación, donde encontrarían millones de espermatozoides sanos, seleccionarían al valiente o a los valientes que fertilizarían a los óvulos, marché erguido a conquistar Growing Generations.

No es que tuviera una idea preconcebida de las agencias, pero no resultó ser como la imaginaba. No sé por qué pensé encontrarme con un espacio diseñado como una guardería infantil, lleno de mujeres sorprendidas de lo valiente que eres por haber tomado la decisión de convertirte en padre a través de una madre gestacional. Pensé que hablaríamos de mi trabajo, que me contarían anécdotas, que me mostrarían fotos de niños recién nacidos con la ayuda de la agencia, que entrarían cada diez minutos llamadas de emergencia porque alguien se había puesto de parto.

En cambio, me sentí como si estuviera en un banco —no había nadie más que yo— listo para abrir una importante cuenta o firmar el contrato de arrendamiento de un auto del cual, después del compromiso sellado, no podría deshacerme al menos por un par de años.

Primero, me recibió la persona que coordina la búsqueda de las madres gestacionales, y luego la responsable del banco de óvulos. Alguien me dio un recorrido por diferentes salones divididos en pequeños cubículos con computadoras en las cuales, después de firmar mi contrato, podría navegar por la base de datos para encontrar a quienes serían la madre gestacional y la donante de óvulos que me ayudarían a tener a mi hijo.

Stuart, uno de los ejecutivos, elogió mis zapatos, y me imagino que todos se habrían percatado de mi nerviosismo cuando llegó el momento de conocer a la presidenta. Gail había tenido a su hija por inseminación artificial. El hermano de su pareja había sido el donante de esperma.

De voz apacible, me impresionó como una mujer relajada, incluso maternal, con huellas de los partos en su cuerpo. Sabía cómo tratarme, cómo ayudarme, porque «sabía todo lo que había tenido que pasar para llegar hasta donde estaba». E insistió en que había llegado al lugar correcto, a la agencia ideal para tener a mi hijo.

A continuación, me recibió Teo para discutir un elemento

que hasta ahora habíamos ignorado en todas las conversaciones anteriores: las finanzas. Junto al contrato firmado, debería depositar un cheque de noventa mil dólares. Mi rostro debió haber reflejado mi estupor. No porque ignorara lo costoso que solía ser el procedimiento, sino porque la agencia requería la totalidad del pago por adelantado, algo que yo no estaba en condiciones de cumplir.

Teo me aclaró, además, que podía ver antes la base de datos, pero que sería muy posible encontrar una lista de espera antes de lograr mi compaginación con la madre gestacional, al igual que con la donante de óvulos.

Antes de despedirme, me entregaron una lista de clientes convertidos en padres y satisfechos con los servicios de la agencia, para que me comunicara con ellos y me contaran sus experiencias en caso de que tuviera dudas.

Me marché de Los Ángeles en estado de pánico.

De vuelta en el avión, busqué ansioso a la mujer que necesitara un interlocutor en el viaje de ida. Me urgía encontrar a alguien que hablara, alguien que no dejara de hablar, para no tener que pensar en cómo buscar noventa mil dólares en menos de una semana. Pero esta vez mi compañero de viaje estaba tan ensimismado que ni levantó la vista cuando le pedí permiso para ocupar mi asiento. Fue un largo vuelo, en el que no pude leer, dormir o apenas cerrar los ojos.

Pero tenía la intuición de que ya había puesto el primer granito de arena para tenerte, Emma.

Llegué a Nueva York convencido de que no existe una estación más bella que la primavera.

Rebecca, una de nuestras editoras en la revista, anunciaba que estaba embarazada. Tendría mellizos.

EL PROYECTO INFINITO

FEBRERO DE 2004

ME OBSESIONAN LOS PROYECTOS. Mi amigo Herman a veces me saluda preguntándome «¿En qué proyecto estás hoy?».

Tal vez por eso he sobrevivido por tanto tiempo en una revista de entretenimiento. Cada mes es como comenzar de nuevo: buscar un tema, seleccionar una portada, probar varias imágenes hasta que la definitiva domina la mesa de edición. Durante el cierre editorial, antes de que las páginas sean enviadas a la imprenta, ya estoy inmerso en un nuevo proyecto para el próximo mes, o para el siguiente, o para el que finalizará el año que apenas ha comenzado.

Soy de los que disfrutan más el proceso que los resultados. Si me propongo comprar una computadora, una cámara fotográfica o un televisor, dedico días, semanas e incluso meses a investigar qué me ofrece el mercado. A veces he comprado una máquina de afeitar y, después de estudiar todas sus posibilidades y probarla por un par de días, la devuelvo. Intento con otra marca y, a los pocos días, la regreso a la tienda de donde salió. Repito el proceso con otra, y la ironía es que las pruebo y las devuelvo sucesivamente, para terminar conservando la primera que compré.

Gonzalo, por supuesto, no lo entiende; se da por vencido y me deja con mis obsesiones.

El día que decidí tener un perro en Nueva York, la investigación me llevó a un bulldog inglés. Encontré uno hermoso, blanco y de tres meses en Tennessee. La selección, el envío y recogerlo en la sección de carga del Aeropuerto Kennedy, fue un proceso desgastante. Herman me advertía: «Un perro no es una máquina de afeitar; no lo puedes devolver después de recibirlo». Y no lo devolví. Paco, el bulldog inglés, vivió con nosotros durante seis años. Al ver que la búsqueda de Emma por fin había comenzado, Herman me repitió la misma frase.

Pero un hijo es un proyecto infinito, que comienza el mismo día en que decides tenerlo. Cada día es una sorpresa, una investigación, una evolución. Cada etapa es como enfrentarte a lo desconocido. Son varios proyectos que en un punto convergen. Un círculo sin principio ni fin.

A la primera persona a quien se lo comuniqué fue a mi madre, por teléfono.

—Hemos decidido que vamos a intentar tener un hijo —le dije. Silencio. Unos segundos que me parecieron eternos. La sentí respirar profundo y contestar «Ay, mijo», no sé si por la lástima que le provocaba oír hablar de un proyecto que podría no concretarse, porque era evidente que yo no sabía en qué aguas me movía, o porque los hijos son siempre un dolor de cabeza.

—Habla con tu hermana —me recomendó.

Sahily, mi hermana, fue más directa.

—Estás loco —me dijo—. ¿Tú estás seguro?

Ninguna de las dos podía entender que, desde el año 2000, yo estaba en un proceso que sólo se había detenido, y que hasta ahora había vivido con la amarga sensación que deja el fracaso. Recién había encontrado el camino, y sentía que los obstáculos, al menos los que tenían que ver conmigo, habían sido vencidos. Tal vez mi hermana pensó en sí misma, embarazada a sus veinticinco años y luego engañada, separada y divorciada. Seguro revivió en un segundo los terribles dolores de parto, la llegada de Fabián, la incubadora de rayos infrarrojos para tratar su ictericia o sus crisis de asma recién nacido. O quizás pensó también en su lucha para escapar con él de Cuba y unirse a nosotros en Miami, los desvelos para hacerlo estudiar, o las batallas en la escuela. Pero ahí está Fabián, un niño bueno y saludable que la ama de manera incondicional como ella a él, juntos, en un intercambio constante de amor y apoyo.

Fabián, de hecho, en enero de 2020 la convirtió en abuela de Catherine, una bebé hermosa.

Corté la conversación con mi hermana sin buscar razones ni porqués para dar respuestas a esas preguntas. Tampoco lo hice con las de Herman, que igualmente pensaba que habíamos perdido la razón. Tal vez porque no podía imaginar a un niño en mi sala minimalista, monocromática, donde ni la más mínima señal indicaba que hubiéramos tenido la idea de convertirnos en padres, y mucho menos que sobreviviríamos al caos de colores, juguetes plásticos y llantos infantiles.

Cuando le comenté el plan a mi sobrino Fabián, fue el primero en referirse al futuro:

—¿Qué les van a decir a los niños dentro de unos años? ¿Les van a contar cómo fueron concebidos? —Habló en plural. Y el asustado fui yo: «¿Los niños…?»—. ¡Genial, voy a tener un primo!

Esa noche, mi madre me llamó resuelta, y me sorprendió con una frase categórica:

—Vamos a apoyarte en lo que tú decidas.

Aun así, sentía en su voz cierto temor, ligeros matices de lástima y desconfianza ante lo desconocido. Era difícil imaginar un proceso que yo explicaba con una oración, pero que ni ella, y tal vez ni yo mismo, comprendía a cabalidad.

Al menos, no me sentí rechazado. Había dejado al descubierto mi secreto y ahora podía hablar con confianza sobre lo que se avecinaba.

Decidimos llamar a Cuba para hablar con Esther, la madre de Gonzalo, que no tenía la menor idea del proceso en el que nos habíamos metido. Al oír a su hijo se puso feliz. Yo estaba en el otro teléfono, ansioso. Esther comenzó a contar sobre sus visitas al médico, la vecina enferma, las medicinas que necesitaba, sobre su próximo viaje a Italia. No paraba de hablar, y no nos daba la oportunidad de decirle cuál era la razón de aquella llamada. En un momento, Gonzalo la interrumpió.

—Mami, vamos a tener un bebé. Va a ser un bebé probeta. Una mujer va a llevar el embrión en su vientre.

Silencio. Y unos segundos después vuelvo a escuchar la voz de Esther.

—¿Pero ustedes se han vuelto locos?

¿Por qué que todo el mundo relacionaba el nacimiento de nuestro bebé con la cordura?

—La situación está muy mala en Cuba. Aquí las cosas andan muy mal —aventuró Esther.

—Pero nosotros no vivimos en Cuba. Vivimos en Nueva York, trabajamos en Nueva York y sí, queremos tener un hijo —le explicamos.

—Y entonces, ¿cuándo va a nacer?

—No lo sabemos, Esther. ¿En un año, en año y medio, en dos? Ya comenzamos, y todo va a salir bien. Vamos a encontrar a una madre gestacional maravillosa que nos entregará feliz al bebé que nos pertenece —le respondí.

—Bueno, si ya lo han decidido… Pero allá las cosas también andan mal. Todo anda mal. Piénsenlo bien…

—Sí, lo hemos pensado más que bien. Hemos tenido cuatro años para procesarlo. Eso que usted ha oído en menos de un minuto, nos costó años entenderlo. Sí, queremos tener un hijo y usted lo va a adorar.

¿Cómo se habrá quedado Esther después de colgar el teléfono?

Sobre mi escritorio, desplegué una vez más todos los *dossiers* de las agencias que había contactado durante los últimos cuatro años, cuáles tenían más prestigio, qué estado brindaba la mayor protección legal para futuros padres en proceso de subrogación, qué elementos debía tener en cuenta a la hora de seleccionar una agencia, si había sido creada por antiguas madres gestacionales, por abogados especializados en la subrogación o por médicos de reproducción asistida. Algunas sólo trabajaban con parejas casadas. Otras, no aceptaban a hombres solteros, pero sí a mujeres. Otras no trabajaban con gays. Otras, se especializaban sólo en gays.

Demasiada información. Cada segundo que pasaba me convencía más y más de que había tomado la decisión correcta, de que el viaje a Los Ángeles no había sido en vano. No estaba dispuesto a enfrentar la posibilidad del rechazo por no estar casado o por mi preferencia sexual.

Me fui a la cama y traté de dormir. Mañana sería otro día, con nuevos proyectos que llegarían, se realizarían o no, se transformarían…

Sólo perduraría éste, el proyecto infinito.

TODO CAMBIA

MARZO DE 2004

Compré mi apartamento en el Upper West Side de Manhattan durante el verano de 2001, el año más terrible en la historia de la ciudad que nunca duerme. No tenía lujos, pero tenía todo lo que alguien sueña para vivir en esta isla: una buena ubicación, amplitud y luz.

El mismo año en que realicé mi compra con la seguridad de que había hecho una excelente inversión, un acto terrorista destruyó las torres gemelas. Ese día todo cambió, la ciudad y los que vivíamos en ella.

Años más tarde, la ausencia de las torres es el indeleble recuerdo de aquel nefasto 11 de septiembre. Pero la ciudad y nosotros sobrevivimos. También mi inversión, lo único que tenía.

Llegado el año 2004, todo lo que tenía que hacer para dar el próximo paso era poner en venta el apartamento. Sin dudas, un proceso que tal vez tomaría dos, tres o a lo sumo cuatro meses, pensé. Era preciso encontrar los noventa mil dólares para iniciar el proceso. Otra posibilidad era comenzar con el respaldo de las tarjetas de crédito, que me permitirían sacar dinero en efectivo. El interés que cobran las tarjetas no era demasiado importante porque, al venderse el apartamento, podría liquidar la deuda.

Otra variante era investigar qué banco me daría una línea de crédito contra el valor de mi apartamento e igualmente, al venderlo, finalizar el préstamo.

Aunque esta última era la vía más práctica, podría implicar más tiempo, no por la respuesta del banco o por el valor que hubiese adquirido el apartamento en esos tres años, sino porque vivíamos en una cooperativa en la que una junta debe aprobar toda transacción financiera relacionada con el valor de la propiedad.

Así comenzaron, de una parte, el agobiante laberinto burocrático para solicitar la línea de crédito del banco, y de otra, mi correspondiente sensación de pánico.

La voz de Teo retumbaba en mi mente: «Noventa mil dólares». Dos o tres segundos bastaban para que él pronunciara «noventa mil dólares». Por eso le pedí que lo repitiera; era demasiado dinero para ser abarcado en un par de segundos. No me atrevía a pronunciar la cifra en voz alta, pero todos aquellos ceros reverberaban dentro de mi cabeza.

Mientras firmaba los documentos legales para extraer quirúrgicamente los noventa mil dólares del apartamento, sentía como si la casa que nos había acogido durante todo ese tiempo, y que llamábamos hogar, fuera a ser sometida a una complicada operación para despojarla de uno de sus órganos vitales.

Entregaría noventa mil dólares a un hombre con el que sólo había compartido acaso una hora. Ese hombre colocaría el dinero en las arcas de una agencia que se comprometía, pero *no garantizaba* —una frase que repetían con discreta insistencia—, que yo me convirtiera en padre.

¿Qué harían al recibir el cheque y mi firma, que les garantizaba que trabajaría con ellos? ¿Quizás sus rostros impasibles romperían en algarabía y saldrían a celebrar porque uno más había caído en la trampa?

Me imaginaba con una deuda vitalicia de noventa mil dólares

—no podía borrar la cifra de mi cerebro— y, aún sin bebé, enzarzado en un proyecto que jamás cristalizaría. En medio de aquel caos, recibí una llamada de la agencia que me dio el impulso para continuar la búsqueda del dinero.

—Los resultados del análisis de esperma están bien. Con eso podemos trabajar.

Me aseguraron, además, que la presidenta estaba convencida de que podíamos firmar el contrato. «¿Bien?». ¿Cuán bien? Yo quería ver aquellos resultados, hacerles copias, leerlos todas las noches para que ningún número se me olvidara.

Fue entonces que recibí el análisis de los resultados, el más detallado de cuantos hubiese recibido. La donación se había realizado a las 9:12 de la mañana (siempre se recomienda que se haga lo más temprano posible), después de una abstinencia de tres días. El color era claro y la licuefacción de quince minutos. El pH seminal, el volumen de la eyaculación y la concentración de esperma estaban en los parámetros normales. Se lograron 95,76 millones de espermatozoides, con un sesenta por ciento de movilidad. El informe continuaba describiendo detalles de la hiperactividad y la velocidad progresiva de los espermatozoides. En el área de la morfología, los resultados no eran tan promisorios, algunos espermatozoides tenían cabezas amorfas, otros tenían defectos en la cola y el cuello, pero a pesar de esos detalles, el examen dejaba claro que el análisis era normal.

He leído que, para considerarse fértil, son necesarios veinte millones de espermatozoides por milímetro de semen. De esos, sólo unos corajudos doscientos llegan a las trompas de Falopio y sólo uno anota el gol.

Como cada donación es diferente (al comparar estos resultados con los anteriores el panorama era más prometedor), el laboratorio envió a congelar el esperma. En caso de cualquier eventualidad, o de una donación con una calidad inferior a ésta, sería posible usar cualquiera de los normales y veloces espermatozoides donados en aquella mañana primaveral.

Ya podía, entonces, entregar con los ojos cerrados los noventa mil dólares. Después de una noticia como aquella, cualquier riesgo valía la pena.

Tomé entonces la lista de previos clientes y llamé a José, en Boston, para que me contara sobre el proceso de tener a su hija, que había nacido el año anterior. Necesitaba prepararme para lo que se me avecinaba. José era el único en la lista que hablaba español. También llamé a Steve, en Chicago, que había tenido mellizas, y a Lane, en Los Ángeles, que tuvo una niña y un niño en el año 2000. A todos les dejé mensajes, pues no conseguí hablar con ninguno. Insistí, pero nadie devolvió mis llamadas. Repetí cada una y, una vez más, sólo pude comunicarme con sus máquinas. Transcurrió una semana. Silencio total.

En un instante, todo puede volverse del revés.

La cena estaba lista. Un banquete cubano: arroz blanco, frijoles negros, plátanos maduros con aceite de oliva y cilantro, pollo asado. En Nueva York, con excepción de unos pocos restaurantes, es difícil encontrar buena comida cubana sin que esté salpicada de influencias de otras cocinas del Caribe.

Gonzalo preparó nuestra larga mesa de madera oscura, y nuestros amigos Carla y el pintor Cuenca no dejaban de discutir sobre arte y política. Cuenca había traído a dos amigos: Luis, un escritor de *The Wall Street Journal,* y su esposa Becky, que trabajaba para NBC, y que casualmente vivían en nuestra misma cuadra.

La cena era para celebrar una reunión entre amigos, pero también una oportunidad para anunciar que íbamos a poner el apartamento en venta y que estábamos en el proceso de tener un hijo.

En la mesa, les expliqué a mis invitados el surrealista encuentro con la agencia, las razones para haberla seleccionado y la sensación de sentirme cautivo en manos de extraños. Al contarles que debía entregar de un solo golpe la cifra exorbitante de noventa mil dólares, Cuenca dio un grito y soltó los cubiertos, Carla se echó a reír y Becky, fascinada con la historia, comenzó a contar que un amigo suyo también había empezado con Growing Generations por las mismas razones: era la agencia más grande y prestigiosa. Pero al final se había decidido por una más pequeña en San Diego, y como resultado era el feliz padre de mellizos.

En ese momento fui yo quien arrojó los cubiertos. Quería el nombre de ese amigo, su teléfono, necesitaba hablar con él *en ese instante*.

¿Cómo nunca antes me había tropezado con alguien que hubiese pasado por lo mismo que yo? Sentí que estaba frente a otra señal.

Al día siguiente, me comuniqué con Becky, mi ángel de salvación, alguien que me había dado una luz en medio del laberinto, y llegó la hora de conocer a Greg.

Greg es padre soltero de una niña y un niño de dos años, que trabaja para una firma de mercadeo en Manhattan. Con el anuncio de la llegada de los niños, se mudó a una casa en las afueras de la ciudad.

—Ya es posible ver sus personalidades. Es increíble cuán diferentes son —me comentó.

Efectivamente, la primera opción de Greg, por razones de prestigio, había sido Growing Generations. Como yo, pasó por las entrevistas, la visita a las oficinas y la misma sensación de tener una enfermedad mortal y que la agencia estaba ahí para ayudarnos a sobrevivir.

El primer obstáculo con que se enfrentó fue tener que entregar el dinero por adelantado. El segundo, y el que más influyó en su decisión de buscar otra agencia, fue no poder acceder a la base de datos de las madres gestacionales antes de firmar. Por último, en el momento en que inició el proceso, o sea, unos tres años atrás, la lista de espera para encontrar la madre gestacional ideal podía superar los doce meses.

Le conté que ninguno de los clientes que ellos me habían recomendado contestaba mis llamadas. Mi preocupación era no encontrar a nadie satisfecho con el proceso, aunque hubiesen terminado convertidos en padres.

Greg me aclaró que los tiempos habían cambiado. Que la base de datos de madres gestacionales en la agencia había crecido y que se había acortado la lista de espera pues tenía algunos amigos que sí habían trabajado con Growing Generations, y estaban satisfechos.

Pero en ese momento no me importó. Decidí de inmediato seguir los pasos de Greg y contratar su agencia de subrogación, a su médico de reproducción asistida, a su abogado y también la agencia de donación de óvulos. Incluso, de ser posible, a la misma madre gestacional. Decidí seguir paso a paso lo que me decía un desconocido que, al menos, era un desconocido con el que experimenté alguna conexión. Greg fue la primera persona que conocí que hubiera tenido a sus hijos con una madre gestacional.

Estaba decidido. Pasaría de pagar los servicios de una prestigiosa agencia en el lujoso Wilshire Boulevard, en el corazón de Los Ángeles, a confiar en una desconocida y pequeña agencia en Chula Vista, San Diego.

Greg sería mi guía.

LA TIERRA PROMETIDA

1.º DE ABRIL DE 2004

Ya mi hija no sería concebida en Oregón. Ahora nacería en California. Para ser más precisos, en San Diego. Antes, cientos de miles viajaban a California, la tierra prometida, tras la quimera del oro. Ahora iba yo, en busca de un hijo.

El abogado Thomas Pinkerton, que sería nuestro guía legal, fue muy claro al explicar que, de todas las jurisdicciones del país, las cortes de California eran las que más protegían a las partes implicadas en un embarazo en el que intervienen una madre gestacional, una donante de óvulos y los futuros padres.

Entonces, ¿por qué me había ido a Oregón? ¿Por qué valoré Boston, Massachusetts y hasta Nueva Jersey? A veces tendemos a desviarnos por caminos que no nos conducen a ningún sitio. Pero de todo se aprende. Es parte del proceso.

Ahora puedo ver, física y legalmente, todas las partes implicadas. Y lo más interesante es que, hasta ese momento, muchos de esos rostros eran aún desconocidos para mí. Fui aprendiendo a confiar en los extraños.

Voy a crearte con la ayuda de dos desconocidas. Una donará una microscópica célula y otra prestará su vientre para llevarte por nueve meses. Y luego te dejarán ir y tú me pertenecerás y las leyes me protegerán. Me lo repetía una y otra vez.

Para que me sintiese seguro, el abogado me recomendó buscar documentación que avalara esa afirmación.

En 1993, un caso presentado ante la Corte Suprema de California estipuló que la madre gestacional no tiene derechos maternales sobre el bebé que llevó en su vientre, y puso en evidencia que los contratos relacionados con la subrogación gestacional son legales y se pueden hacer cumplir. Mejor aún, ese caso puso de relieve que cuando dos madres, la gestacional y la que tiene la intención de tener y criar al recién nacido, reclaman la potestad del bebé, las leyes de California dictaminan a favor de la madre que tiene la intención, no de la gestacional. Así, aunque las dos puedan probar su maternidad, la ley favorece a la que firmó el contrato para asegurarse de tener un hijo con un óvulo donado y una madre gestacional. En 1998 un matrimonio decidió tener un hijo con una madre gestacional. Ninguno de los futuros padres aportó su código genético. En casos como ése, el embrión se forma con un óvulo y un esperma donados; o sea, ninguno de los dos es el padre biológico del bebé. Y en un instante todo se transformó. El futuro padre presentó una demanda de divorcio, sólo seis días antes de que el bebé naciera. El hombre reclamaba que, al no ser el padre biológico del bebé, no podía ser obligado a adoptarlo, que no le pertenecía, que no quería ninguna responsabilidad sobre un niño al que él no le había aportado ni un solo cromosoma.

La corte de apelaciones de California fue drástica en su resolución: la pareja, o sea, tanto él como ella, tenía la obligación inequívoca de constituirse en los únicos padres responsables del bebé.

Si alguien lo concibe, y presenta un documento legal que afirma que el bebé es el resultado de su acto de creación, estén o no sus cromosomas en juego, la ley determina que esa persona y nadie más es el padre, o los padres, de la criatura.

Suena maravilloso. Es lo que mis oídos querrían oír del juez que se enfrentara a mi caso.

Claro que hay una gran diferencia, mi hija es mía. Lo fue desde el día en que la soñé y lo será hasta el último día que yo exista.

Como la voy a concebir a través de la subrogación gestacional y no la tradicional, como va a ser mía y de una donante de óvulo anónima, me va a pertenecer también por ley. Antes de que nazca, la madre gestacional va a abandonar ante la corte cualquier intención de retenerla en el momento que venga al mundo, por lo que al nacer no voy a tener que adoptarla, porque soy su padre natural y legal. Tendré su custodia, ante un juez, antes de que vea la luz.

Así que en el certificado de nacimiento apareceré como su padre, pero no de inmediato. Habrá que vencer una serie de intrincados trámites legales para que en la sección de «madre» no aparezca el nombre de la mujer que la llevó en su vientre. Como por la ley de California, el espacio donde va el nombre de la madre en el certificado de nacimiento no puede dejarse en blanco, allí irá mi nombre, así que, una vez nacida, me tendrá, al menos en los documentos legales, en ambos roles. Más adelante, el abogado presentará una solicitud para rehacer la partida de nacimiento que me identificará como padre y dejará en el espacio de la madre un par de guiones.

Falta todavía bastante para que empiece a preocuparme por estas pequeñeces. Ahora lo más importante es encontrar a una madre gestacional que quiera lanzarse a ciegas a este proyecto conmigo y esté dispuesta a entregarme a mi hija sin la más mínima duda.

Sé que las leyes me protegerán, que los contratos relacionados con la subrogación en California pueden hacerse cumplir, pero ¿estaré preparado para una batalla en caso de que la madre gestacional tenga una crisis de última hora y se proponga criar a mi hija en contra de mi voluntad? ¿Qué pasaría si sus hormonas se remueven y una fuerza física mayor que la lógica hace que me cierre la puerta de su habitación en el hospital, que incluso no me permita conocer a mi hija? ¿Tendría fuerzas para ir a una corte y ahogarme en una gramática legal incomprensible, gastar miles y miles de dólares —que no tengo— para defender ante un juez que cada célula, cada órgano, cada parte de ese recién nacido me pertenece a nivel genético, y no a la amable mujer que aceptó brindar su vientre para que terminara de formarse? ¿Estaría preparado para que mi hija no estuviera conmigo por semanas, meses y tal vez años, hasta que una corte dictaminara que era mía, o que en el peor de los casos nos otorgara una ominosa custodia compartida y yo sólo pudiera verla cada quince días y durante la mitad de sus vacaciones?

¿Qué pasaría si esa amable mujer tuviera como intención final conservarla no porque la quisiera, no porque se considerara su madre, sino porque deseaba recibir de mi parte una manutención que le otorgaría un juez en caso de aprobarse la custodia compartida?

¿Cómo podría yo sobrevivir a esa tragedia? ¿Qué precedentes hay en la subrogación que avalen mis preocupaciones, o que me den la seguridad —si es que puede haber seguridad en un proceso como éste— de que mi hija va a ser mía y nada más que mía?

SURROGATE ALTERNATIVES

2 DE ABRIL DE 2004

AUN AMIGO QUE TIENE en sus proyectos inmediatos convertirse en padre, lo aterroriza la deuda en la que va a tener que incurrir.

—Sólo pensar en los miles de dólares que va a costar y hasta qué punto voy a llevar mis tarjetas de crédito, me da escalofríos. No puedo dormir —nos comenta.

Pero lo más terrible de iniciar la búsqueda de un bebé a través de una madre gestacional no son los estratosféricos precios. Lo más desesperante, lo que a mí me estremece y me quita el sueño, lo que me paraliza y me da taquicardia es la incertidumbre.

Te acostumbras a una constante desconfianza que no tienes tiempo de valorar. La aceptas y, como si fuera una enfermedad incurable, aprendes a sobrevivir con ella. Es como vivir encerrado en una isla dentro de otra isla. No soporto las islas, vivir rodeado de agua por todas partes. No hay nada que puedas hacer; tu destino está escrito, como una condena.

El futuro es nebuloso, pero al menos ayudas a diseñarlo, a que se te presente de la manera en que lo sueñas; ése es mi consuelo. La oportunidad de conocer dónde vamos a procrear el embrión, quiénes van a manipular las dos células que se unirán para que des tus primeros pasos, los primeros de verdad, me llena de sobresaltos.

Ahora imagino a mi hija a nivel celular. ¿Cuál será el óvulo mágico o el espermatozoide aguerrido que aportará mis cromosomas? ¿Qué aportaré yo? ¿Mis ojos, mi boca, mi nariz, mi estatura? Tal vez mi curiosidad, mi memoria evasiva, mi constante necesidad de tener un proyecto entre manos, mis indecisiones, mi torpeza.

Hoy pienso en ese aguerrido espermatozoide. Lo más importante ahora es encontrar el otro cincuenta por ciento genético para hacerte realidad. Cada vez estás más cerca.

Al entrar a las páginas de Surrogate Alternatives se puede tener acceso a su base de datos. Siento que voy bien, que puedo nadar sin problemas. La caída no fue tan terrible como uno se la imagina desde lo alto.

Me llama la atención que, a diferencia de las otras agencias que he consultado, no sea necesario pagar para ver qué madres gestacionales o qué donantes de óvulos están disponibles. Aparecen las fotos de un ejército de mujeres: edad, raza y experiencia como donantes. Es una buena señal.

Diana Van de Voort-Perez —una mujer rubia, de ojos claros, que aparenta rondar los cuarenta años— es la presidenta y fundadora de Surrogate Alternatives. Ha sido donante de óvulos cinco veces, todas con éxito. En 1998 ella misma fue la madre gestacional en un proceso del que nacieron mellizos. En 2003 volvió a prestar su vientre y tuvo una niña. Todas las mujeres que trabajan en la agencia han sido donantes o madres gestacionales. Diana y su equipo conocen el proceso de primera mano. Es una pequeña agencia que opera en la casa de Diana, en Chula Vista.

Abro las fotos de todos cuantos trabajan en la agencia y, a

fuerza de tenerlos bajo mi escrutinio por horas, llegan a resultarme familiares.

Reviso la página de las madres gestacionales y luego paso a la de donantes de óvulos. Debo concentrarme. Un grupo a la vez. La selección es demasiado compleja como para permitirme el lujo de la distracción. Observo a estas mujeres como si desfilaran en el escenario de un concurso de belleza.

Comienzo por las donantes de óvulos. Todas me resultan parecidas, todas tienen la misma sonrisa, todas esperan que una foto, tomada tal vez por un familiar con una cámara imprecisa y la luz más inadecuada, capte todo lo que un futuro padre busca en ellas: belleza, inteligencia, salud, entereza de carácter, humanidad, genes a prueba de balas...

Ahí están Onaletia, una de las más experimentadas donantes, y las primerizas Lauren, Shawna, Michelle y Danielle. Ninguna me convence. Onaletia podría ser, pero me imagino que es de las más caras. ¿Cuánto podría costar? Aún no es tiempo de llegar a ese punto. Por ahora, sólo reviso rostros con ansiedad. La mayoría proviene de California, de San Diego, para ser exactos. Muchas son estudiantes o esposas de militares asentados en las bases de la ciudad. Pueden verse fotos de su niñez, algunas muestran a sus hermanos, y casi todas exhiben las clásicas imágenes de graduación de secundaria en las que parecen princesas de cartón. La mayoría lleva exceso de maquillaje, lo que las hace lucir mayores de lo que en realidad son. El promedio de edad es de veinticuatro años. También las hay demasiado jóvenes, y algunas que se acercan a los treinta. Para mí, entre más joven, mejor. No hay nada que envejezca más rápido que el óvulo de una mujer.

¿Onaletia podría ser una opción? A Gonzalo le atrae Danielle, que luce esbelta, como una modelo, pero tiene una expresión fría. Desde que comienzo a hablar con Melinda, la coordinadora de la agencia, no dejo de tropezar con la realidad. Danielle ya ha sido contratada por una pareja y está en medio de los estudios genéticos.

Reviso las diferentes madres gestacionales disponibles y muchas de ellas no trabajan con hombres solteros, algunas no están dispuestas a abortar en caso de que el feto tenga problemas y la mayoría no tiene seguro médico que cubra la maternidad gestacional.

Melinda recomienda a Mary, una madre gestacional que ya pasó todos los estudios genéticos y comenzó el tratamiento para salir embarazada, pero los futuros padres decidieron cancelar el ciclo.

Voy a la página y la encuentro. En la foto, Mary aparece con su hija y su hermana. Parece blanca; su hija tiene la piel más oscura, al igual que su hermana. En su descripción aparece que su período menstrual es irregular y que no trabaja con hombres solteros.

Melinda me dice que va a actualizar el expediente de Mary, pero que está segura de que ella trabajaría conmigo. Lo del período irregular no es importante, pues ella no va a ser la donante de óvulos, me aclara.

No hay nada más que buscar. Si ellos la recomiendan, ¿qué más necesito? Decidido, la madre gestacional va a ser Mary. Imprimo el contrato con la agencia, lo firmo, envío el cuestionario sobre mi vida —las mismas respuestas que recibieron, en su momento, Thorsen's Surrogate Foundation y Growing Generations— y realizo la primera transferencia bancaria. Melinda va a coordinar una llamada telefónica con Mary y luego un encuentro con ella en Chula Vista. Mary debe recibir mi perfil, leer mis respuestas a los cuestionarios, hurgar en mis fotos y aceptarme. O no. Me siento como si estuviera presentando mi examen de ingreso a la universidad más costosa y exclusiva del país.

Con la madre gestacional seleccionada —al menos por mi

parte—, le explico a Melinda que buscaré a la donante de óvulos en A Perfect Match. Si Greg lo hizo, ¿por qué tomar otro camino? No quiero más riesgos de los que inevitablemente tenga que enfrentar.

Me comunico con Becca, en A Perfect Match, firmo el contrato, realizo una segunda transferencia bancaria y obtengo acceso a una base de datos amplísima, con muchas más opciones, e incluso con algunas de las mismas donantes que se anunciaban en Surrogate Alternatives.

Hablamos con Esther María, la hermana de Gonzalo que vive en Los Ángeles, y se emociona. Le contamos de la posibilidad de tener mellizos o trillizos. Reímos cuando decimos que unos mellizos serían un dolor de cabeza, pero que trillizos serían una pesadilla. «Pues me regalan uno», dice ella.

No serán trillizos, no pueden serlo y aun si salieran cuatro —aunque nunca transferiría cuatro embriones, con lo cual esa posibilidad quedaría fuera del juego— todos crecerían junto a mí.

BABY M

Mientras revisaba la base de datos de las donantes de A Perfect Match, me llegó un correo electrónico: «Mary está dispuesta a trabajar contigo. Leyó tu cuestionario y quiere ayudarte a buscar a tu hijo. El sábado podrán conversar por teléfono, y luego coordinamos tu visita para que la conozcas en persona».

Gonzalo estaba en la cocina. Imprimí la foto de Mary y se la enseñé.

—Es ella, no hay nada más que buscar —le dije—. Mary será la madre gestacional.

Me miró perplejo, asombrado de mi seguridad. Conociéndome, asumía que yo habría hecho un estudio minucioso para llegar a esa conclusión.

Pero no había sido así. No hice ningún análisis, no investigué quién era ni entré en detalles sobre las razones por las que Mary había comenzado a trabajar con una pareja y el ciclo se había interrumpido. No fue su culpa. Su vientre estaba listo, la pareja no. Eso me bastó.

Mary había pasado el proceso de revisión de la agencia, el

examen psicológico y me había aceptado. ¿Qué más podía pedir? Después de haber perdido cuatro años, una semana me parecía un siglo.

Les envié la foto a mi madre y a mi hermana, que quedaron encantadas. «Tiene una mirada muy dulce», me dijo mi madre.

Con Mary a mi lado, el riesgo de que se produjera otro caso como el de Baby M me intimidaba.

Cuando comienza un proceso de subrogación, uno sabe que las posibilidades de un final positivo son mínimas, pero al mismo tiempo quiere pensar que es la excepción. Si aparecen tropiezos, estos pueden ser que los óvulos no resulten fecundados, que los embriones no se adhieran a las paredes del útero, que el embarazo se pierda a las pocas semanas o, peor aún, ya avanzado el estado de gestación. Lo único que uno sí quiere eliminar de esa lista de fatalidades es que se repita el caso de Baby M.

El día 6 de febrero de 1985, Mary Beth, una ama de casa que nunca terminó la secundaria, casada con un recogedor de basura, firmó un contrato en el que aceptaba ser madre sustituta para que William y Elizabeth —un bioquímico y una pediatra— pudieran tener a su hijo. Mary Beth no sólo iba a prestar su vientre por diez mil dólares, sino que también donaría su óvulo, así que el método sería la inseminación artificial con el esperma de William. Elizabeth no era infértil, pero la pareja temía que un embarazo pudiera acelerar su latente esclerosis múltiple.

Mary Beth y su esposo tenían dos hijos. Él se había sometido a una vasectomía, así que era evidente que la pareja no planeaba tener más descendencia. En un contrato, Mary Beth renunció a la patria potestad y a la custodia total o parcial del hijo o los hijos que engendrara, así como a contactarlos o a mantener con ellos el más mínimo vínculo emocional. Más aún, aceptó abortar si William se lo pedía, en caso de que el feto desarrollara algún tipo de anomalía congénita. Eso sucedió en febrero de 1985. Un año y un mes más tarde, nació Melissa, Baby M, una niña hermosa y saludable, a través de un parto natural agotador y doloroso, como la mayoría de los partos. Y en un instante, la vida cambió para Mary Beth, Elizabeth y William.

Mary Beth se propuso conservar a la niña, a quien había comenzado a llamar Sara, aun cuando había renunciado a ella mucho antes de concebirla. A los tres días de nacida, un domingo de Pascua, Baby M pasó a manos de sus padres legales y de intención, William y Elizabeth. Mary Beth, entonces, se negó a aceptar los diez mil dólares de su pago.

La desesperación, el arrepentimiento y el descontrol llevaron a Mary Beth a la casa de William y Elizabeth para pedirles que le prestaran a la niña por una semana. Ellos aceptaron, pero Mary Beth, enloquecida con la recién nacida, se dio a la fuga y llegó, incluso, a pasarle a Baby M a su esposo a través de una ventana para evadir a la policía. Durante tres meses fueron prófugos de la justicia.

Al concluir un juicio que duró poco más de un mes y acaparó la atención nacional, un juez de Nueva Jersey dictaminó que William y Elizabeth eran los padres de Baby M, lo cual dio validez al contrato de subrogación.

Durante el juicio, una llamada telefónica entre William, el padre biológico y legal de Baby M, y Mary Beth, la madre de subrogación, puso en evidencia la inestabilidad y la angustia que ahogaban a esta última. Cuando el padre le expresó que quería a su hija de vuelta, Mary Beth enloqueció.

—Olvídalo —le respondió—. Te digo ahora mismo que prefiero vernos muertas a la niña y a mí antes de entregártela.

Tres años después de haber firmado el vilipendiado contrato de subrogación, la apelación de Mary Beth y su marido ante el Tribunal Supremo de Nueva Jersey obtuvo un fallo a su favor, y puso en evidencia que el contrato no tenía validez por una simple razón: en ese estado, ninguna transacción económica para que una mujer revoque sus derechos como madre es legal. El contrato, pues, fue considerado ilegal.

Bajo esas circunstancias, el Tribunal confirmó que sólo William, mas no Elizabeth, tendría derecho a la custodia de Baby M, y que un juez determinaría el régimen de visitas de Mary Beth a la bebé.

Para Mary Beth el dictamen fue un triunfo. La pregunta era, con el paso de los años ¿qué pensaría de todo ello Baby M? Gracias, en parte, a la publicidad que recibió el caso, la madre sustituta se convirtió en una suerte de celebridad, y la subrogación pasó a un primer plano en la opinión pública del país.

Mary Beth asegura haber sufrido humillaciones públicas y haber estado sumida en el dolor. Sólo la mantenía a flote, decía, la sonrisa de Sara, como ella la llamaba, y las lágrimas de la niña cada vez que se la arrebataban al término de las dos horas semanales que tenía para verla.

Desde entonces, Mary Beth se convirtió en una oponente de la subrogación. Para ella, es un problema que se remonta a la Biblia (Hagar, una esclava, sirvió de madre sustituta a Abraham y Sarah), y que existirá mientras existan mujeres pobres. Lo cierto es que los errores se pagan caro. Mary Beth, que afirma haber amamantado a la niña durante los meses que estuvo prófuga y que luego compartía con ella dos horas a la semana, un fin de semana alterno y dos semanas en el verano, no pudo influenciar la decisión que Baby M tomó al cumplir sus dieciocho años.

Melissa fue a la corte y puso fin, por voluntad propia, a los derechos maternales de Mary Beth, su madre de subrogación. También formalizó ante un juez el proceso para que Elizabeth, su madre por intención, la que la soñó, la que la concibió antes de que existiera en el vientre de una mujer que renunció a ella ante un abogado, fuera su única y verdadera mamá.

Melissa, una estudiante de Religión en la Universidad George Washington, en Washington, D.C., abierta a convertirse en mamá en un futuro y con planes de ser ministra religiosa, hace poco afirmó a un periodista del *New Jersey Monthly*: «Quiero mucho a mi familia y soy muy feliz con ellos». Se refiere a William y Elizabeth, quienes han protegido con afán su privacidad desde el fin del publicitado caso. «Son mis mejores amigos en el mundo, y eso es lo único que tengo que decir sobre el tema».

MARY

He caído en la trampa. Me siento cautivo. Estoy desorientado. Al fin voy a encontrarme con alguien. Al menos, voy a escuchar algo real, físico. Una voz.

A algunos la ansiedad les causa hiperactividad, a mí me deja en el aire, sin rumbo. No puedo leer, no puedo pensar y termino por escuchar a Nina Simone.

La música me aísla. Es mi terapia. Lo reconozco: por momentos soy víctima de mi propio melodrama.

A las tres de la tarde en Nueva York, las doce del día en San Diego, voy a hablar con Mary.

Abro todas las cortinas del apartamento. Quiero que entre la luz del abril neoyorquino. Aún el frío se niega a dejar la isla, pero el parque ya comenzó a florecer. Pienso en salir a caminar por el parque, darle una vuelta al lago, pero para eso tendría que abrigarme. Mejor me doy una ducha.

Trato de imaginar su voz. En la foto, su sonrisa es afable, revela cierta ingenuidad. Es una de esas fotos de estudio en las que un velo sutil le da a la imagen un aire romántico. Su cabellera es rizada y abundante. ¿Dónde encontrar una señal de cómo será su voz? Es una mujer corpulenta, tiene a su hija sobre las piernas y lleva un vestido rosado.

Nina Simone me acompaña hasta las tres de la tarde.

¿Para qué atormentarme? ¿Qué puede pasar? ¿Que después de decir que quiere trabajar conmigo escuche algo que la induzca a rechazarme?

Ya sabe dónde nací, mi edad, que mis padres se divorciaron cuando yo tenía dos años y medio, que vine a los Estados Unidos con treinta años, que tengo un fuerte acento en inglés, que tengo una hermana y un sobrino que viven en Miami, que trabajé como reportero, que ahora estoy en una revista de entretenimiento, que vivo en Nueva York, que no fumo, que no bebo. ¿Qué más querrá saber?

Una evaluación, una prueba para que alguien determine, como si fueras una oveja, cuál es tu valor real. Todos necesitamos ser aprobados y aceptados. Y sé que Mary me va a aceptar porque leyó mis respuestas, o porque quizás alguna vez ella fue repudiada, o se sintió frustrada al verse evaluada y no ser comprendida.

Al diablo, si no me acepta, buscaré a otra. Ya encontraré a una mujer que con sólo oír mi voz sepa que te soñé y que iré a buscarte a la luna si fuera necesario. Siempre aparecerá, porque mi búsqueda ha sido un libro abierto, y a la mujer que decida llevar mi fruto en su vientre la voy a proteger y la voy a consentir, aunque sólo me pida que la deje en paz desde el día en que empieces a crecer dentro de ella.

—Mary, perdí cuatro años de buscar a mi hijo por culpa de un médico cuyo nombre ya olvidé…

Su voz es suave y dulce, como la de una adolescente que mide con cautela sus frases. Pero qué va a comentar de mi melodrama personal.

—Mi mamá, que es blanca, se casó con mi papá, un árabe de Jerusalén —empieza a contarme—. Están divorciados. Él vive ahora en Los Ángeles. Tuve a mi hija con un afroamericano. Sé lo que es sentirse diferente. No voy a discriminar a nadie porque no esté casado o porque no exista una madre. Sé lo que es querer ser papá o mamá y no poder conseguirlo. Y a mí me gustaría ayudarte. También sé lo que es haberse sentido rechazado alguna vez. Lo que sí quiero que sepas es que estoy dispuesta a llevar dos bebés, pero trillizos, no creo que pueda.

—Mary, no te preocupes. No está en mis planes tener trillizos —le respondo.

—Estoy abierta a la reducción, si quieres. Si llegamos a transferir tres embriones y los tres se pegan, podemos hacer una reducción.

—Lo que me pidas —contesto impulsivamente.

Dios mío, ¡qué he dicho! Reducir un embarazo. Si los tres embriones se adhieren al útero de Mary, tendría que elegir a cuáles de mis hijos voy a permitirles nacer. ¿Estoy loco? ¿Cómo pude decirle a Mary que voy a firmar un documento que autorice al médico a eliminar a uno de mis bebés, como en *La decisión de Sophie*? Pero debo calmarme, no se van a desarrollar los tres embriones. Eso no va a suceder. Ya le di mi palabra a Mary, y lo hice con la intención de que no me rechazara.

Mary, no, no podría reducir el embarazo. No podría matar a uno de mis bebés, aunque sé que aún no piensan, que no tienen un nombre, que son unos fetos minúsculos que luchan por sobrevivir. Pero sólo lo pienso, y no digo nada.

Ella me cuenta de su vida, de su hija, de su dedicación como madre, pero yo no puedo dejar de imaginar la aguja que voy a enterrar en el corazón de uno de mis hijos, el débil, el más pequeño.

Aunque parezca imposible, su hablar pausado me serena. Tomo notas de lo que me dice como si estuviera en medio de una entrevista de trabajo. Quiero ya mismo colgar y llamar a mi familia para contarles quién es Mary, que fue rechazada una vez y que no va a desestimar a nadie por ser diferente. Ya la siento como parte de mí.

Gonzalo espera en el cuarto. Mi hermana quiere saber cada detalle. Mi mamá ha puesto todo su pensamiento en ella.

Mary tiene veintitrés años. Es Capricornio. Nació en San Diego y, aunque su padre es árabe de Israel, ella es cristiana, como su madre. Cuando era adolescente, visitó a su familia paterna en el Medio Oriente y aprendió algo de árabe. Vive con el padre de su hija, un afroamericano que trabaja como paramédico. Nunca se ha casado y jamás se ha sometido a un aborto. Su hija tiene tres años. Comenzó a trabajar con Surrogate Alternatives en mayo de 2003. Se colocó algunas de las inyecciones para iniciar el ciclo, pero los futuros padres cancelaron el proceso porque la calidad de los embriones logrados en el laboratorio no era óptima. Mary, entonces, volvió a la lista de las madres gestacionales disponibles en Surrogate Alternatives.

Su sueño es ser asistente de enfermería y el dinero que gane como madre gestacional —veinte mil dólares— lo quiere utilizar para «estudiar, y poder brindarle un mejor futuro a mi hija». Es una mujer saludable. Mide 5'7", pesa 185 libras y el parto de su hija fue natural. En caso de salir embarazada, lo único que pide es que le administren anestesia epidural. Quiere evitar, bajo cualquier circunstancia, una cesárea, a menos que el médico la indique para salvar la vida del bebé o la suya.

Nunca ha dado a un hijo en adopción. No podría. Por eso sólo está abierta a la subrogación gestacional.

—El bebé que llevaré dentro no es mío, es de dos padres que lo han concebido y creado. Yo sólo voy a permitir que ese bebé se desarrolle —declara.

Para ella, estar embarazada fue una experiencia agradable.

—Tengo una hija, y para mí es suficiente por ahora. Me

gustaría ayudar a alguien que quiera convertirse en padre. Es algo excepcional.

Tanto su madre como el padre de su hija la apoyan.

—Mi mamá va a estar ahí para lo que necesite.

También está de acuerdo con que el hijo que ayude a procrear se comunique con ella en un futuro.

—Sería interesante ver cómo creció, en qué se convirtió.

Si es necesario abortar por decisión de los futuros padres, ella no tiene ninguna objeción, y también está dispuesta a someterse a una amniocentesis para detectar cualquier anomalía en el embarazo.

Mary no fuma y sólo bebe en ocasiones. Vive en San Diego, en un pequeño apartamento con su hija y el padre de su hija.

En el ínterin, el banco me aprueba la línea de crédito. Mi mamá sueña que tendré un varón. Mi prima Albis, que vive en Cuba, se despierta una mañana y dice que mientras dormía vio a mi bebé: una niña.

LA SEMILLA

12 DE ABRIL DE 2004

A PERFECT MATCH ES UNA agencia que ofrece servicios, como cualquier otra agencia de bienes raíces o consultoría legal. Y, como la mayoría de las agencias, se anuncia. En este caso, en periódicos locales y también en las universidades. La única diferencia es que A Perfect Match ofrece el material genético primario para crear vidas, el óvulo. Muchos ven un dilema en cuanto a si estas agencias lo que venden, en realidad, son seres humanos. Pero un óvulo no es un ser humano, un óvulo es una célula humana.

En el año 2000, A Perfect Match causó gran conmoción en el universo de la reproducción asistida. La agencia desplegó un anuncio en las universidades más importantes del país al solicitar a una donante que, de cumplir con los parámetros exigidos por los futuros padres, recibiría una compensación de cincuenta mil dólares, hasta ese momento la cifra más alta pagada por un óvulo.

Aunque una donante sin experiencia puede llegar a cobrar alrededor de tres mil dólares, las que lo han hecho más de una vez y tienen características específicas —judías asquenazíes o sefarditas, hindúes o asiáticas—, pueden elevar la cifra hasta los veinte mil dólares. Pero cincuenta mil dólares era algo excesivo, más aún cuando la Sociedad Americana de Medicina Reproductiva había estipulado que una compensación de más de diez mil dólares por la donación de óvulos era inapropiada. ¿Qué buscaban Darlene, una exagente de bienes raíces, y su esposo Thomas Pinkerton, el reconocido abogado especializado en reproducción asistida, con ese tipo de anuncio? En opinión de algunos, publicidad, pero los Pinkerton aseguraron que sólo ayudaban a los futuros padres a encontrar características específicas en la donante.

Los Pinkerton crearon su agencia después de haber experimentado la subrogación en carne propia. En 1990, un embrión creado en un laboratorio con material genético de ambos fue transferido al útero de una madre gestacional, que en ese caso fue una tía de Thomas. Al nacer su hija, los Pinkerton tuvieron que batallar en la corte para que Darlene apareciera en el certificado de nacimiento como la madre. Desde entonces, ambos se han dedicado a ayudar a decenas de parejas infértiles que tratan de crear una familia.

Como A Perfect Match fue la misma agencia que usó Greg, firmo de inmediato para trabajar con ellos. A diferencia de Surrogate Alternatives, aquí es necesario comprometerse, enviar la transferencia bancaria y sólo entonces tienes acceso a la base de datos, protegida por una contraseña.

Lo hago y comenzamos a estudiar a las donantes. Caroline, de veintitrés años y de origen irlandés, estudia Biología en la universidad. Laura, de veintiuno, es de origen italiano y de su donación anterior se lograron catorce óvulos. Donna, de veinticuatro, es católica, de ojos claros. Es madre, y de su donación se obtuvieron veintiún óvulos. Rachel, de veintidós, de origen holandés, estudia Antropología en la universidad, pero nunca ha sido donante. Y Julieta, la italiana de veintiuno, tiene dos hijos y ha sido donante.

En realidad, quiero algo seguro. Con ninguna de estas mujeres he sentido una conexión que justifique que las seleccione. Podría ser cualquiera de ellas. Tendríamos que ver qué cantidad de dinero solicitan. Becca me asegura que las cifras son siempre negociables.

Por lo visto, ésta no va a ser tan fácil como la elección de Mary. Buscábamos en una madre gestacional a una mujer decidida y valiente, dispuesta a llevar a nuestro futuro hijo por nueve meses en su vientre. Era suficiente que fuese saludable, cumpliera los requisitos que exige la agencia y que quisiera trabajar con nosotros.

La mujer que aportará la mitad de tu código genético, hija mía, requiere de un proceso de selección más riguroso. Hay que pensarlo muy bien: ni una foto, ni una conversación telefónica, ni las notas en la universidad, van a definir la elección.

Es cierto que también ellas tendrán que aceptarme a mí, pero aquí tal vez voy a necesitar la ayuda de la agencia. Con una base de datos tan amplia, la decisión es difícil.

Gonzalo se detiene en Alicia, una chica de veintidós años. Estudia en la universidad y nunca ha sido donante de óvulos. No es un problema. En algún momento todas las donantes con experiencia fueron primerizas.

Voy en busca de la semilla.

Aún espero la señal.

ALICIA

14 DE ABRIL DE 2004

Estoy cautivado. En las imágenes, Alicia tiene el pelo oscuro y brillante y ojos de un azul profundo. Lleva el cabello cortado a la altura de los hombros y su maquillaje es sutil. Es baja de estatura. Se ve frágil. Tiene fotos con su abuela, su hermano y sus padres.

Alicia tiene veintidós años, usa lentes y estudia Ciencias Políticas en California. Quiere ser donante para ayudar a una pareja a tener hijos. A ella le gustaría que alguien la ayudara en una situación similar. Bebe una vez a la semana —todas dicen lo mismo—, no consume drogas, nunca se ha tatuado y jamás ha recibido una transfusión de sangre.

Se describe como independiente, fuerte, perceptiva, inteligente, adaptable, frugal y con un ojo excelente para los detalles. Tiene talento para las artes y también habla francés.

A Alicia le encantaría conocer al niño que ayude a procrear, pero bajo ningún concepto se consideraría su madre; más bien, le gustaría transmitirle al niño lo feliz que fue al ayudar a concebirlo.

Su abuela paterna es española, gallega. Y ahí me conquistó. Mi abuela, también gallega, era de Vigo. Su abuela era elegante, sofisticada, inteligente. Su familia por parte de madre es irlandesa.

De niña, dicen sus padres que cantaba en vez de llorar. De adulta, Alicia cuenta que disfruta mucho la vida y estar viva. Es demasiado pragmática para dejar que algo mínimo lo arruine todo.

A los diez años tuvo su primer período menstrual. Hasta el día de hoy, estos son regulares y duran de cuatro a cinco días. No toma píldoras anticonceptivas. Nadie en su familia tiene problemas de fertilidad. En la adolescencia, asegura, su acné fue ligero.

Alicia es una fiel creyente de la donación de órganos. Para ella, donar un óvulo es como donar un órgano a quien lo necesite. Los gastos financieros y emocionales en los que debe incurrir una familia que no puede concebir de manera natural son enormes, así que donar un óvulo no es nada para ella.

Sus padres no pueden costear los estudios de sus hijos, por lo que ella utilizará la compensación económica para continuar sus estudios en París.

Alicia sueña con viajar y algún día asentarse y crear una familia. Es una apasionada de la extensión de los derechos del matrimonio a todas las personas. Tiene muchos amigos gays que sufren por no tener los mismos derechos. Se siente, a nivel personal, muy ofendida por la homofobia, el racismo, el antisemitismo y cualquier forma de discriminación. Estudia más de doce horas al día, es voluntaria en un refugio para desamparados y los fines de semana trata de dormir lo más posible. En la noche se viste de manera glamorosa y disfruta salir con su grupo de amigos.

Se considera una mujer fuerte y ha sobrevivido algunas dolorosas pruebas.

Alicia tendrá que ser. ¿Dónde estaba? ¿Tuve que esperar todos estos años para que apareciera? Ahora estoy seguro de que esos cuatro años, que creía perdidos, fueron necesarios para que Alicia tuviera la edad mínima requerida para convertirse en donante de óvulos y se cruzara en mi camino.

MATER CERTA-PATER INCERTUS

ALICIA ACEPTÓ MI OFERTA. Ahora sólo resta ir a conocer personalmente a Mary. No puedo creer que en cuestión de meses mi vida vaya a cambiar. Sólo se necesita un instante, lo sé.

Voy a viajar a San Diego. El vuelo desde Nueva York hará escala en Los Ángeles y allí debo tomar un pequeño avión. Reproductive Science Center, la clínica de reproducción asistida que dirige el doctor Samuel Wood, está en La Jolla. A Perfect Match, la agencia para la donación de óvulos, y el abogado Thomas Pinkerton, en La Mesa. Por su parte, la agencia para seleccionar a las madres gestacionales, Surrogate Alternatives, está en Chula Vista. Va a ser otro viaje largo.

Primero me encontraré con Diana, la fundadora de Surrogate Alternatives. Allí me esperará Mary, la futura madre gestacional. Luego iré a la clínica, a mi cita con el médico. El proceso ha comenzado.

Gonzalo me asedia con preguntas. ¿Cómo será Mary? ¿Es buena mamá? ¿Cómo sabes que no desaparecerá al salir embarazada? Ella no es la mamá biológica, pero se puede encariñar con el niño. Durante nueve meses lo va a alimentar, le va a cantar por las noches, sentirá cómo el bebé le da paladitas, sabrá si tiene hipo, se preocupará cuando no se mueva. A causa de ese bebé que lleva en su interior, su cuerpo se transformará, sus senos se hincharán, su humor cambiará. Se sentirá pesada, cansada. Y todo por ese bebé, que tendrá que entregar al nacer porque firmó unas hojas de papel.

¿Qué impide que ella sea la madre, si lo lleva durante nueve meses en su vientre? ¿No haberle dado un óvulo, una simple célula, la excluye, elimina la posibilidad de considerarse progenitora? Para Gonzalo, las dudas se incrementaban:

—Entonces, ¿qué seré yo? Voy a ser también su papá, aunque no aporté ningún cromosoma. ¿Acaso eso me excluye también a mí? Yo, que voy a dedicarme en cuerpo y alma a ese bebé, ¿qué terminaré siendo?

«Padre, del latín *pater*», aclara el sagrado Diccionario de la lengua española de la Real Academia Española. «Varón que ha engendrado uno o más hijos. […] Macho en el ganado destinado a la procreación. Cabeza de una descendencia, familia o pueblo. Sacerdote perteneciente a una orden religiosa. […] Origen, principio. Autor o creador de algo. En el cristianismo, primera persona de la Santísima Trinidad».

¿Y madre? ¿Qué es ser madre hoy día? Madre, dos sílabas, cinco letras, una palabra, varios significados. «Del latín *mater*. Mujer que ha concebido o ha parido uno o más hijos. […] Título que se da a ciertas religiosas. En los hospitales y casas de recogimiento, mujer a cuyo cargo estaba el gobierno en todo o en parte. Matriz en que se desarrolla el feto. Causa, raíz u origen de donde proviene algo. […] La madre patria. Cauce por donde ordinariamente corren las aguas de un río o de un arroyo. […] Heces del mosto, vino o vinagre, que se sientan en el fondo de la cuba, tinaja…»

Mater semper certa est. Así versa el clásico principio del derecho romano: «La madre siempre es conocida». Y más aún, *Mater es quam gestatio demonstrat*. «La madre es demostrada por gestación». En los viejos aforismos latinos, los padres salimos mal parados. *Mater certa–Pater incertus*: «La madre es conocida; el padre, quién sabe».

Pero hoy día, ¿quién es madre? ¿La que da a luz a un bebé, la que aporta su código genético o la que tiene la intención de tener al bebé y criarlo? Hay madres por nacimiento, madres genéticas y madres de intención. Los padres caemos sólo en dos categorías: los biológicos y los de intención. Para las leyes, la relación entre madre e hijo es inmediata y fácil de demostrar. La que existe entre padre e hijo es mediata e indirecta.

Entonces, ¿qué significa «hijo»? «Persona o animal respecto de sus padres. Persona respecto del país, provincia o pueblo de que es natural. Persona que ha tomado el hábito religioso, con relación al fundador de su orden y la casa donde lo tomó. Obra o producción del ingenio…».

A partir del nacimiento del primer bebé probeta, esos conceptos deberían haber sido ampliados. ¿Por qué no menciona el diccionario que madre o padre es también quien tiene la intención de serlo, el que cría, el que es responsable de un niño del cual se ha hecho cargo desde el momento en que nació, desde el momento en que fue soñado? ¿Por qué no dice que hijo es también el fruto de un embrión creado en un laboratorio y que creció en el vientre de alguien que no es su madre?

Tú serás nuestra hija y nosotros seremos tus padres, diga lo que diga el diccionario. Eres nuestra hija hoy y lo serás siempre.

EL ABRAZO

16 DE ABRIL DE 2004

M<small>E MONTO EN EL</small> avión y comienzo de nuevo a escribir el guion de mi destino, pero dejo atrás los pensamientos negativos. No quiero enumerar las posibles calamidades, para que queden excluidas de mi futuro inmediato.

Por la tarde voy a conocer a Mary en la sede de Surrogate Alternatives, en Chula Vista. Eso implica que debo alquilar un auto, manejar por las autopistas de San Diego y, al día siguiente por la mañana, ir a encontrarme con el doctor Wood, en la clínica de La Jolla.

Manejar no es uno de mis placeres, y menos aún en ciudades que no conozco. Tengo preparada una camisa azul. Mi camisa azul, que siempre luce impecable, debe tener más poliéster que algodón. Quiero dar una buena impresión.

San Diego es como cualquier otra ciudad, llena de autopistas. Desde el avión puedo ver el puerto. La cercanía del mar me tranquiliza.

Chula Vista está al sur del condado de San Diego. Como casi todas las ciudades del área, tiene un gran número de hispanos. En alguna parte he leído que es la ciudad más aburrida de los Estados Unidos. Me imagino que será una exageración.

En todo caso, yo no busco diversión. No me parece estar en una ciudad, sino más bien en un suburbio, como los que predominan en Miami. Una especie de Kendall con menos vegetación. Todo es color marrón, hasta el aire. Las casas son del color del polvo. Una calle es igual a la otra, igual a la que le sigue, y me imagino que igual a la que vendrá más adelante. Es un laberinto, pero un laberinto abierto. Es fácil perderse en la confusión de casas sin color. Las calles tienen nombres en español: es California. Yo debo encontrar la calle Quinta.

He llegado a una casa de dos plantas que está en el centro de la cuadra. Es un vecindario. Son las tres de la tarde, hace calor y no hay nadie en la calle. Al parecer, Diana lleva su agencia en su propia casa. No hay un cartel que ponga Surrogate Alternatives, pero el número es correcto. ¿Me habré equivocado? Llamo a Melinda y me confirma que sí, que he llegado, pero que aún esperan a Mary. Perfecto, prefiero llegar primero, vencer la conmoción de la búsqueda, relajarme, aclimatarme. Cuando ella llegue, ¿le daré un beso? ¿un abrazo? ¿la mano? Tal vez venga con su hija. Quizás ha ido a la peluquería, o se detuvo indecisa frente a su clóset, sin saber con qué ropa presentarse. El vestido rosado no, debe haber pensado, porque es el mismo de la foto que tiene la agencia. Qué pendientes debe ponerse, ¿llamativos? ¿sencillos? ¿o no debe usarlos? ¿Y las uñas? Las uñas deben estar arregladas, tal vez de un color claro. Los zapatos, bajos. Ella es alta, no necesita tacones. Lo más importante es que se sienta cómoda. Así sentirá más seguridad.

Melinda es una californiana que ronda los cuarenta años. También fue madre gestacional.

—Si estuviera disponible, me hubiera gustado trabajar contigo —me dice, con aires de superioridad.

Estoy en una casa. Sí, con un juego de sala típico, con predominio del color de la madera, comprado en un centro comercial.

Las paredes de la planta baja, la sala y el comedor están pintadas de melocotón. Arriba están las oficinas, supongo. En la mesa del comedor hay una mujer que se vuelve para verme y luego, sin saludar, continúa inmersa en unos papeles.

—Quiere ser madre sustituta —me revela Melinda—. Vamos a empezar a evaluarla.

¿Le mirarán el útero, el tamaño de los senos, las caderas? ¿O Melinda hace referencia a su perfil psicológico, a su capacidad de llevar a un niño en sus entrañas por nueve meses y después dejarlo ir? ¿Alguien le habrá dicho que, aunque lo lleve en su vientre por nueve meses, no será de ella, no se parecerá a ella ni a nadie de su familia?

Subimos y me presentan a Diana, que está hablando por teléfono. Diana es hermosa, baja de estatura y con un cuerpo que no parece haber estado sometido a varios partos, uno de ellos de gemelos, ni haber donado óvulos cinco veces. Diana se disculpa con un gesto y continúa con su llamada.

Melinda aclara que la idea de este encuentro es que Mary y yo pasemos unos minutos solos, el tiempo que necesitemos. Que nos hagamos preguntas y salgamos de todas las dudas que tengamos. Que nos convenzamos —o no— de estar dando el paso correcto, porque después de transferir los embriones a su vientre, que estos se adhieran a su útero y que el embarazo se lleve a término, no habrá vuelta atrás.

A través de la ventana veo a una mujer acercarse. «Es Mary», me dice Melinda. Tengo palpitaciones. Y creo que Mary lo va a notar por encima de mi camisa azul sin arrugas.

Mary no fue a la peluquería. Tiene el pelo recogido. No se maquilló ni se hizo las uñas. Sus ojos están delineados con sutileza, como si conservara una huella de la noche anterior. Trae una camiseta blanca, unos *jeans* descoloridos y unas sandalias. No usa pendientes.

Luce muy joven. Es alta y corpulenta, pero su voz de niña la hace frágil. Nos sentamos en el sofá principal. Melinda nos alcanza un álbum con fotos de la agencia y nos deja solos.

En las fotos aparece un grupo de mujeres que posan sonrientes. Dice Mary que esas son las sesiones de consejería a las que es necesario asistir todos los meses desde que se comienza a trabajar con los futuros padres.

—A mí no me gustan mucho —revela. Su voz, en ese momento, es más baja que la habitual—. Es que ellas son mayores, y yo no soy muy habladora.

Siento como si me aclarase, con sutileza, que no espere mucho de ella. Que es más bien parca. El álbum está lleno de mujeres embarazadas, con barrigas enormes, llenas de estrías.

—Uno está bien; dos, lo intentaría, pero tres… —Mary aprieta los labios.

En su mirada puedo leer claramente una frase: «Conmigo no cuentes para tener trillizos, hay que estar abiertos a la reducción».

En las fotos del álbum reconocí a Greg. Ahí estaba con sus gemelos, en el salón de parto, junto a Suham, la madre gestacional, que es hispana y habla español, que hubiera sido perfecta para mí, pero no estaba disponible. Trabajar con Suham hubiera significado seguir a Greg en todos los sentidos; pero algo me dice que Mary será la madre gestacional perfecta. Una mujer que habla poco, a la que no hay que dedicarle mucho tiempo, que va a cuidar a mi niño, que va a comer de manera saludable, que le va a hablar bajito, que va a dar a luz sin complicaciones y que me lo va a entregar con una sonrisa en los labios.

Entonces me veo también en el álbum, emocionado con mi bebé, mientras Mary, feliz, me lo entrega. Alguien, en el futuro, observará nuestra foto y pensará que al año siguiente también estará en ese álbum. Con mellizos, o tal vez trillizos porque, en su caso, la madre gestacional no tendrá ningún reparo en llevarlos en su vientre y nunca exigiría una reducción, como ella me acaba de demandar a mí.

Mary no tiene mucho tiempo porque su hija la espera en la escuela. Me dice que puedo llamarla. Que todo va a salir bien. Que está feliz de trabajar conmigo. Que pronto voy a convertirme en papá.

La abracé, agradecido. Fue un abrazo de segundos. Sellamos un pacto. En ese instante quedamos unidos.

LA CLÍNICA

19 DE ABRIL DE 2004

Son las 9:30 de la mañana, y en media hora voy a conocer el laboratorio donde vamos a concebir a mi hija. No estoy en un centro científico, de paredes inmaculadas y cristales relucientes. Estoy en un centro comercial, con fachada de ladrillos y una pizzería, una cafetería y una oficina de bienes raíces en la planta baja. En el segundo piso está el Reproductive Science Center, un laberinto de oficinas y pasillos grises. Me desoriento. Busco el número de la oficina y termino de nuevo en el ascensor. Llamo y Suham, la recepcionista, la madre gestacional de los hijos de Greg, me da las coordenadas.

La sala de espera es pequeña. Hay una pareja muy asustada llegada de Alemania. Suham me dice que no hablan casi nada de inglés. Una mujer embarazada sale sonriente de ver al doctor, y otra pareja la espera ansiosa. La mujer es una de las madres gestacionales, y se embarazó en el primer intento.

En la puerta que conduce al interior del centro, leo una advertencia: «Antes de cruzar la puerta y entrar al salón, evite usar cualquier tipo de perfume».

Dios mío, creo que tengo perfume en la chaqueta. Trato de

buscar el más mínimo rastro, pero mis sentidos están embotados. No huelo nada. No sé qué olores predominan en la oficina. Mi olfato nunca ha estado entre mis mejores atributos.

Ángela es la encargada de tramitar la documentación.

Otra vez, exámenes de sangre. El doctor quiere eliminar las probabilidades de cualquier tipo de enfermedad congénita o que, al menos, sepamos a qué atenernos. Debo firmar una orden para que la muestra de esperma congelada en el laboratorio de Los Ángeles sea transferida a La Jolla para ser analizada. ¿Otra vez? ¿No basta con el análisis que aseguró que podría tener un hijo sin problemas? ¿Qué más quieren buscar? ¿Debería comenzar a preocuparme?

Linda Anderson, la embrióloga y andróloga del centro, me explica.

—Ahora tenemos que analizar tu esperma con precisión, para movernos con seguridad.

Le explico que hace cuatro años abandoné la idea de tener un hijo porque un análisis no había salido como se esperaba, o más bien porque había sido leído de manera arbitraria. Después, me aseguraron en Growing Generations que era fértil, que no habría problemas para la fertilización *in vitro* con los resultados que mostraba mi esperma.

—Quiero hacerte un SCSA —indica la doctora Anderson.

Otra sigla que tendré que memorizar. Se trata de un estudio de tecnología avanzada, llamado «Prueba de la estructura de la cromatina del esperma» (*Sperm Chromatin Structure Assay*), que va más allá de un simple —y yo que pensaba que era ultra complejo— análisis de esperma. El SCSA mide la calidad del ADN o el material genético, considerando los veintitrés cromosomas que radican en la cabeza del espermatozoide, formados por cromatinas, que consisten en ADN y proteínas.

El estudio se puso en práctica alrededor de 1980, y en los

últimos quince años se ha confirmado como una técnica muy útil para determinar la calidad del semen.

El método consiste en tomar una muestra de cinco mil espermatozoides que se escanea para analizar el nivel de daño o fragmentación de los cromosomas. Si el resultado es superior al treinta por ciento, el nivel de fertilidad se considera pobre o deficiente. La técnica también mide la susceptibilidad del ADN al manipularse el esperma congelado con ciertos tipos de ácidos.

Esto no significa que un esperma que tenga el ADN fragmentado no pueda fertilizar un óvulo.

Un esperma dañado puede producir un embrión de buena calidad, pero al final ese embrión, que pude incluso llegar a adherirse y crecer en el útero, no consigue un embarazo que llegue a su término. Por ello, ciertas muestras de semen que han sido consideradas aceptables a nivel de movilidad, calidad y morfología, pueden resultar anormales en una prueba de SCSA.

En la medida en que avanza la edad de un hombre, el nivel de fragmentación de sus cromosomas aumenta y, como resultado, su fertilidad disminuye. Así, el reloj biológico no afecta sólo a las mujeres; los hombres también experimentan un descenso en su facultad de procrear, y uno de los factores que lo provocan tiene que ver con el medio ambiente y la exposición a químicos, pesticidas y herbicidas.

Van a enviar mi muestra, congelada, a South Dakota. La doctora Anderson también recomienda que me haga una prueba para analizar la presencia de anticuerpos contra el esperma.

Después de asimilar toda esa información, me explica con una sonrisa consoladora.

—Es la única manera de estar seguros...

Pero yo sé que la certeza no existe. Uno lanza una célula al aire, a ver qué pasa. Estamos en manos de lo desconocido, de desconocidos. Sí, voy a someterme a todas las pruebas. Si quieren, pueden enviar mi cuerpo congelado a South Dakota, tomar muestras de mi piel, de mi cerebro. Sólo quiero terminar con los exámenes y entrar en acción.

El doctor Samuel Wood lleva una camisa de enfermero. En su oficina hay fotos de bebés; muchos de los que, supongo, él habrá ayudado a procrear. Se reclina en su silla de banquero, se lleva ambas manos a la nuca y suspira, relajado.

—Con una madre gestacional y una donante de óvulos, tus posibilidades de procrear un hijo son mayores que si lo hicieras sólo con una madre de subrogación —afirma.

El doctor Wood tiene el don de dar seguridad.

—¿Y qué pasa con los análisis a los que ahora tienen que someter a uno de mis fluidos más preciados? —le pregunto, un poco angustiado.

—Esperemos los resultados. Por ahora, ya has vencido un buen tramo.

Le cuento sobre Mary, la buena conexión que establecimos, mi fascinación con Alicia, la hermosa donante de óvulos, que tiene el cabello oscuro y brillante y los ojos de un azul profundo. Estoy seguro de que debe estar acostumbrado a lidiar con pacientes más o menos apasionados. No sé en qué rango me verá a mí. Tal vez me muestro demasiado esperanzado. Pero ¿por qué tendría que ser negativo?

—Tenemos un alto índice de bebés nacidos de donantes de óvulos y de madres de subrogación. Confiamos mucho en nuestro equipo, en lo que hacemos. Vamos a transferir los mejores embriones, y el resto los preservaremos en caso de que necesitemos hacer otro intento —me explica.

En ese momento, me imagino un ejército de embriones que esperan ser transferidos, almacenados por décadas en sofisticados tanques. Cientos de miles de futuros seres humanos de todas las razas listos para el combate de la vida. Y al mismo tiempo, me doy cuenta, o más bien reacciono ante la realidad que él me presenta: nada es cien por ciento seguro. Existe un alto riesgo de que la transferencia embrionaria no funcione, de que el útero no esté completamente preparado.

—Es importante que las paredes del útero tengan el grosor adecuado; luego entra en juego la calidad del embrión. Nosotros les asignamos diferentes categorías, en dependencia de su morfología y su división celular. Podemos tener varios embriones de clase A, pero no todos se van a desarrollar. Que un embrión se convierta en un ser humano sólo está en manos de Dios.

Quiero que la conversación continúe, que me explique el proceso, pero me imagino que habrá una madre de subrogación esperándolo, lista para recibir un catéter con robustos embriones. Me parece estar en una escena de ciencia ficción. Estoy en un centro de ingeniería donde todo es posible. Su trabajo es «facilitar un instinto básico del hombre», dice el doctor, y hace una pausa. Para mí, demasiado larga. ¿Cuál es ese instinto?

—El deseo de tener un hijo. Estoy seguro de que tú, desde que eras niño, visualizaste tu futuro. Seguro te viste como padre. Muchos lo hacen. Puede ser que algunos no integren a un hijo en su futuro inmediato, pero para la mayoría, una vida sin hijos es una vida incompleta.

Muchos de los pacientes que vienen a implorar ayuda a su consultorio son parejas que, ya a los cuarenta, han logrado todo lo que se habían propuesto: un trabajo excelente y estable, una cuenta bancaria sustanciosa, la casa y los autos de sus sueños. Ahora sólo les falta un hijo. Pero comienzan a buscarlo y no llega. Los óvulos han envejecido. ¿Cuál es el camino, entonces? La reproducción asistida.

—Nuestra clínica es pequeña. No aceptamos más casos que los que podamos manejar.

Y mientras él intenta aclarar el camino, en mi cabeza resuena una frase que he querido evadir sin conseguirlo: «En manos de Dios». Me cuesta creer que un científico, el hombre que manipula las células hasta lograr que se transformen en embriones, deje en las manos de Dios que esas células, que ahora se multiplican hasta el infinito, se conviertan en un bebé.

—Preparamos a las madres de subrogación, a las donantes de óvulos, observamos la fecundación, hacemos la transferencia de los embriones y seguimos el embarazo cada dos semanas hasta que se cumplen los tres meses. A las doce semanas, la madre gestacional es remitida a la consulta de un obstetra, como cualquier otro embarazo normal.

Eso quiere decir que mi agonía se va a extender por tres meses, cuando Mary sea remitida al médico que la va a atender hasta el momento del parto. Aunque, en realidad, mi agonía no cesará hasta tener a mi hermoso bebé en brazos, hasta que lo vea conmigo en un avión y dejemos Los Ángeles para llegar a nuestro hogar.

Sumido en una terrible incertidumbre, tengo al menos la satisfacción de haber dado un paso más. Me avisan que el banco aprobó mi línea de crédito, así que ¡manos a la obra!

Ahora comienza la espera. Cada día es una semana, cada semana es un mes, cada mes es un año.

LA PIONERA

20 DE ABRIL DE 2004

JAMÁS PODRÍA RENUNCIAR A un hijo mío —dice Mary—. No estoy preparada para la subrogación tradicional, porque si se trata de mi óvulo, sería mi hijo, y no podría entregarlo. Lo que vamos a hacer es distinto. A quien voy a llevar dentro de mí es a tu hijo, que no es mío. Entonces, queda claro que, desde que nazca, te pertenece.

Mientras más la escucho, más me convenzo de que Mary está preparada. Nunca ha dado un hijo en adopción y ni aun por beneficios económicos sería capaz de someterse a una inseminación artificial. Incluso, me aseguró que no se sentía capaz de donar sus óvulos.

—Siempre serían mis hijos biológicos —me explica.

La comprendo. Estoy de su lado. Yo tampoco podría. Y sé que donar un óvulo es como donar cualquier órgano vital. Que un padre o una madre sean los que tienen la intención de serlo —quienes crían al niño concebido por cualquiera de los métodos de reproducción asistida—, no excluye el nivel de desorientación y abandono que puede provocar ver a un bebé que se va en brazos de otro. Trato de entender la mentalidad de las madres de subrogación tradicional y los conflictos emocionales —y legales— que se podrían presentar.

Ahí está Elizabeth Kane, la prueba del error. Elizabeth se considera la primera mujer que firmó un contrato legal para convertirse en madre de subrogación en los Estados Unidos y recibir una compensación monetaria por ello. Dio a luz al hermoso Baby Justin en 1980 y lo entregó a los padres de intención, a pesar de que ella había proporcionado la mitad de los cromosomas del bebé. La otra mitad le correspondía al padre, un desconocido para ella. Elizabeth Kane, que fue el seudónimo que usó para firmar el contrato, se convirtió en una celebridad. Vivió sus quince minutos de fama, y hasta el día de hoy no ha podido recuperarse. Incluso, durante la extenuante batalla que puso en riesgo el concepto de subrogación en el país con el caso de Baby M, Elizabeth sirvió de consejera a Mary Beth, la arrepentida madre sustituta de Nueva Jersey. La ironía es que el verdadero nombre de Elizabeth es también Mary Beth.

Aquella mujer, que se había convertido en madre de subrogación para ayudar a una pareja infértil a pesar de la oposición de su esposo, fue una de las creadoras de la Coalición Contra la Subrogación, con la cual llegó incluso a testificar ante el Congreso.

Su libro, *Birth Mother*, es un alegato contra una práctica de la que fue pionera. Trampas del destino. Cuando aceptó que el bebé que engendraría no le pertenecería, que al cortar el cordón umbilical terminaría cualquier tipo de conexión física con él, nunca imaginó la vorágine en la que se vería envuelta. Afirmó que el sistema judicial podía arrebatarle al niño de sus brazos, pero no de su memoria. Estaba condenada de por vida a ahogarse en su propia culpa. Su terapia, me imagino, fue luchar contra lo que ella misma ayudó a establecer.

Elizabeth, de treinta y siete años, estaba casada y tenía tres hijos. Algunos miembros de su familia sufrían de infertilidad y era frustrante para ella verlos devastados. Un breve anuncio en el periódico local, donde se solicitaba a una madre sustituta, le llamó la atención. Era de una pareja de Louisville que no podía tener hijos. Logró convencer a su marido, que se mostraba renuente a que ella participara, y finalmente los contactó.

Con tres meses de embarazo, Elizabeth se convirtió en una figura pública. Aunque no quería ser llamada por su nombre real ni que se identificaran el pueblo ni el estado donde residía, aceptó posar para la revista *People* con sus tres hijos. «Me siento muy agradecida por lo que hago», declaró a la revista. El marido, por su parte, estaba convencido de que la decisión de su mujer dividiría a su familia. A Elizabeth no le gustaba la idea de tener que aceptar dinero por ser una madre sustituta. Su esposo incluso aseguró que no necesitaban el dinero. «Lo haría gratis», llegó a declarar Elizabeth. No obstante, recibió los diez mil dólares por llevar al bebé de los padres de intención en dos etapas: la primera mitad al confirmarse el embarazo, y la segunda en el momento en que se finalizaron los documentos de adopción.

Al dar a luz, dejó bien claro a la revista *People* que el bebé que había nacido le pertenecía al padre: «Sólo ayudé a que creciera para él». Sabía que ese niño no regresaría a casa con ella, que no habría discusiones en familia sobre qué nombre ponerle, como cuando tuvo a su hijo. Además, había asimilado que no deseaba a un nuevo miembro en la familia. Sus finanzas no se lo permitirían. Sin embargo, afirma que lo amó desde el momento en que fue concebido y que le hablaba bien bajito cada vez que se movía o daba una patadita en su vientre.

Quien más sufrió durante el proceso fue su hijo. En la escuela se burlaban de él, mofándose de cuánto costaba un bebé, al hacerse público que Elizabeth había aceptado los diez mil dólares.

Parecía simple y bien orquestado, ella le entregó el niño a su padre, que le dio las gracias por haber ayudado a completar su familia. La gratitud del hombre la emocionó y se sintió satisfecha de haberlo hecho como un regalo de amor. David, su esposo, nunca dejó de pensar que ese bebé podría arruinarles la vida. Y tenía razón.

Ocho años más tarde, en su libro, *Birth Mother*, Elizabeth cuenta que todo el proceso de salir embarazada y la desconfianza de quienes la rodeaban la sumieron en un terrible estado de inconsciencia. Al nacer Justin, escribió una carta para despedirse de él: «No me perteneces».

Creyó que con eso bastaría, pero la vida comenzó a complicarse. La relación con su marido cambió, y su hijo legal y genético se sumió en una depresión casi crónica. Sufría la pérdida de un hermano que nunca tuvo. Para él, su madre había dado a luz un bebé muerto. Un niño perdido en el limbo, un bebé que muy probablemente él consideraba su hermano.

Al parecer, Elizabeth cargaba con una culpa que tuvo su origen en 1966. Sólo tenía veintidós años y, sin estar casada, se embarazó, tuvo a una niña y la entregó de inmediato en adopción. Nunca, asegura, ha podido recuperarse de esa pérdida. Ni el haber estado casada, ni sus tres hijos la han hecho olvidar a la niña que abandonó. Tal vez por eso decidió convertirse en madre sustituta. Pensaba que quizás iba a sanar sus heridas, pero el daño terminó siendo mayor pues, al final, no sólo terminó por destruir su vida, sino que además desmembró a su inocente familia.

TODA LA INFORMACIÓN que estudié sobre casos de madres sustitutas me hizo sentir aún más seguro de no tomar el camino de subrogación tradicional. Mary, al menos, es consciente de que el bebé que llevará en su vientre no tendrá ni la más mínima conexión genética con ella. Recibirá una compensación económica, es cierto, como la tuvo Elizabeth, pero ni todo el dinero del mundo podría pagar lo que Mary va a hacer por mí. Va a facilitar su cuerpo para albergar una vida que no le pertenece, va a participar en un verdadero acto de creación humana. Su satisfacción está basada en que hará felices a otros, sin tener que abandonar a un hijo propio. Ésa es su esencia. La única que puede prevalecer en una madre gestacional. Lo tiene bien claro. Y para mí, eso es un milagro.

LA PRESENCIA DE DIOS

22 DE ABRIL DE 2004

DE CADA ETAPA DE la vida, uno recuerda al menos una escena. A veces puede ser una sensación, un espacio, un estado de ánimo. Casi siempre es una anécdota. Las viejas fotografías ayudan, así como las historias de familia, el impacto indeleble de las muertes, los nacimientos, los sucesos políticos y las guerras. Tengo grabado en mi memoria el día en que no pude caminar. Aún puedo verme en el cuarto oscuro —la única ventana daba a un patio interior— del apartamento con olor a gas de la tía Romelia, con un plato de sopa de pollo ante mí por la fiebre que tenía, mientras mis tres primas saltaban en la cama de al lado, sin que pudiera unirme a ellas porque las piernas me fallaban. Mi tía tenía un rosario y le había hecho una promesa a Dios —no puedo recordar cuál— si me concedía de nuevo la facultad de caminar. Yo tenía tres años. Recuerdo también que mi papá me cargó en sus hombros y me llevó al Hospital Ortopédico Infantil, en La Habana. Era de madrugada, hacía frío —rara vez hace frío en Cuba—. Me aterra pensar en todo lo que puede quedar grabado en la memoria de un niño de tres años.

Hasta el día de hoy, no estoy seguro de si mis piernas se

paralizaron por una fiebre alta o como resultado de la desviación de la columna vertebral con la que nací. Lo que sí sé es que de mi parálisis nunca se habló. Nadie la volvió a mencionar. Pero quedó registrada.

Una vez le pregunté a mi tía si sabía por qué me había quedado paralizado a los tres años, y ella no tenía el más mínimo recuerdo del suceso, y eso que es de las que guarda hasta el primer diente que se te cayó o la piedrecita que entró por tu nariz un verano y hubo que sacarla en el salón de emergencia. Por otro lado, mi mamá dice que nunca sucedió, pero ella no estaba presente, venía en camino para llevarme de vuelta junto a mi hermana y mi abuela.

Cuando traje a mi papá de Cuba para que conociera a Emma, le pregunté sobre mi parálisis. Su respuesta fue tajante, con la convicción de alguien que no tiende a equivocarse con las fechas.

—Nunca te llevé al médico. Cuando tú tenías tres años yo vivía en Oriente, y estoy seguro de que en esa fecha no fui a La Habana.

Lo irónico es que hoy puedo rememorar con lujo de detalles una escena de cuando tenía tres años, que tal vez nunca sucedió, pero entre septiembre de 2000 y enero de 2004, mi memoria ha sufrido un *impasse*. Los dos análisis de mi esperma son los límites de ese paréntesis. En esos cuatro años sucedieron eventos devastadores a nivel personal, profesional, y hasta la ciudad donde vivo tuvo el peor año de su historia. Pero en mi memoria, durante esos cuatro años, me veo solo, en un abismo, con el corazón a punto de rendirse. Mi recuerdo es impreciso —relego al olvido los momentos adversos— pero, al revisar viejos correos electrónicos, me doy cuenta de que nunca dejé de buscarte, a pesar de haber vivido en una abstracción. Ahí están mis cartas dirigidas a las agencias, y hasta encontré una enviada a Surrogate Alternatives, fechada en enero de 2003, con la respuesta de Melinda. No fue hasta un año después que inicié el proceso con ellos.

De esa época oscura, sólo guardo un sentimiento muy presente: mi acercamiento a Dios. Aunque provengo de una familia católica —mis abuelos, de origen español, traían con ellos la tradición cristiana—, en Cuba era ilegal creer en Dios. En una clase de Filosofía en la universidad, una profesora soviética, graduada de la Universidad Lomonosov, en Moscú, dijo una frase que nos dejó a todos desconcertados, no tanto por el valor de la idea en sí, sino por haberse atrevido a mencionarla en una institución educacional del estado.

—Dios es abstracto. Crecimos sin su presencia. Ustedes han crecido sin la presencia de Dios. He participado en estudios donde se ha demostrado que el ateo más ateo, el hombre o la mujer más convencido de que Dios no existe, sólo necesita quebrantarse, enfrentarse a un momento trascendental, ser víctima de un naufragio o viajar en un avión que está a punto de estrellarse para que Dios aparezca como el último recurso en su mente. Si estamos a punto de perder a un hijo por una enfermedad y los médicos ya no saben qué hacer para salvarlo, lo único que tenemos al alcance, o lo que tendemos a buscar como redención, es la fe en Dios.

Nadie hizo ningún comentario. La profesora movía su abanico de finas capas de cedro perfumado y contemplaba nuestros rostros de asombro, mientras la traductora nos impresionaba con aquellas ideas.

¿Recurrí a Dios como única alternativa para llegar a convertirme en padre?

¿Me refugié en una fe que no me pertenece únicamente para salvarme, o más bien, para salvar a mi hija?

Mis encuentros con el padre Alexis en la hermosa Iglesia del Santísimo Sacramento, en el Upper West Side, se hicieron cada vez más frecuentes. Comencé a estudiar la Biblia. Me aislaba en las misas dominicales y, entre semana, oraba y pensaba en mi hija y, sin mencionárselo al padre Alexis, le pedía ayuda a Dios —sin saber aún que uno puede manipular un óvulo y un espermatozoide y provocar la fecundación, pero «que un embrión se convierta en un ser humano, sólo está en manos de Dios»— para encontrarme con mi hija.

Al saberlo, prometí que abriría las puertas espirituales para que mi hija tuviera su propio encuentro con Dios y se refugiara en la religión que quisiera, y no en la que otros pudieran imponerle. Quería que tuviera la oportunidad de crecer con la posibilidad de escoger con la claridad de la fe, cualquiera que ésta fuese.

Crecer con la ausencia de Dios, como crecí yo, con el temor de creer en Él o entrar en un templo o una iglesia, es algo que no quiero dejarle como herencia. Al menos eso lo tengo claro.

LA APROBACIÓN

MAYO DE 2004

MIENTRAS BAJO POR LA Novena Avenida, recibo la llamada de un tal José. ¿Quién es José? No lo puedo recordar, mi memoria es un desastre. Soy amable, lo saludo y él comienza a hablarme sin parar, a justificarse diciendo que recibió mi llamada, pero que no había podido responderme. Había estado de viaje. Su vida es muy complicada desde hace un año. Se ríe, con cierta complicidad. Y habla bajo como para que nadie lo escuche, como si me contara un secreto.

¿Quién es?

Desde que nació la niña, sale del trabajo y está todo el tiempo con ella, no tiene tiempo ni para respirar. Ya no sabe ni lo que es leer un libro. «Mi experiencia con Growing Generations fue buena». Entonces me doy cuenta: es José, el de Boston, uno de los más de diez nombres que la agencia me facilitó para recibir recomendaciones y experiencias. El único que ha contestado mis llamadas. Tal vez nadie más respondió porque mi voz sonaba desesperada, o porque no querían crearme falsas ilusiones. Porque es muy, muy duro esto en lo que estoy metiéndome.

—Tenemos varios amigos que están ahora en el programa con ellos —comentó José—. Hacen un buen trabajo. El problema es que, después de que la madre gestacional sale embarazada, se olvidan de ti.

Tu llamada llega un poco tarde, José. Ya he comenzado el proceso con Surrogate Alternatives.

La niña de José tiene ahora un año. Todo el proceso con la donante fue muy estresante. Ella era de Nueva York, y la madre gestacional de Massachusetts. La distancia fue un problema. Al final, los embriones no resultaron ser de muy buena calidad.

—Si decidimos hacerlo nuevamente —me dice, al parecer, convencido de que irá en busca de un hermano para su hija—, escogería a una donante mucho más joven.

La que usó tenía veintiséis años. Gracias a Dios, Alicia tiene veintidós.

Cuenta que, ante el panorama que le presentaron los embriólogos, decidieron que lo mejor era transferir cuatro embriones. Para suerte suya, uno se implantó.

Me despido de José convencido de haber tomado la decisión correcta, de haber trazado el camino que quiero. De todas formas, pienso, y a pesar de todos los obstáculos, al final él tuvo a su niña.

—LA PRUEBA DEL SCSA regresó normal —me comunica la doctora Anderson, la embrióloga.

¿Pero cuán normal? ¿Eso quiere decir que mi esperma funciona aún mejor de lo que esperaba?

—Un resultado de veinte te coloca en un buen lugar, en la categoría potencial de una buena fertilidad. Nosotros hemos tenido muchos embarazos exitosos *in vitro* con un número similar al tuyo —dice, y me llena de esperanzas.

No obstante, tengo otras dudas, y le pregunto sobre la morfología de mi esperma, que es de un nueve por ciento.

—El nueve por ciento no es tan terrible. Muchos hombres se convierten en padres de manera espontánea con ese mismo porcentaje, y aquí conseguimos un buen nivel de fertilización con esa morfología. El día de la donación de ovocitos, los colocamos junto a los espermatozoides y esperamos que la fecundación sea natural. A otro grupo le aplicamos una inyección intracitoplasmática (ICSI, en inglés), lo que quiere decir que inyectamos un espermatozoide en el óvulo, para que éste sea fecundado. Cuando se obtengan los óvulos, aplicaremos ambas técnicas, en dependencia de cómo se vea tu muestra ese día.

No importa que la doctora Anderson me explique todas las posibilidades que tengo, que mi semen funcione normalmente o que mis resultados sean normales, porque aún continúa en mi cabeza la idea de que mis espermatozoides son amorfos. Me los imagino deformes, en un navegar sin sentido y sin posibilidad de perforar la zona pelúcida del ovocito.

—Lo más común es que la morfología de los espermatozoides sea anormal —la doctora Anderson, por lo visto, tiene una respuesta para todo—. El esperma es producido en números muy grandes, estamos hablando de muchos millones. Es habitual que muchos de ellos tengan una figura imperfecta. Eso es lo que quiere decir «amorfo», no es un término que tenga un significado clínico particular. No considero que sea difícil trabajar con tu muestra, y no hay razones para esperar malos resultados. Claro, siempre es posible que el esperma tenga un defecto funcional imposible de detectar con los exámenes que existen hoy...

—O sea, que debo preocuparme. Existe la posibilidad de otra imperfección indetectable.

—Pero eso sería algo raro.

Qué alivio, ahora puedo respirar.

—Mientras tanto, ¿sabes qué puedes hacer?

Sí, lo sé, evitar los jacuzzis —para mí no existen, ni existirán a partir de ahora— o cualquier cosa que incremente la temperatura de mi cuerpo. No montar bicicletas, no fumar y evitar cualquier tipo de medicina sin consultar antes al doctor Wood.

El próximo paso será que la psicóloga Sylvia Marnella, contratada por Surrogate Alternatives, me evalúe. Otro examen más para determinar si estoy capacitado para soportar que una madre gestacional, una desconocida, te lleve en sus entrañas; si estoy preparado para ser padre, si no voy a volverme loco y comenzar a perseguir al ejército de desconocidos que me estarán ayudando a encontrarte. Más preguntas que contestar, pero ya me acostumbré a que mi vida sea un libro abierto. Hablo una vez más sobre mi infancia, mis padres divorciados, mi salida de Cuba. Cada vez que hago el recuento, me parece que hablo de una tercera persona. ¿Ése soy yo?, me pregunto, y me veo desde lejos en las escenas, sin comprometerme.

A los pocos días, la doctora Marnella me avisa que envió el informe de mi estudio a la agencia.

—Estoy impresionada con tus antecedentes, y siento que serás un buen padre, con un sistema de apoyo muy favorable a tu alrededor. He preparado una carta muy positiva. Te deseo lo mejor en este proceso y una vida feliz con tu hijo. O tus hijos.

Me provocó taquicardia: otra vez se menciona la posibilidad de mellizos.

¿Cómo sería la vida con dos como tú? ¿Habría sido diferente? ¿Sobreviviríamos las malas noches por partida doble?

Una vez completados los estudios físicos y genéticos de Mary y Alicia, y que mis resultados sean aprobados, se comenzarán a administrar los primeros medicamentos para preparar el útero de Mary y estimular la ovulación de Alicia, y me darán una fecha para el inicio del tratamiento, la obtención de los óvulos, mi donación de esperma y la transferencia de los embriones. Alicia comenzaría con sus inyecciones en la ciudad donde vive y luego viajaría a San Diego para la extracción de los ovocitos.

Serás un bebé concebido en el verano.

EL PRIMER ACCIDENTE

11 DE JUNIO DE 2004

Somos creadores de nuestra naturaleza. Sin aspirar a ser Dios, podemos moldear nuestro destino. Las técnicas de reproducción asistida son una alternativa en busca de la perfección. Ser infértil, o no tener la posibilidad de procrear, ya sea por una condición biológica o por esquemas sociales, es una diferenciación aplastante que te limita, que te destruye.

Mary es un órgano. ¿La miro sólo como si fuera un útero joven y saludable? ¿Voy a desprender un óvulo de Alicia como quien extrae una médula ósea en la sala de operaciones? Alicia es una donante de órganos. No vamos a salvar la vida de nadie, no batallamos contra una terrible y mortal enfermedad, pero vamos a crear a un ser humano. ¿No es suficiente? Voy a complementarme, llenaré un vacío, eliminaré una incapacidad.

He evitado el término «alquiler» a través de todo el proceso. No hay un mercado de oferta y demanda. Mary y Alicia van a recibir un pago para cubrir el sacrificio, las molestias, las ausencias al trabajo o a la escuela. No voy a alquilar un útero. Mary me va a ayudar a convertirme en papá. Ella no es un cuarto vacante.

Llegado este punto del proceso infinito de manipulación, en el que Mary y Alicia han hostigado sus cuerpos con hormonas y medicamentos, finalmente me toca a mí. Para prepararme para la donación, dos semanas antes debo tomar dosis altas de antibióticos. Mi muestra tiene que estar limpia de virus o bacterias.

Compro el pasaje para San Diego; pienso quedarme allí unos cinco días. Reservo un cuarto en un hotel que está en la zona de la clínica. Esta vez no voy a manejar. Me moveré en trenes y taxis.

El día destinado a entregar mi muestra depende de Alicia. La monitorean hasta ver cuántos folículos se han formado. Dentro de ellos, madurarán los óvulos. Se espera que la donación sea de, al menos, unos ocho óvulos. No todos tienen la madurez suficiente o sobreviven al procedimiento, y no todos son fecundados. Después, durante la transferencia al útero, suelen perecer otros. Así que, entre más folículos produzca, mejor, aunque siempre existe el riesgo de una superovulación, que requeriría paralizarlo todo, e incluso podría enviarla a la sala de emergencias. La transferencia de embriones siempre se realiza dos días después de la extracción de los óvulos.

La doctora Anderson me avisa que ya tienen en su poder una muestra congelada de mi semen. Yo autoricé que la transfirieran del laboratorio de Los Ángeles al Reproductive Science Center. Aunque siempre se espera que la donación de esperma sea fresca —ello aumenta los niveles de fertilización—, una muestra congelada se conserva para evitar cualquier tipo de eventualidad.

Ahora la pregunta es, ¿cuántos embriones debo transferir al útero de Mary? Si fuera por mí, sería lo más agresivo posible. Cuatro, cinco, seis, de ser posible. La doctora Anderson me explica que lo habitual es que se transfieran entre dos y tres.

—Sabremos más al ver cómo están los embriones —me explica.

Me voy a la cama sin dejar de pensar en los hermosos bebés que vamos a lograr en el laboratorio. Debo relajarme, tener dulces sueños, no olvidarme de lo bella que es Alicia, de la fortaleza y total entrega de Mary, pero me despierto sobresaltado. Tomo una ducha y me preparo para el trabajo. En la oficina recibo la primera señal: Alicia está en la clínica. «No hay mucha actividad hasta ahora, me comunican». Sólo ha desarrollado cuatro folículos en un ovario. En el otro, ninguno. Van a aumentarle la dosis para activarle más la ovulación y ver cómo responde. Le pregunto al doctor Wood si son malas noticias y me responde.

—Vamos a evaluarla en dos días. Si no hay progresión alguna, cancelaremos el ciclo.

Otra vez la espera, el futuro que no puedo trazar ni imaginar. Los antibióticos me provocan náuseas. ¿O será la mala noticia? Cada segundo reviso si ha llegado un correo electrónico nuevo. Insisto y, a pesar de lo que me ha dicho el doctor, no he perdido y no voy a perder las esperanzas. ¿Por qué no creer en un milagro? Un día más.

Sin dejar de pensar en mi hija, suplico. Imploro. Entro al vagón del metro, me siento y no puedo dejar de llorar. Me cubro el rostro con las manos, tratando de esconder mi impotencia y perderme en el asiento, rodeado de desconocidos que evitaban mirarme.

De pronto, siento como si mi hija se evaporara. Dejo de verla, de sentirla. Se me escapaba de las manos. Al bajar del tren, en cuanto subiera las escaleras hasta la superficie, sabía que habría dejado de existir.

Espero ansioso la llamada del doctor. Me encamino a casa y, cuando llego, veo una llamada perdida en el teléfono. Tengo que esperar, ahora él está ocupado. Han pasado diez minutos y sigo en la línea.

—Los resultados no son buenos. El número de folículos subió

a seis, pero no son grandes. Esperaba encontrar al menos doce. No es un excelente ciclo, ni siquiera bueno.

Me informa que es posible aumentar la dosis para incrementar el estímulo. Hay mujeres que responden el último día; pero suele suceder sólo en un diez por ciento de los casos.

Entonces, sí. Seguiremos en el intento. Es posible que ella esté en ese minúsculo porcentaje. No la puedo perder. Su abuela es de origen español, como mi abuela. Su vulnerabilidad me fascina. Sus ojos, su sonrisa me han cautivado. Ya es parte de mi familia. Sus fotos le han dado la vuelta al mundo. Todos la conocen.

Nos elegimos, pasé el examen, y no estoy dispuesto a suspender todo ahora por escasez de folículos. Seguiremos al ataque, provocaremos a la naturaleza, somos nosotros quienes escribimos nuestro destino. Por favor, Alicia, pon toda tu fuerza. Piensa que eres dueña de tu cuerpo, que puedes producir todo lo que te propongas, diez, doce, catorce, dieciséis folículos si son necesarios. Ahí comenzará la creación de mi hija. Mi hija está en tus manos. No me abandones.

El doctor fue concluyente: «Debes buscar a una nueva donante». Mary me llama, desconsolada. «Lo siento, lo siento», repite. Alicia está devastada, no sólo porque todo su sacrificio ha sido en vano, sino porque teme no poder tener hijos. Ahora ella está en mi propia piel. Me apena, pero yo no sé consolar, y tampoco me gusta que me consuelen.

Desaparezco en la cama, entre colchas y almohadones. No quiero ver a nadie. Solo quiero dejar de llorar. Llamo a Becca para obtener una nueva contraseña que me permita entrar a la base de datos de A Perfect Match. Otra vez la búsqueda, otra vez empezar a confiar en los rostros de extraños.

Una llamada de mi amiga Carola me anuncia que hoy se convertirá en la madre de una niña de un mes que adoptó en

Nueva York. Su progenitora, una mexicana indocumentada de dieciocho años, decidió entregarla en adopción desde que supo que estaba embarazada. No sabe quién es el padre ni desea tener contacto con ella en el futuro. Lo único que pidió fue que le dijeran a la niña, cuando fuese grande, que la perdonara. No se quiso despedir de la bebé. Carola decidió llamarla Andrea.

SIN HOGAR

12 DE JUNIO DE 2004

VAMOS HASTA PENN STATION y tomamos el tren a South Orange. Ir a Nueva Jersey, atravesar el Hudson, cruzar la frontera entre Manhattan y el llamado «estado jardín», me provoca una sensación de abandono. Nuestra vida va a cambiar. Vamos a vender nuestro apartamento y crear una familia en un suburbio, lejos de la energía de la ciudad donde siempre hemos querido vivir.

Es un viaje que parece eterno, aunque en realidad son sólo veinticinco minutos. La agente de bienes raíces nos espera en la estación. Vamos a ver casas victorianas de South Orange, pero la estación no tiene nada de victoriano. Imaginábamos una vieja terminal europea, rodeada de cafés, con una pequeña calle principal llena de tiendas de antigüedades... una imagen muy lejana de la realidad que estábamos presenciando.

Comenzamos a recorrer la ciudad, sus casas aisladas de dos plantas, sus jardines pobres, sus calles vacías. Gonzalo dice que es un lugar en el que podríamos vivir.

—¿Estás seguro? —le pregunto—. ¿Has visto el tamaño de estas casas?

—Al menos, vamos a tener bastante espacio. Y patio.

—Sí, un patio que habrá que atender. Un jardín que se cubrirá de nieve. Tendremos que palear nieve para tener contacto con el exterior —le digo.

Caminamos entre casas coloniales con escaleras crujientes y sí, numerosos salones y cuartos. Todas han sido subdivididas, y yo prefiero los espacios abiertos, blancos y con mucha luz.

Llegamos a Montrose Park, el distrito histórico. La casa que vemos tiene tres plantas, con paneles de madera conservados, escaleras y baños originales. Tiene puntales altísimos, y un patio con el que Gonzalo ha quedado fascinado. Será necesario que todo funcione, y que al entrar a nuestra pequeña mansión y dar el primer portazo no comience a deshacerse.

De regreso a Manhattan, Gonzalo está convencido de que debemos mudarnos a la casa de Montrose Park. Ya nuestro apartamento está a la venta y el fin de semana estará abierto a quienes quieran hacernos una oferta. Todo parece estar en su lugar.

Lo que me interesa es continuar con nuestra búsqueda, la única que ahora tiene algo de sentido. De lo contrario, ¿para qué tendríamos que deshacernos de nuestro hogar y terminar en un lugar desconocido, con vecinos que no sabemos si nos aceptarán, un lugar donde a veces el río se desborda y cubre las calles, llega hasta las casas y destruye lo acumulado por años? En caso de una terrible nevada, ¿cómo sobreviviríamos nosotros, que somos del trópico, que nunca hemos paleado nieve ni sabemos cómo descongelar el auto, ni manejar por calles heladas y resbaladizas?

Equivaldría a aislarnos, pero Gonzalo dice que, con un hijo, estaríamos aislados de todas formas, al menos durante su primer año de vida, constantemente dedicados a él. Habría que alimentarlo cada tres horas, cuidarlo cada segundo, cada minuto, observar con atención cómo respira, cómo duerme, cómo llora, cómo sonríe.

KAREN

1.º DE JULIO DE 2004

Vuelvo a la base de datos de A Perfect Match. No quiero detenerme, ni perder un minuto más. Con cada segundo que pasa, envejezco. Es una batalla campal contra el tiempo. Quiero tomar una decisión al instante, librarme del temor de perder para siempre a mi hija.

Ahora las opciones se han reducido. La donante debe tener menos de veinticinco años y haber hecho una donación previa con resultado positivo, es necesario que viva en California o, mejor aún, en San Diego. Nuestras posibilidades son mínimas, por no decir nulas.

Lisa, una rusa de veintidós años que ha hecho cuatro donaciones —¿aún le quedarán óvulos? Y si le quedan, ¿no habrán sido dañados por tantos tratamientos hormonales y medicamentos?—, solicita veinte mil dólares y no puede someterse a un ciclo hasta dentro de cuatro meses. Se va a Francia a estudiar. Dios mío, la mayoría de las donantes quiere irse a París. ¿Será que planean enamorarse a orillas del Sena? ¿Esperamos por ella? Cuatro meses. Ese número me recuerda los cuatro años perdidos antes. No, no puedo esperar. La otra posibilidad es Julieta, de origen italiano.

¿Y una hispana? No, no puedo. Los estereotipos me lo impiden. No los puedo cambiar de la noche a la mañana. Siento que es mucho más difícil que una mujer hispana se desprenda de su hijo, ya sea una madre de subrogación o una donante de óvulos. Las americanas están más preparadas para desprenderse del fruto de su vientre, me había dicho al oído una asistente de la agencia. En las familias hispanas los hijos, si es que alguna vez se van, lo hacen al casarse. Los padres americanos, en cambio los mandan a estudiar a los dieciocho años y sólo regresan a casa para Acción de Gracias y Navidad. Pero sé que son sólo estereotipos. De hecho, Elizabeth y Mary Beth, las madres sustitutas arrepentidas, no son hispanas.

¿Qué tal será Lisa? ¿Debería esperar por ella? No tiene nada que me atraiga de manera especial. Si la selecciono, sería por su coeficiente de inteligencia y su nivel de fertilidad. El proceso se va haciendo cada vez más frío y calculado. Con Alicia había una conexión, me había conquistado con sus razones para convertirse en donante y, además, su abuela era española.

Lisa simplemente está ahí, como diciendo: «Tómame o déjame. Soy solicitada y decido con quién trabajar. Entre todos los candidatos, voy a escoger al que mejor me pague».

Es cierto, es cotizada. Además de los resultados positivos de su donación, porque es judía. Al parecer, la única entre las donantes de la agencia. Incluso, es la que menos fotos tiene en su expediente. Una foto actual casi fuera de foco y otra de su niñez. Ninguna de sus padres o sus hermanos, ni de otras etapas de su vida.

No me convence. No es una decisión que pueda tomar a la ligera.

Si alguien se enamora y se casa, es raro preguntarse antes de tener hijos por las enfermedades de los padres, o de qué padecen o murieron los abuelos. Estás con la mujer o el hombre que quieres y tu destino está en manos de la suerte que te toque. Al escoger a la madre o al padre de tu hijo, pocas veces indagas sobre los suegros que tendrás —para muchos, siempre serán una pesadilla, de todas formas— y nadie deja de casarse o tener hijos porque uno de los abuelos sea cascarrabias o no haya terminado la escuela primaria.

Con una donante de óvulos, o incluso con un donante de esperma, el escrutinio se extiende tres generaciones atrás. Y uno tiende a volverse exigente hasta caer en la paranoia.

No deseo llegar al final de este proceso con esa neurosis. No busco a una donante que tenga un parecido con miembros de mi familia, ni que comparta mi ideología o mis creencias religiosas. No me interesa la perfección, ni que su rostro o su figura cumplan con los cánones de belleza clásica.

Entonces, ¿qué le exijo a quien donará el óvulo? Que sea bella, inteligente y saludable. Que tenga menos de veinticinco años y pueda dar pruebas de su fertilidad, que haya sido donante y que de los embriones formados con sus óvulos haya nacido un niño. También, por conveniencia, que viva en California.

Lo de la belleza y la inteligencia es relativo. Primero, porque mi valoración parte de una foto no profesional de la cual, muchas veces, sólo puede verse un ángulo. ¿Cómo caminará? ¿Será buena persona? ¿Cómo serán el tono de su voz, su gestualidad, su sonrisa, su mirada? ¿Será de esas mujeres que no dejan de hablar, o de las que saben escuchar?

¿Cómo será la textura de su piel? ¿Sus manos, sus pies, sus orejas? Demasiadas interrogantes y pocas respuestas.

Casi todas las donantes estudian en la universidad. Algunas están matriculadas en universidades *Ivy League* y la mayoría tiene resultados altos en los exámenes. ¿Es eso suficiente para valorar su inteligencia? En la lista hay una graduada de Princeton que ha completado una maestría y es donante por tercera vez porque, además de querer ayudar a una pareja infértil, necesita pagar el alquiler. O sea, el título de una prestigiosa universidad no le ha servido para conseguir un trabajo que le permita pagar sus gastos más elementales.

Las que tienen padecimientos como cálculos de riñón, o las que tienen madres que terminaron en urgencias por una cadera dislocada o un abuelo que murió de cáncer pulmonar por ser un fumador empedernido, muchas veces son descalificadas, o permanecen en la lista de donantes disponibles durante meses, e incluso años.

Una vez más me detengo a estudiar detenidamente los rostros sonrientes de aquellas jóvenes, pero en esta vuelta —¿la vigésima?— Gonzalo se detiene en una. Su número es el 170. No tiene nombre. Abrimos las fotos y en ninguna aparece con el traje pomposo de la graduación de secundaria, como la mayoría. Tampoco posa como para una revista erótica ni acude a gestos insinuantes frente a los cuales me imagino a un marido fascinado y a una esposa nerviosa.

La donante 170 vive en California y tiene veintidós años. Ya ha sido donante; produjo dieciocho ovocitos, de los cuales trece resultaron fecundados, aunque fue necesario reservarlos porque la madre gestacional no estuvo lista a tiempo. El embarazo fue positivo y nacieron mellizos de los embriones congelados. Sus atributos físicos son buenos, es alta, delgada, con unos asombrosos ojos claros.

Se llama Karen. Proveniente de un país eslavo, vino de niña a los Estados Unidos con su familia y se asentaron en California. Es la menor de sus hermanos. Habla inglés y su lengua natal, y estudia Arte y Derecho Internacional en la universidad.

Alguien en su familia, o tal vez ella —no se especifica— estuvo bajo tratamiento psiquiátrico, al parecer por depresión. Toma alcohol dos veces a la semana, casi siempre con amigos, durante la cena. No usa drogas y tiene tatuajes y algunas perforaciones en el cuerpo.

No es perfecta, no es la donante ideal, pero al menos intuyo que no miente. Para mí tiene un perfil interesante, pero nos da la lejana impresión de ser una rebelde sin causa. Nos alarmamos un poco, y volvemos a sus fotos y a sus respuestas al extenso cuestionario de la agencia.

Ahora, cada vez la veo más hermosa. Sin dudas, es la menos convencional en la base de datos. ¿Por qué, entonces, no ha sido reservada, como la mayoría de las que podrían interesarles a futuros padres? Es inteligente —al menos, así parece—, bella, tiene veintidós años y, mejor aún, su fertilidad está probada. ¿Será por los tatuajes y las perforaciones? ¿O porque alguien en su familia padeció de depresión? ¿O quizás porque es europea?

En cualquier caso, todas esas dudas están a mi favor. Karen, hasta ahora, es nuestra primera, y al parecer única, elección.

Becca nos dice que hay una pareja antes que nosotros también interesada en Karen. Habrá que esperar a que ellos tomen una decisión. «Karen es una muñeca», afirma Becca, sin saber que me provoca aún más ansiedad.

Creo que voy a enloquecer.

—Becca, es que no hay nadie más que nos interese en tu base de datos. Si no es Karen, tendré que comenzar a buscar en otras agencias, o incluso detener todo el proceso.

Por lo que leemos, Karen es muy sociable, muy motivada y siempre se exige al máximo. Al mismo tiempo, es relajada, sabe disfrutar de su tiempo libre y le gusta todo lo relacionado con el arte. En sus ratos libres pinta, casi siempre obras abstractas.

Entre sus objetivos está convertirse en abogada, continuar con la pintura y vender sus obras algún día. Le gusta leer, ir a los museos de arte moderno y estar con sus amigos y con su familia. Quiere ser donante porque le da placer ayudar a familias que no pueden tener hijos. No tiene novio, y sus amigos la apoyarán en el proceso de donación. En la actualidad toma píldoras anticonceptivas, menstrúa desde los quince años por cuatro días y cada veintiocho. Hasta donde ella sabe, en su familia no existe ninguna enfermedad genética.

Su abuelo materno murió muy joven en un accidente, y de sus abuelos paternos, uno murió de cáncer pasados los setenta, y el otro a los ochenta de un infarto. La abuela materna aún vive.

Karen jamás ha estado envuelta en una demanda legal y nunca ha participado en situaciones que pudieran ponerla en riesgo de contraer enfermedades de transmisión sexual. Fue criada en el seno de una familia católica y está convencida de que la donación de óvulos es coherente tanto con sus creencias como con su ética. No le preocupan los riesgos que implica la donación. De hecho, ha tolerado las inyecciones y los análisis de sangre sin ningún tipo de problemas.

En cuanto al bebé que va a ayudar a crear, es consciente de que no le pertenece. Lo que sí pide es que los embriones congelados que no vayan a utilizarse sean destinados a la investigación médica, y que no sean donados a otros con el propósito de concebir un segundo o tercer bebé.

Reviso el análisis psicológico que le realizaran para su primera donación. Nunca ha tenido problemas alimenticios, ni de drogas o alcohol. Le recetaron antidepresivos para ayudarla durante unos meses difíciles, pero pareciera que su estado de depresión fue situacional, aclara el análisis.

La psicóloga concluye que Karen es una chica inteligente, centrada, independiente y carismática. A pesar de su corta edad —la Sociedad Americana de Medicina Reproductiva (ASRM, por sus siglas en inglés) tiene como pauta que las donantes tengan al menos veintiún años— demuestra un alto nivel de madurez y comprende claramente las implicaciones de la donación de óvulos a corto y largo plazo. Así, la psicóloga recomendó a Karen para que procediera con el ciclo.

¿Qué más necesitamos saber? Regresamos a la base de datos y nadie más llama nuestra atención. Queremos a Karen. Le envío fotos de Karen a mi mamá y a mi hermana y quedan encantadas. Debe ser Karen quien done el óvulo para tenerte. Tengo que poner toda mi energía a funcionar para que eso ocurra.

Becca me avisa que la pareja que retiene a Karen no puede tomar la decisión tan rápido. Necesitan más tiempo, y prefieren dejar a Karen disponible para otros. ¡Es nuestra! Le aviso a Gonzalo. Además, ella ha leído nuestro perfil y quiere trabajar con nosotros. Le hago la oferta de seis mil dólares y la acepta.

Está decidido, Karen aportará la célula necesaria para crearte, Emma. Cada vez siento que está más cerca el momento de conocerte.

El próximo paso es vender el apartamento. Comenzamos a mostrarlo, la respuesta ante el anuncio de venta ha sido enorme. Varios interesados vienen a verlo, a muchos les gusta, y ya tuvimos la primera oferta. Por lo visto, va a venderse antes de lo previsto.

KM VS. EG

CADA VEZ QUE VOY a Los Ángeles intento hospedarme en el hotel Mondrian. Está muy bien ubicado en Sunset Boulevard, bastante cerca de los estudios de fotografía donde organizamos las sesiones para las portadas de *People en Español*, y a poca distancia de mi amiga Carmen, que también trabaja para la revista.

No hay nadie como Carmen para organizar cenas que más parecen encuentros familiares que reuniones de trabajo. Combina con gracia única a su familia con editores de la revista y clientes, en una casa acogedora que ella misma ha decorado hasta el mínimo detalle.

Carmen sabe que estoy en el proceso de buscar un hijo —en realidad, todos lo saben—, y esta vez ha querido que conozca a dos de sus buenos amigos que ya pasaron por el mismo proceso. Robert y Karl tienen dos niñas, una de dos años y otra de cinco meses. Llegan a la cena con una niñera que se ocupa de la pequeña. Descubro que compartimos el mismo abogado, que ellos también comenzaron con Growing Generations y que terminaron con otra agencia.

—Prepárate, que no va a ser fácil. Ahora con las niñas me he olvidado de todo lo que pasamos —me comenta Robert—. La primera vez, el análisis de sangre reveló que la madre gestacional estaba embarazada: los números eran altos, pero nada. Tenemos un amigo cuya madre de subrogación perdió el bebé con cinco meses de embarazo. En fin, tienes que estar listo para todo.

¿Y cómo no voy a estarlo? La preparación había comenzado en otra era. Un día me habían declarado infértil. Cuatro años más tarde, me dijeron que podía tener hijos. Mi primera donante de óvulos no produjo suficientes folículos. Les cuento todo eso a Robert y Karl sin poder evitar que los ojos se me llenen de lágrimas. Cambio la conversación y pasamos a hablar de sus niñas, de las malas noches, las ansias que tienen de mudarse a Tennessee, donde compraron una casa, para estar cerca de la familia.

—Quiero que mis hijas crezcan rodeadas de sus abuelos, sus tías, sus primos —afirma Robert.

Al siguiente día, en un desayuno con mi editor y un representante de artistas en el hotel Chateau Marmont, recibo un mensaje del abogado en el que me comunica que debe comunicarse urgentemente conmigo, y en pocos segundos pierdo toda la concentración: hay un caso en la Corte Suprema de California que puede marcar un precedente negativo para todos los procesos de subrogación.

KM y EG son una pareja de lesbianas. En marzo de 2001, KM presentó una petición para establecer sus derechos maternales sobre las niñas gemelas que EG había tenido cinco años antes. KM alega que ella es la madre biológica de las niñas, pues facilitó el óvulo que fue fecundado *in vitro* y transferido al útero de EG.

Por su parte, EG quiere hacer valer el acuerdo legal firmado por KM, en el que renunciaba a los derechos sobre los niños nacidos de sus óvulos, que le había donado a EG cuando ambas aún constituían una pareja.

EG testificó que había considerado la posibilidad de ser madre soltera incluso antes de conocer a KM, en 1992. Le comunicó a KM que quería adoptar un niño, inició la solicitud y se registraron como pareja de hecho en San Francisco.

En 1993, EG visitó varias clínicas de fertilización e hizo varios intentos de inseminación artificial sin ningún resultado. KM la acompañaba a estas citas médicas y le aseguró al juez que ambas tenían intención de criar juntas al hijo o los hijos que nacieran. EG asegura lo contrario, su intención era ser madre soltera.

En 1994, EG comienza un proceso de fertilización *in vitro,* que fracasa por no haber producido suficientes óvulos. Al año siguiente, KM acepta convertirse en donante con la condición, según EG, de que EG sería la única madre de los niños, y que no permitiría que KM los adoptase legalmente hasta que tuvieran al menos cinco años y que ella sintiera que la relación era estable. Acordaron no revelar a nadie que KM había sido la donante del ovocito.

Seleccionaron juntas al donante de esperma, y KM niega que desde el primer momento la idea haya sido que EG fuera madre soltera, pues no habría aceptado ser donante bajo esas circunstancias. Sin embargo, un documento de cuatro páginas firmado por ella sostiene lo contrario. El documento revela que KM renunciaba a todos los derechos, tanto sobre los óvulos donados como sobre los niños que nacieran de ellos. EG, por su parte, afirma que discutió el documento con KM y que no habría aceptado los óvulos si KM no hubiera firmado el documento.

Los embriones resultantes de los óvulos de KM fueron implantados en EG en abril de 1995. Las niñas nacieron en diciembre de ese año, y en su certificado de nacimiento aparece que la madre de ambas es EG, no KM. Poco tiempo después de convertirse en mamá, EG le pidió a KM que se casaran, e intercambiaron anillos durante la Navidad. Ni los familiares, ni los amigos, ni el pediatra sabían que KM era la madre genética de las niñas. EG incluyó a las bebés en su seguro médico, incrementó su seguro de vida y declaró a las gemelas como sus beneficiarias. KM no lo hizo. Por su parte, las nodrizas declararon que, para ellas, tanto KM como EG eran las madres de las mellizas.

La relación de la pareja terminó en marzo de 2001. Fue entonces que KM inició su batalla legal. En septiembre de ese año, EG se mudó a Massachusetts con las niñas para vivir con su madre.

La corte suprema reconoció como válido el documento firmado por KM, en el que se asegura que ella donó material genético sin ninguna intención de convertirse en madre de los niños creados a partir de sus óvulos. Además, dictaminó que KM no calificaba como progenitora porque había pruebas sustanciales que aseguraban que la única madre de intención era EG y que desde el inicio ella tenía como objetivo criar sola a los bebés. La corte dejó en claro que KM era considerada bajo los mismos términos que un donante de esperma.

¿Cómo puede afectarme esta resolución? Para el abogado, este caso marca un precedente: a una madre gestacional se le otorga el derecho de un niño concebido en su vientre con diferente material genético al suyo. ¿Pero acaso lo que vale no es la intención de ser madre, por encima de la condición de madre genética o de gestación?

EG no es una madre gestacional por circunstancia. Ella llevó en su vientre hijos engendrados por donantes de óvulos y de esperma, pero desde el inicio, como indican los documentos legales, ella era la única que tenía la intención de ser madre. Según el abogado, para futuras referencias legales, es bueno tener en cuenta que le han sido otorgados los derechos de maternidad a una madre de subrogación.

Para mí, este precedente no pone en peligro mi acuerdo legal con Mary y Karen. Mary ha renunciado a los derechos maternales del niño que lleve en su vientre, como en su momento renunciara KM. Si después se arrepintiese, sería otro asunto. Karen, por su parte, donará un óvulo sobre cuyo fruto no desea tener ningún derecho legal. Es el mismo caso de KM. Desde mi punto de vista, ese dictamen de la Corte Suprema de California me protege. Para el abogado, es un precedente establecido que puede abrir varias incógnitas.

Regreso al desayuno y todos se sorprenden ante mi desconcierto. No pasa nada, no deseo entrar en detalles. Ésta es una de esas conversaciones que te desmoralizan, y para mí no hay otra solución que enviarlas al olvido.

Vuelo de regreso a Nueva York, nuevamente lleno de dudas.

LA CONEXIÓN

II DE JULIO DE 2004

No creo en la suerte; al menos, no en la buena. En una época, si me levantaba con el pie derecho o el izquierdo, el día estaba condicionado. He aprendido que puedo controlar con qué pie me levanto.

La buena suerte es relativa. Yo la induzco, la guío. Lo que tengo claro es que nada me cae del cielo. Hay quienes nacen con buena suerte, dicen. Yo tengo que trabajar por ella, levantarla ladrillo a ladrillo y evitar cualquier error para que no se derrumbe. No es que tenga mala suerte, todo lo contrario. Es que, para mí, cada logro implica un largo camino de vicisitudes.

Hoy, antes de levantarme, me detuve a pensar con qué pie debía comenzar el día. Hoy quiero que todo me salga bien. Finalmente —trataba de convencerme— tenemos a Karen, tenemos a Mary, está todo listo para la «operación bebé».

Pero necesitaba saber más. Aunque la agencia garantiza toda la información sobre la donante —investigan si tiene antecedentes penales, le hacen un examen genético—, yo desconocía cómo era su vida o cuáles eran sus gustos más allá de las respuestas esperadas a un cuestionario. Sé que Karen estudia en la universidad y conozco su país de origen, sé también cuántos hermanos tiene. Conozco la secundaria donde estudió, sé que vive en California, que tiene veintidós años y que ya fue donante de óvulos. Es suficiente para iniciar la pesquisa. Decenas de Karen aparecen en la búsqueda en Internet. Acoto la selección hasta que, para mi sorpresa, doy con ella antes de lo que esperaba. En esta época de conexiones sociales cibernéticas nadie escapa. La frase «es como buscar una aguja en el pajar» se ha hecho obsoleta. Lo que uno quiere, lo encuentra.

En un sitio web donde la mayoría que intercambia opiniones está compuesta por estudiantes, Karen es un libro abierto. Lleva un diario que actualiza más de una vez al mes, pero a veces no escribe una sola palabra en dos o tres meses.

Compruebo que, efectivamente, además de los tatuajes, tiene perforaciones en el cuerpo. Por momentos me siento como un padre a quien un día su hija, que ha sido educada en escuelas privadas y va a misa todos los domingos, se le aparece en la casa tatuada y llena de *piercings*. ¿Qué vas a hacer? ¿Enfurecerte? Al final, es tu hija. Karen, en este caso, será la «madre» de mi hija. No hay vuelta atrás.

Le gusta el rock. Es *fan* apasionada de The Cure, Led Zeppelin y Pat Benatar. Quiero conocer la música que escucha, saber cuáles son los gustos de la mujer que va a aportar el cincuenta por ciento del material genético de mi hija. Sus películas favoritas incluyen *Amelie*, *Lost in Translation*, *Fear and Loathing in Las Vegas*, *Reservoir Dogs* y *Breakfast at Tiffany's*. Al menos, tiene buen gusto. Asegura también que es una devoradora de libros.

Entre sus artistas favoritos está Ana Mendieta. ¡Al fin encuentro una conexión con ella! Pronto va a haber una retrospectiva de Ana Mendieta en el museo Whitney de Nueva York. Iré a comprarle el catálogo. Tal vez podamos conversar sobre nuestros gustos artísticos en común.

¿Debo mencionárselos? ¿Debo hacerle saber que he visto sus aventuras en el ciberespacio? No, mejor le regalo el catálogo el día que haga la donación. Será un regalo justificado, porque sé que estudia arte, porque soy cubano, porque Ana Mendieta es cubana, en fin.

A Karen le gusta pintar en su tiempo libre, le encanta la cultura de los ochenta, no puede vivir sin la comida vietnamita ni los frijoles verdes. La hace feliz estar rodeada de artistas, irse los fines de semana a las afueras de la ciudad, bailar en las fiestas, comer *sushi* y enamorarse con intensidad. La entristece mentir; le disgustan los amigos interesados, tener falta de inspiración, estar aburrida, los hombres irrespetuosos, el fracaso, el «amor» entre comillas, arrepentirse de las cosas que ha hecho, y Tom.

¿Quién será Tom? ¿Podré encontrarlo en este rompecabezas? Karen y Tom. Reemprendo la búsqueda. Tiene que aparecer algo más. Voy a su diario, pero no encuentro nada. Tendré que esperar a otro día. En algún momento saldrá. Al menos, sé que Tom no le dejó ningún recuerdo grato.

¿Es éste el tipo de mujer que quiero? ¿Habré dado el paso correcto? De lo que estoy seguro es de que se trata de una muchacha inteligente. Bella, nadie lo duda. Interesante, por supuesto. ¿Demasiado aguda quizás, agresiva, rebelde? ¿Qué heredará mi hija de ella? ¿Y qué buscamos, con exactitud? De todas las mujeres de la base de datos de la agencia, ha sido con ella con quien siento una conexión real; alguien que, a su vez, no deja de intrigarme. Al final, con ella podemos intercambiar, al menos, unas palabras sobre los artistas que nos gustan: los vaciados de Whiteread y los animales descuartizados en formol de Hirst que vimos recientemente en el museo de Brooklyn; o el *performance* de Abakanowicz en Chelsea, donde vivió por varios días en una galería y la vimos bañarse, comer, vestirse, dormir. También podríamos hablar de la instalación de Mendieta en una ceiba de la calle 8 de Miami, o de cuando la conocí durante una visita suya a Cuba; o hablar de su terrible muerte al caer —o ser lanzada, como algunos piensan— de la ventana de su apartamento en Soho. Tenemos mucho de qué hablar. Algún día será.

También, algún día, mi hija conocerá a esos artistas. Así e entenderá nuestros gustos, y sabrá por qué seleccioné a Karen, por qué tracé nuestro destino con una mujer del báltico. Y como Czeslaw Milosz, el poeta favorito de Karen, lamentaré «mis necios caminos, pero aún si hubiera sido sabio, habría fracasado al cambiar mi destino. Lamento mis necedades entonces y más tarde y ahora, por lo cual mucho me gustaría ser perdonado».

EL SEGUNDO ACCIDENTE

Una semana antes de que Mary comenzara el ciclo de medicamentos en preparación para la transferencia embrionaria, perdí contacto con ella. Dejé mensajes en su teléfono y le envié varios correos electrónicos sin recibir respuesta. Contacté a la agencia y con delicadeza pregunté cómo estaba. Me dijeron que había asistido a la reunión mensual de las madres de subrogación y que se comunicarían con ella lo antes posible.

Entré en estado de pánico, como me sucede cada vez que voy a iniciar un proceso. O más bien al concluir la búsqueda, la etapa investigativa. Llegada la hora de la verdad, la inquietud me domina.

Ya Karen tenía en su poder las costosísimas inyecciones para dar comienzo a la estimulación ovárica y así incentivar la fase folicular. Según la experiencia que ya hemos tenido con Alicia, Karen debe producir al menos diez folículos. Lo importante es que los procesos de ambas, la donante y la madre de subrogación, sean sincronizados, y que ellas estén preparadas con un par de días de diferencia para que el implante tenga lugar sin complicaciones. La sincronización de la donación de óvulos y la preparación del útero es clave.

¿Acaso Mary se habrá arrepentido? Está bajo contrato, pero aún no ha recibido dinero. Hasta que el embarazo no sea confirmado, ella no obtendrá el pago de veinte mil dólares distribuido en mensualidades. ¿Estará enferma? Recibo un correo electrónico de la oficina del doctor Wood. Debo decidir si estoy dispuesto a continuar, aunque Mary no esté lista. Si la ovodonación procede, se obtienen suficientes óvulos maduros y logramos los embriones, éstos podrían preservarse hasta que estemos preparados para la transferencia.

Comienzo a enviarle a Mary señales de desesperación. Me dispongo a llamar a su trabajo, a su mamá. Le mando una postal por correo. Si Mary cancelara, sería necesario encontrar otra madre de subrogación, y para entonces ya no tendré energía. No puedo perder un segundo. Ya perdí cuatro años. Entro a la base de datos de Surrogate Alternatives y las opciones son mínimas. La agencia me dice que la han contactado, que le han dejado mensajes sin obtener respuesta. ¿Se habrá ido de viaje? ¿Su niña estará enferma?

Si Karen está dispuesta a proseguir, no voy a detenerla. Más tarde podría complicarse con las clases en la universidad. Lo más difícil es la sincronización, lograr que ambas tengan el período menstrual casi al mismo tiempo. Y ahora que lo habíamos logrado, Mary desaparece.

Con su entrenamiento para calmar a los desesperados —puedo imaginar a las madres y los padres de intención sumidos en la angustia cuando algo falla— Melinda me aclara que aún tenemos tiempo.

—Esperemos al fin de semana —me propone—. Una de las madres de subrogación del grupo va a tratar de visitarla el sábado.

Serán otros tres días de espera. Al menos, el sábado tendremos una respuesta. ¿Y si no contesta nadie en su casa? ¿Y si Mary decidió abandonarlo todo y mudarse a Israel, donde vive la familia del padre? ¿Y si prefirió irse a vivir al desierto con su madre?

Mientras tanto, acepto una oferta para vender el apartamento. El cierre de la venta puede tomar meses para obtener la aprobación de la junta del edificio.

Finalmente, Mary me llama. Su hija había lanzado el teléfono celular al inodoro. No había tenido tiempo de ir a una oficina a cambiarlo y le acababan de activar el nuevo equipo. Por otro lado, su computadora está descompuesta. No quiere parecer irresponsable, pero ha sido muy difícil trabajar, cuidar a su niña de tres años y no contar con ninguna ayuda. Además, las cosas con el padre de su hija «no andan bien».

No hice preguntas sobre lo que pasaba con su compañero. ¿Habrá una separación? Demasiado estrés va a tener Mary antes de comenzar su fase preparatoria cuando, en cambio, debería estar relajada para el día de la transferencia, tras la cual debe cumplir reposo absoluto durante veinticuatro horas. Y ello implica que no puede siquiera ir al baño: debe permanecer en cama. Nada más inoportuno, entonces, que estar disgustada con el padre de su hija.

Sin embargo, los problemas no parecen afectarla. Su voz y su tono pausado transmiten tranquilidad. Hace silencio mientras espera mi respuesta. Suspira y comienza a hablar. Y ahí la ataco con preguntas, porque tengo que salir de la incertidumbre. Si vamos a seguir adelante, habrá que disipar todas las dudas.

—¿Quieres esperar un tiempo? ¿Un par de meses? —le pregunto, rogando para mis adentros que diga que no. Dos meses serían dos años—. ¿Quieres que detengamos todo, Mary, para que lo pienses mejor?

—Yo estoy lista. ¿Quieres tú detenerlo? —responde con una pregunta, sin mencionar lo que deseo escuchar: que quiere comenzar el proceso, que lo desea mucho, que es lo más importante para ella, que tendrá el apoyo de su familia, que va a estar relajada.

—Entonces ¿quieres que comencemos? —le pregunto. Y su repuesta fue apenas un monosílabo.

—Sí.

Un simple «sí». Mary, llegó el momento. No hay nada más que buscar ni esperar. Ahora le toca comunicarse con los médicos y con Surrogate Alternatives. Cuando los ciclos hayan sido sincronizados, debe comenzar a inyectarse las hormonas que prepararán su útero para acoger los hermosos embriones que produciremos Karen y yo.

El fin de semana vamos al museo Whitney, a la exposición de Ana Mendieta y las escenas de violencia, las obras hechas con sangre, su cuerpo desnudo en la tierra, *performances*. Al ver su trabajo en conjunto, se percibe la abrumadora premonición de su muerte. Compro el catálogo para regalárselo a Karen el día de la donación.

Ahora, espero la llamada del doctor Wood, que va a evaluar a Karen antes de dar el visto bueno para que continúe con el ciclo. Al menos, ella tiene experiencia. Si con anterioridad produjo dieciséis ovocitos, ¿cuántos debería esperar ahora? ¿La misma cantidad?

—Creo que debes buscar a otra donante de óvulos —es la primera frase del doctor. Así, sin preámbulos. Las piernas me tiemblan. Mis deudas van a aumentar. Tendré que entrar nuevamente a la base de datos.

—Algo está mal —indica—. Alguien está mintiendo.

Dios mío, ¿qué pasó ahora? ¿Qué otro obstáculo tendré que vencer?

—Karen está embarazada.

Silencio. No se escucha nada más al otro lado del auricular. Yo tampoco puedo decir nada. ¿Qué se hace en una situación como ésta? He leído todos los percances posibles en procesos de esta índole, pero nunca vi nada sobre la posibilidad de que la donante de óvulos resultara embarazada.

¿Embarazada de quién? Ella había firmado un contrato legal

por el cual se comprometió a abstenerse de tener relaciones sexuales durante el período de inducción ovularia. Además, ¿cómo se atrevió a tener relaciones sexuales sin protección? ¿Cómo la agencia puede tener en su lista a alguien tan descuidado?

—La decisión es tuya. No sé cuánto vas a poder confiar en ella —declaró el doctor—. Si, de todas formas, insistes en trabajar con Karen porque es la donante que quieres, será necesario esperar tres meses después de que interrumpa el embarazo para comenzar otro ciclo.

Todo el dinero perdido. Las inyecciones, las consultas con el médico, los ultrasonidos, los análisis de sangre. ¿Y ahora, qué le digo a Mary, que ya estaba lista, que había incluso hablado con su mamá para que la ayudara con la niña durante el ciclo?

Becca, de A Perfect Match, no comprende cómo puede haber pasado algo así.

—Es una muchacha seria —me asegura. Pero eso no me dice nada. Karen ha incumplido el contrato. No sólo tuvo relaciones sexuales, sino que no se protegió—. Hablé con ella hace unos minutos y la sentí sincera.

Acababa de darse cuenta de que estaba embarazada. Si se somete a un aborto, sólo tendríamos que esperar seis semanas para el próximo ciclo. Pero en la oficina del doctor Wood me aclaran que no es prudente continuar de inmediato con un ciclo, pues una interrupción puede hacer disminuir la producción de folículos.

Una decisión más que debo tomar. Becca me reenvía el correo electrónico que recibió de Karen, en el que pide disculpas y lamenta mucho haber provocado la situación en que estamos todos. Ya tiene cita con su ginecólogo para poner fin a ese embarazo inesperado. Cuando esté lista, va a hacer todo cuanto esté a su alcance para completar un ciclo para mí, si es que estoy dispuesto a darle una segunda oportunidad. Pregunta cómo me siento y me envía sus más profundas disculpas. Nada la hará más feliz que continuar conmigo y está abierta incluso a que nos encontremos en persona y mantenerme al tanto de todo el proceso.

No puedo detenerme a analizar consecuencias ni dilatar demasiado la espera. No hay nada más que pensar.

Seguiremos adelante con Karen.

EL REGRESO A MIAMI

OCTUBRE DE 2004

Todo puede cambiar en un segundo. Hoy me levanté —¿con el pie derecho?— y decidí hablar con Richard, mi jefe. Una vez vendido el apartamento, nuestras opciones se limitan a mudarnos a las afueras de la ciudad. Debería pedir un año de licencia, mudarme a Miami, dedicarme al bebé y luego replantearme mi futuro. Al final, es mi destino. Yo lo construyo. En Miami están mi mamá, mi hermana, mis primos, los amigos. Estoy en una disyuntiva.

No es posible conseguir un apartamento de dos cuartos en la ciudad con mi presupuesto, pero por ese mismo valor puedo comprar una casa en Miami. Incluso puedo alquilar un lugar para vivir durante ese primer año y entonces decidir si regresamos o no a Nueva York. Nadie en la revista lo sabe. Nadie en mi familia se imagina siquiera esa alternativa. Con Gonzalo no lo he discutido a fondo, pero cada vez me convenzo de que es lo mejor para el bebé, para nosotros. Después de tanto sacrificio por convertirme en padre, no poder estar al lado de mi hijo durante sus primeros años no tendría sentido.

¿Me lo permitirá la compañía? No pueden negarme un año

sin salario, ya hay varias editoras que lo han tomado. Además, hace siete años que trabajo para la revista, es hora de tomar un descanso de las entrevistas, de concebir las portadas, de editar.

Richard, mi jefe, me escuchó estupefacto. Pensé que sería una discusión sin respuesta inmediata, ya que la decisión debería ser consultada con otros de la compañía. Incluso pensé en la posibilidad de permanecer como consultor o de gestionar exclusivas, pero no estaba listo para la opción que me ofreció mi editor.

Primero, hubo un breve momento de silencio.

—Múdate a Miami —me dijo—, pero no tomes la licencia. Trabaja desde tu casa y ven a Nueva York una vez por mes.

Me tomó por sorpresa. ¿Debía aceptarlo? ¿O esperar hasta mañana?

—Me parece buena idea —le contesté, agradecido—, pero los viajes a Nueva York deberán esperar hasta que el bebé tenga al menos cuatro meses.

Mi madre no lo podía creer. Gonzalo veía la posibilidad de regresar a Miami tan lejana, que al convertirse en realidad se sintió desconcertado.

Ahora tocaba comenzar a buscar una casa en Miami. Revisamos las páginas de bienes raíces, mi hermana y mi mamá comenzaron a recorrer las propiedades disponibles en el rango de nuestro presupuesto y nos enviaban fotos. El siguiente fin de semana nos iríamos a Miami. No podíamos perder ni un segundo. Fue así que comencé a imaginar tu cuarto, Emma, de color claro —ni rosado, ni azul—, los rayos de sol en tu ventana, la vista al patio, tu cuna blanca. Dejábamos Nueva York, la ciudad donde siempre habíamos soñado vivir, para regresar a Miami.

Y me di cuenta de que, en ese instante, mi vida había cambiado una vez más.

EL ENCUENTRO CON KAREN

18 DE NOVIEMBRE DE 2004

CADA VEZ QUE EL verano llega a su fin, soy feliz. El otoño, el invierno y la primavera son las estaciones del año que prefiero. En verano, Nueva York se convierte en una cloaca, así que, cuando comienzan a deshojarse los árboles, siento que también mi vida está por cambiar de estación. Pero en octubre me vuelvo vulnerable. Tal vez porque soy Libra, porque en octubre cumplo años y llega la evidencia de que envejezco, y también porque las cosas importantes en mi vida siempre suceden al final del año. Un primero de octubre salí de Cuba; también en octubre regresamos a vivir a Miami y compramos la casa donde prepararíamos el nido. Un 3 de noviembre de 1997 me mudé a Nueva York y comencé a trabajar en la revista y, ahora, el 18 de noviembre de 2004, voy a encontrarme con Karen. Según lo previsto, va a donar sus óvulos a finales de este mes.

¿Me convencieron sus palabras como para querer regresar a trabajar con ella? No lo creo. Lo que sí es cierto es que su carta me confirmó no haber tomado una decisión incorrecta. Desde antes de leer su largo correo electrónico, estaba convencido de que, si ella estaba dispuesta a comprometerse a hacer un ciclo conmigo, aunque tuviera que esperarla tres meses, valía la pena.

Mis energías estaban por extinguirse, no tenía fuerzas para iniciar otra búsqueda a esas alturas; convertir nuevamente a extraños en rostros familiares, pasar otro examen, ser aprobado. Con Karen tenía vencida una parte del camino.

Sólo puse una condición: conocerla; que nos encontráramos. Para mi sorpresa, aceptó al instante, aunque tenía algunos temores. Quizás pensara que yo buscaba vengarme por su irresponsabilidad, por el dinero y el tiempo que me había hecho perder. Si de algo estoy seguro es de que no soy vengativo pero, encontrarse con un hombre que le dobla la edad, que estaba por infringir las habituales barreras del anonimato que conllevan las donaciones de óvulos, era un dilema. Karen también indagó sobre mí. Becca la tranquilizó, le dio confianza. El sitio del encuentro debía ser público, así ella se sentiría más segura. Además, debería ser en su ciudad. Sacarla de su ambiente le habría creado más dudas.

Durante el vuelo, Gonzalo y yo tratamos de imaginar cómo nos recibiría. Lo que Mary tenía de relajada y tranquila, tal vez Karen lo tenía de imponente y activa. Íbamos a descubrir sus tatuajes, su manera de vestir. Gonzalo pensó que quizás llevaba un estilo gótico, yo la imaginaba más como una *hippie* fuera de época, o tal vez una rocanrolera. Pero también podía ser una Madonna a destiempo. ¿Acaso no decía en su perfil que amaba la década de los ochenta?

Nos la imaginábamos en *jeans*, botas, con una blusa sexy en rojo o naranja. ¿Tendría el pelo largo? Habría que ver si las fotos que tenía en su página de A Perfect Match eran actuales.

Lo mejor era que ahora Karen sería quien intentaría convencerme de que trabajara con ella. Me sentía con un poco más de control, yo no estaba en un examen. La evaluada, esta vez, sería ella. Algún beneficio tendría que obtener yo de su error, que tal vez había sido, en realidad, una señal para advertirme que tenía que encontrarme con ella, que no debía comprometerme a aceptar su código genético sin antes haber escuchado su voz, haber observado sus gestos y contemplado su mirada. Quizás el accidente había tenido que suceder para convencerme de que debía buscar a otra donante. Karen había sido una zancadilla del destino. Pero el destino lo modelo yo. Si Karen está o no, será porque yo lo decida.

Me dormí durante el vuelo. Gonzalo estaba ansioso, ensimismado. No pudo siquiera cerrar los ojos. Por entonces experimentaba miedo de volar.

Llegamos de noche al hotel, situado en el centro de la ciudad y cenamos en el mismo lugar donde tendría lugar el desayuno con Karen al día siguiente. Quería familiarizarme con el terreno donde íbamos a movernos. Nos fuimos a la habitación temprano.

El encuentro sería a las nueve de la mañana. Ella me había pedido vernos a esa hora para tener tiempo de asistir a sus clases de la tarde. Debía atravesar la ciudad, y por la mañana encontraría exceso de tráfico, por eso le había dicho a Becca que me rogaba ser paciente.

Bajamos al *lobby* del hotel a las ocho y media de la mañana. Karen se sentiría mejor en el restaurante; sería demasiado invasivo pedirle que nos reuniéramos en la habitación. Gonzalo, por supuesto, tenía la cámara lista. ¿Nos permitiría tomarle fotos? Un vídeo, debíamos grabar un vídeo. Éste sería el único encuentro con la mujer que aportaría la mitad de los genes de nuestro bebé.

Mientras se acercaba la hora, nos percatábamos más de lo trascendental del momento. Íbamos a ver en ella a nuestra futura hija, a imaginar cómo sería a sus veintidós años. La voz era el objeto de una gran curiosidad.

—¿Te imaginas que tenga una voz nasal o aguda, que molesta desde que escuchas la primera palabra? —le pregunté a Gonzalo. La voz, cómo sería la voz. El resto no me preocupaba tanto. Ahí estaban las fotos, la había visto. Además, ella sólo iba a aportar el cincuenta por ciento.

Sentado en uno de los exuberantes sofás de terciopelo del *lobby* del hotel, comencé a buscar a Karen en cada mujer que pasaba. Me sentía ridículo en aquel mueble rococó que le daba a mi espera un aire aún más dramático. Hacía contacto visual con cada una de las mujeres que entraban. Algunas incluso me sostenían la mirada, extrañadas. Karen podía ser cualquiera de ellas. Hasta que sonó mi teléfono.

—No voy a llegar a tiempo. Creo que demoraré unos treinta minutos más. Hay mucho tráfico.

Directa, tajante, sin espacio para las disculpas. Era así. No preguntó siquiera si la podía esperar. Claro que iba a estar ahí por ella; una, dos, tres horas, todo el día si fuera necesario. Había atravesado el país para un encuentro que quedaría grabado para siempre en mi memoria. Me hablaba como una ejecutiva que está por hacer una presentación. Tómalo o déjalo. Ambos nos necesitamos, pero al final ella sabe que yo la necesito más que ella a mí. Un padre de intención más o uno menos, no la afectaría. A fin de cuentas, antes de haberla seleccionado, había ya una pareja que la tenía reservada y que no pudo recurrir a sus servicios tan rápidamente como estaba dispuesto a hacerlo yo. Incluso es posible que haya percibido mi desesperación. Me había tomado solo una hora decidirme por ella.

—Nos vemos —dijo, y cortó la comunicación. Creo que ni esperó a que yo me despidiera. Me sentí como si estuviera frente a mi maestra de primer grado durante una reprimenda. Karen tenía el control. Lo más simpático es que llegué a pensar que ahora me tocaría a mí llevar las riendas.

¿Nerviosa? Para nada. Nunca imaginé que mostraría tanta seguridad. ¿Y la voz? Clara y redonda. Por suerte, no era la voz de las muchachas de su edad que han llegado a la adultez y persisten en esa entonación que las muestra a un tiempo infantiles y sensuales. Por suerte no era una voz de Barbie.

Pude respirar tranquilo. No me importaba que me hablara como si fuera yo quien la estuviera haciendo esperar. Quizás pensaba «Él me sacó de mi rutina, y me hace tener que manejar hasta el otro extremo de la ciudad, volver e irme directo a clase. Que espere». Además, seguro se ha vestido para dar una imagen que no tiene nada que ver con la suya, y dejó su atuendo escolar para presentarse como se supone que un futuro padre espera ver a la mujer que donará la primera célula para la creación de su hijo.

Finalmente entró al *lobby*, con un sobretodo holgado color crema y un conjunto ceñido al cuerpo de blusa y pantalón negros, mostrando pleno dominio del terreno. Nos reconocimos al instante. Se acercó a mí y estableció distancia al darme la mano con firmeza. También sonrió. Sonrió como sólo ella podía hacerlo, mostrando su dentadura blanca y perfecta —que es natural, pues en su expediente aparece que nunca tuvo que usar *braces*— y con la mano, en un gesto muy femenino, se retiró el pelo de la cara y lo colocó detrás de la oreja. Su rostro estaba descubierto para mí. Ella sabía que yo iba a evaluarla, que observaría cada línea de su cara.

No llevaba nada de maquillaje. Los ojos estaban delineados en negro al ras de las pestañas superiores, lo que hacía resaltar aún más su color imponente. Las cejas, muy claras, estaban depiladas a la perfección y seguían la línea natural de la caída de sus ojos. Sus labios tenían un rosado natural. En el cuello largo, sólo una fina cadena de oro. No usaba perfume. Llevaba el cabello en un corte recto por encima de los hombros.

Aunque conocía su estatura, era impactante tenerla al lado: es definitivamente alta. Intenté ver con discreción si llevaba tacones altos, pero vi que calzaba botas negras de tacón bajo.

—Disculpa la demora —me dijo.

Yo no esperaba su disculpa. Pensaba que era yo quien debía pedir perdón por haberla sacado de su rutina. Yo, el padre de intención desesperado por recibir el maravilloso óvulo que tendrá su código genético; o sea, el de una mujer de belleza excepcional, inteligente, con una voz segura, clara y hermosa.

—No te preocupes —fue lo único que atiné a decir para disimular mi ansiedad. Estoy seguro de que percibió que yo quería devorarla a preguntas. Estaba bajo la impresión de su sonrisa, su mirada, la calidez y la firmeza de su mano, el único contacto físico que me permitió.

Al entrar al restaurante, me atreví a colocar el brazo sobre su hombro con suavidad, casi sin que ella lo percibiera. Creo que sólo hice contacto con su sobretodo de cachemir, que ella se quitó sin ayuda antes de colocar su cartera de piel en el piso. Pude ver su cuerpo delgado, el talle corto, las piernas largas, las caderas rectas. Entonces abrió el menú.

—¿Qué vas a pedir?

Es increíble esta mujer. Se sabía en control. Sin esperar mi respuesta, le hizo una señal al camarero y ordenó café, jugo de naranja, huevos revueltos y tostadas. Sonreí y pedí lo mismo.

—Quiero que sepas que lamento mucho lo que hemos pasado.

¿Cómo? ¿Habla en plural? Tal parece que también yo tuviera la culpa de que se hubiera embarazado, cuando fue ella quien incumplió el contrato y tuvo relaciones sexuales en medio del ciclo. Ella sabía muy bien —y lo pudo comprobar— que las inyecciones y píldoras para estimular con agresividad su aparato reproductor la hacen más fértil. ¿Qué esperaba? Ése y no otro era el objetivo de someterse a un bombardeo con hormonas, ¿no?

—No lo busqué. Fue un accidente que nos ha dejado a todos en una mala posición.

¿Pero de qué habla? Exclúyeme de tu error, Karen, por favor. Yo soy una víctima de tu irresponsabilidad. Siento que voy a reventar por dentro con miles de preguntas, pero sólo alcanzo a interrumpirla con una frase que no significa nada.

—No te preocupes, esas cosas suceden.

No obstante, ella sigue adelante con sus disculpas, su voz convincente, sus ojos cautivadores, su encantadora sonrisa. Yo, en cambio, lo que deseo es preguntarle por ella, por su familia, por su infancia en un país báltico.

—Quiero que esta vez funcione. Te garantizo que todo va a salir bien, y te agradezco que hayas tomado la decisión de seguir conmigo.

Al fin siento que está de mi parte. Y sí, claro que quiero continuar contigo, quiero gritarle, pero me contengo. Me gustaría decirle que estoy fascinado con su modo de hablar, de tomar el control de una situación que la puso en desventaja y salir a flote con la convicción de que los errores se dejan en el pasado y que uno debe perdonar. Yo sé perdonar, Karen. Y al interrumpirla la llamo Karen, y el nombre al fin se hace real, deja de ser la clave para entrar a una base de datos donde las mujeres exponen su historial genético.

Karen comienza a comer, inclina los hombros hacia delante, alarga el cuello y, de pronto, se revela vulnerable. Había llegado mi turno.

No tiene acento en inglés porque vino con sus padres siendo muy niña. Ha regresado varias veces a su país. La última fue el año pasado, para celebrar los setenta años de su abuela. Le gusta regresar, pero su vida está en California. Les teme a las grandes ciudades. Sueña con llevar algún día sus cuadros a una galería en Los Ángeles, pero no sabe si pueda sobrevivir la dinámica de esa ciudad, la energía de la gente. Me dice que nunca ha visitado Nueva York ni Miami. Le digo que, cuando lo haga, no deje de avisarnos. Ella sonríe, y adivino la respuesta que ella no pronuncia: «Eso nunca va a suceder, ésta será la única vez que nos encontremos».

Le pido que me hable de sus cuadros: «Son abstractos», me dice. Y ahora la percibo más niña. Tiene veintidós años, ¿qué esperaba? Entonces le hablo de mí, de nuestro primer accidente con Alicia, la donante anterior. Y ella vuelve a sonreír, esta vez con una expresión que puede traducirse como una combinación de «lo siento» y «qué bueno que sucedió, porque ahora vamos a trabajar juntos».

A medida que pasa el tiempo, comienzo a ver a la verdadera Karen. Pierde la seguridad, la mirada y la sonrisa delatan su fragilidad, sus temores, su soledad. Sí, la veo sola en su cuarto, con sus perros —ama con pasión a los animales, cada vez que ve un perro abandonado lo adopta hasta que encuentra a una buena familia para él—, mientras se desahoga sobre el lienzo en blanco y lo mancha de rojo y negro con furia.

Karen no sabe aún hacia dónde dirigir su vida. La veo lejos de su familia y la imagino disfrutando cada minuto de su independencia. ¿Cómo habrá sido su infancia? ¿Tendrá remordimientos por haber huido de su país y dejar atrás a familiares, a sus amigos de la escuela? El divorcio de sus padres quizás la haya afectado. O tal vez la decisión de irse a estudiar a otra ciudad haya enfurecido a su madre, que no se adaptaba a la idea de que su hija estuviera fuera del hogar. O quizás la madre haya tenido que dedicarse todo el tiempo a su trabajo y no le haya dado la debida atención.

Tal vez haya sido despreciada por Tom, el hombre que «la entristece tanto como la mentira, los amigos por interés, el aburrimiento, los hombres irrespetuosos, el fracaso, el arrepentimiento». Tal vez aún está enamorada de Tom y no lo ha podido superar. ¿Habrá sido Tom quien provocó el accidente del embarazo, obligándola a deshacerse de él porque en ese momento de su vida lo último que necesitaba era complicarse?

Como ahora tenía yo el control de la conversación, decidí

introducir el tema de una de sus artistas favoritas: Ana Mendieta. Era posible que sospechara que yo había encontrado esa información en alguna página personal de Internet y pensara que yo habría estado curioseando demasiado en su vida privada, pero tiene que saber que en el ciberespacio la privacidad es una ilusión. Al final, no me molestaba que lo pensara, así quedaría en evidencia que mi interés por ella era serio, y que no estaba dispuesto a tolerar otro error. De todas formas, fue fácil llegar a ese tema, a ella le apasiona el arte, Ana era cubana, yo también. Partí de la retrospectiva de Mendieta en el Whitney. Incluso la animé a ir a Nueva York, porque se trataba de una oportunidad única.

Pero ella no me confirmó que fuera una de sus artistas favoritas. Me dijo que su obra había sido tema de uno de los cursos que recién había tomado, y que le había llamado la atención el nivel de compromiso físico de Ana con sus piezas. El cuerpo se convierte en parte del discurso, le aclaré; ella es, en sí misma, su obra. Todas sus piezas revelan la idea de una identidad fraccionada. Están su infancia, el exilio; los rituales de sacrificio, que se vuelven políticos en la mirada de Ana. Hablamos también de sus piezas realizadas en México. A Karen le había fascinado *Cuerpo mutilado sobre paisaje*, y me lo dijo con cierta timidez, como si el título de la obra fuera a delatarla. Era evidente que no quería mostrarse de manera multidimensional. Sólo esperaba que yo viera su hermoso rostro y los resultados de sus pruebas genéticas.

Pero yo insistía en ir más allá. Ella percibió rápidamente en manos de quién estaba ahora el control, y con sutileza le hice saber que no tenía intenciones de perderlo, al menos no delante de ella. Hablamos entonces de la violencia y la muerte a flor de piel en toda la obra de Ana. Y llegamos a la crudeza de *Escena de violación*, *Plumas sobre una mujer* o *Muerte de un pollo*, en las que Ana protagoniza imágenes en las que el desnudo, la sangre y la mutilación llegan al espectador como una bofetada.

Karen parecía ahora una alumna. Quise sondear las motivaciones, tanto altruistas como económicas, que la llevaban a donar partes de su cuerpo sin que le importasen los posibles efectos secundarios a largo plazo, ya fueran infertilidad, cáncer, una infección que pudiera provocarle la muerte o una sobreovulación que la enviaría a la sala de emergencias.

Cada vez se tornaba más vulnerable ante mis ojos. La vi desvalida, y también percibí que su escudo protector era su belleza, pero a medida que la iba descubriendo, su coraza se deshacía.

A nivel sensorial, me cautivó con su rostro. Desde sus orígenes, la belleza se asocia con el bien, ahora estoy seguro de que Karen va a cuidarse, y de que su cuerpo estará listo para producir las células perfectas que necesito.

La acompañé hasta la salida del hotel y, ahora sí, nos despedimos con un abrazo. Con mi brazo sobre sus hombros, como para protegerla, la sentí más pequeña a pesar de su estatura. En la acera, Gonzalo le dijo que íbamos a fotografiarla y creo que se asustó un poco. Se colocó a mi lado, sin dejar de sonreír. Deslicé mi brazo hacia su cintura y ella posó por unos segundos. Luego se separó, caminó y dejó entrever que no se sentía cómoda con la cámara. Gonzalo logró grabar unos segundos mientras se alejaba.

Caminaba despacio y cabizbaja, como si evitara tropezar. Sabía que la mirábamos, tal vez pensaba que la seguíamos con la cámara. No, no la grabábamos. Nunca miró hacia atrás. Aquellos escasos metros deben haber sido una eternidad para ella.

Mientras esperaba el cambio de luz para atravesar al otro lado de la calle, cruzó los brazos, se encogió de hombros como si tuviera frío y vi que conservaba su suave sonrisa. A esa distancia comprendí mejor lo que después llamó «sus ojos taciturnos, sus párpados caídos», que afirma que mi hija heredó de ella. Me sobrecogió su fragilidad. Verla partir me llenó de tristeza.

Al llegar a la esquina siguiente, aceleró el paso. Me detuve en su perfil por última vez. Era como ver la escena de un vídeo en el que quisiera hacer una pausa y que, contra mi voluntad, regresara a su movimiento original.

Volvió su rostro hacia mí sin hacer contacto visual, aún cabizbaja y aún sonriendo. Cerró los ojos, como si quisiera decirme adiós, y desapareció en una esquina de la ciudad.

No la vi más.

LOS MILAGROS

30 DE NOVIEMBRE DE 2004

Son las cuatro de la madrugada y me despierto, pero no es una de esas interrupciones en las que, luego de cerrar de nuevo los ojos, recuperas el sueño de inmediato. No. No sólo tengo los ojos abiertos, sino que mi mente ha comenzado a reproducir una película que aún no ha sucedido.

Nunca pienso en la falta de sueño ni en el insomnio, y mucho menos en los sueños o las pesadillas. Si me desperté, es lo que me tocó. Ya dormiré mañana. Pero me mortifica protagonizar una historia en la que no quiero participar. Al menos, no durante la noche antes de donar mi esperma. Entonces comienzo a tratar de manipular el sueño y llevarlo adonde quiero, pero ¿es un sueño, o estoy realmente despierto?

Ayer recorrimos La Jolla. Almorzamos a orillas del océano, vimos mansiones y leones marinos que tomaban un baño de sol. Como de costumbre, Gonzalo repitió una de sus frases favoritas: «Aquí podría vivir». Visitamos el Museo de Arte Moderno y entramos a una tienda en la que compramos un enorme jarrón de madera oscura, alto y delgado. Es el recuerdo del día en que creamos los embriones. *La edad embrionaria. Siempre va a estar con nosotros*, pensé.

En su último correo electrónico, Karen me había deseado un maravilloso Día de Acción de Gracias. Esperaba verme durante la donación —no pensé que fuera a suceder— y me aseguró que todo estaba en regla. Y así me lo confirmaron en la oficina del doctor Wood:

—Acabamos de ver a tu donante y ha reaccionado muy bien a los medicamentos. Tiene entre ocho y diez folículos en formación. La volveremos a chequear mañana. La extracción será el miércoles o el jueves.

He calculado todas las posibilidades, tratando de no dejar nada al azar en mi dramaturgia. Karen ha sido invadida por gonadotropinas que estimulan el crecimiento de los folículos ováricos. Por lo visto, funciona. No creo que sea necesario aumentar la dosis. Me imagino que ya recibió el último tratamiento hormonal, porque para realizar la extracción deben haber pasado unas treinta y seis horas desde que recibió la última inyección. Van a suministrarle un sedante en vena, y a través de una punción transvaginal le serán extraídos los óvulos, todo monitoreado mediante una ecografía. Ahí estarán los doctores Wood, Anderson y Adams, que le insertarán una sonda a través de la vagina, y un porta agujas será colocado con presión para llegar, sin desviarse, a los folículos. Al tiempo que los óvulos sean extraídos del cuerpo de Karen, yo me he preparado para mi donación de esperma. Tanto ella como yo hemos estado recibiendo antibióticos por vía oral durante los últimos días.

Mary, por su parte, ya comenzó con el tratamiento de Lupron. Debe tener controlado su nivel de estradiol y haber desarrollado las capas necesarias en su útero para facilitar la implantación de los embriones que serán seleccionados para ser transferidos a su vientre.

Todo está cronometrado. Debemos estar atentos a cualquier llamada del doctor en las próximas veinticuatro horas.

Me han citado a la clínica a las doce del día. Gonzalo, Esther

María y su marido, Néstor, se quedan abajo, en el centro comercial. Llevo una camisa roja, para mi buena suerte, y nada de perfume. Karen ya está en la sala de operaciones. Le doy a la enfermera el catálogo de la exposición de Ana Mendieta para que se lo entregue a Karen con una nota: «Siempre te estaré agradecido por haberme ayudado a cumplir mi sueño de convertirme en padre».

Una vez más me preparo para producir una muestra de esperma, la definitiva, la que ayudará a formar a mi bebé.

Al concluir, espero afuera unos minutos por la doctora Adams, que sale a mi encuentro con expresión grave y me dice

—Esta muestra no es lo que esperábamos…

Casi desfallezco, pero ella me aclara que no me preocupe, que mis espermatozoides, los que transfirieron desde Los Ángeles, han sido congelados y pueden ser utilizados en caso de que no sea posible obtener una muestra de mejor calidad. Me pidió que bajara a la cafetería, me tomara un té y, si podía, hiciera otra donación.

—¿Llegaste ayer a San Diego? —me preguntó—. Nosotros siempre recomendamos que los padres vengan dos días antes, descansen el día anterior y luego dejen la muestra.

Pero nadie me lo había advertido, y yo pasé todo el día de ayer por las calles de San Diego, andando hasta agotarme tanto que, todavía hoy, no siento los pies. Así que debo haber aniquilado todos mis espermatozoides.

—No, no voy a bajar a tomar un té —le respondí—. Quiero hacer la donación ahora mismo.

Treinta minutos más tarde, como un autómata, produje otra muestra.

—¡Ésta sí está bien! ¡Ahora vamos a trabajar! —me animó la doctora.

—¿Y yo qué hago ahora? ¿A dónde me voy? ¿Quién me va a localizar? —le pregunto.

—Te avisaremos. Mantén tu teléfono encendido, porque en veinticuatro horas sabremos a qué atenernos. Una buena noticia: lograron extraerse trece óvulos.

No es tiempo de mirar atrás, pero ahora que estamos más cerca del encuentro, aunque sea a nivel celular, no puedo dejar de pensar que mi hija es un milagro. Mi milagro.

Aún no tiene nombre, aún no es ni siquiera un embrión. Hasta ahora, sólo tenemos dos células a la espera de unirse. Pero ya comenzó a existir. Ya tiene dos semanas. Porque la vida comenzó desde el momento en que los folículos se desarrollaron.

Así que, para mí, ya mi hija existe. Y la incertidumbre es menor porque ahí están Louise Joy, Zoe, Alba, Adam y Valentín, los niños milagro que iniciaron el camino. Tú vas a aprovechar la experiencia de todos ellos para formarte.

La primera bebé probeta, Louise Joy, fue concebida en noviembre de 1977, y nació el 25 de julio de 1978 en Inglaterra. En principio, fue tan sólo un experimento, pero terminó por revolucionar la concepción humana. Estábamos frente a una nueva era. Louise Joy tuvo una hermana, Natalie, también creada en un laboratorio. Cinco años después del nacimiento de Louise Joy, la magia continuaba, en Australia, Zoe se convertía en la primera niña nacida de un embrión congelado.

En Barcelona, una pareja que podía transmitir la hemofilia a sus hijos decidió tener un bebé *in vitro* y, a nivel embrionario, seleccionaron el sexo. Las hembras pueden ser portadoras, pero los varones tienen un porcentaje mayor de posibilidades de padecer la enfermedad. Se analizaron siete embriones y se escogió el sexo para que naciera una niña. En 1997, nació Alba.

La evolución de las técnicas de reproducción asistida ha traído, a su vez, nuevos debates bioéticos. El nacimiento de Adam, en Colorado, en el año 2000, marcó la era de los «bebés de diseño», aunque otros prefieren el término de «bebés medicamento».

La idea era concebir a un niño, Adam, que fuese compatible con Molly, su hermana. En este caso la niña, de apenas seis años, padecía anemia de Fanconi, una enfermedad mortal. Para sobrevivir, necesitaba el trasplante de células madre de un recién nacido compatible con ella. Adam fue creado a su medida, al utilizar una muestra de citoplasma de una donante.

Su creación necesitó tres premisas: que no padeciera la misma enfermedad que su hermana, que fuese compatible con ella y que fuera un embrión viable. Al final, no todos los embriones se convierten en bebés, como bien me habían dicho a mí, es algo que «está en manos de Dios». Del cordón umbilical de Adam, entonces, se obtuvieron las células salvadoras.

El bebé de la doble esperanza, como algunos lo llamaron, nació para salvar una vida. Hoy fueron las células madre, mañana podría ser un riñón, o un pulmón. ¿También sus padres lo verían como un experimento, como un banco de órganos? Al nacer, Adam debía confirmarse como un salvador, ¿y si no lo hubiera sido? No sólo bastaba con estar sano o ser un embrión de calidad, tenía además que cumplir con el principal motivo detrás de su concepción, aportar las células madre que Molly necesitaba para sobrevivir.

En el año 2000 también nació Valentín, el primer niño francés concebido a través de la técnica de Diagnóstico Genético Preimplantacional (PGD, por sus siglas en inglés), y se convirtió en el primer bebé eugenésico. En Valentín se buscaba una superioridad genética no para salvar a otro niño como en el caso de Adam, sino para que fuera perfecto. Se trató más bien de una suerte de corrección genética.

Los padres de Valentín habían perdido ya tres hijos a causa de una deficiencia enzimática en el hígado. En este caso, los médicos extrajeron células del óvulo fecundado antes de implantarlo en el útero, y las estudiaron para detectar cualquier tipo de enfermedad. El niño, esa vez, nació sano.

Hoy los embriones que no son transferidos al útero pueden ser criopreservados a bajísimas temperaturas para su ulterior uso. También puede utilizarse la técnica de inyección intracitoplasmática (ICSI, por sus siglas en inglés), mediante la cual se introduce en el óvulo un espermatozoide escogido por su calidad para aumentar las posibilidades de la fecundación. Y para ayudar a que el embrión se adhiera a las paredes del útero, éste puede ser sometido al *hatching* asistido, que consiste en perforar la cubierta protectora del embrión, casi siempre con un ácido, para posibilitar su implante.

¿Cómo nacerá mi hija? Pronto lo sabré. Por lo menos, tengo a mi disposición todas las técnicas para traerla al mundo. Ahora sólo queda esperar.

MIS TRECE BEBÉS

2 DE DICIEMBRE DE 2004

SON LAS SEIS Y media de la mañana. Va a ser otro día largo. Estamos esperando la llamada de la clínica para ver cuántos óvulos, de los trece, terminaron siendo fecundados. No quiero quedarme en la habitación. Mientras los demás se despiertan y se preparan, doy vueltas alrededor del hotel. Es una mañana fría. Al mediodía habrá calor. Así es el clima en San Diego.

Desayunamos en un café de La Jolla. Esther María, que tiene debilidad por los perros, comenzó a acariciar a un labrador y éste le ladró y le mordió un seno. Todos nos asustamos.

¿Debemos ir a urgencias? Al parecer, fue superficial. El dueño del animal ni se inmutó. El camarero preguntó si necesitábamos ayuda.

—Eso te pasa por acariciar animales sin pedir permiso. El perro estaba enfadado. O se enamoró de ti. Quién sabe —le dije.

Nos fuimos a una tienda de plantas y nos asombramos con la variedad que vimos. Gonzalo quería llevarse varias muestras, pero Néstor tenía razón, muchas de esas plantas no sobrevivirían en el clima tropical de Miami. *En estos momentos, un espermatozoide debe haber ya perforado la membrana celular de cada uno de los trece óvulos. Los dos núcleos se deben haber fusionado y aportado cada uno su dotación genética. El cigoto ya está en camino. Ahora habrá que ver cuántos cigotos sobrevivirán a la ecuación en un tubo de ensayo,* pensaba yo entretanto. Luego le pregunté a un empleado sobre la especie *Hosta Dream Weaver*, pensando que tal vez crezca en Florida, pero mis pensamientos están más allá. *El cigoto comienza a dividirse en dos, tres y hasta cuatro células por el tiempo que lleva en incubación.* El empleado comenzó a explicarme cómo cuidar de las plantas, pero lo interrumpí al recibir la primera llamada del día.

—Lograron fecundarse los trece óvulos. Ahora es necesario esperar para ver cuántos logran sobrevivir hasta mañana.

Ahora Mary debía estar lista para la transferencia, que sería alrededor de las once de la mañana. Le dejé un mensaje. Había llegado el momento.

Desde que recibí la noticia hasta el día siguiente, en la clínica, quedé bloqueado. Trato de recordar y no lo consigo. Es un vacío, debo haber estado ensimismado, me imagino. Después de que los óvulos se fecundan, sólo un setenta por ciento tiende a sobrevivir. A veces, menos. Si sobreviven seis, seré feliz.

Llegamos a la clínica media hora antes de la transferencia. Todo estaba listo, pero Mary no acababa de llegar. Suham, la recepcionista, me dijo que la habían llamado y le habían dejado varios recados. Una vez más, comenzó el pánico.

¿Dónde estás, Mary? Casi grito. Gonzalo intentaba calmarme, diciéndome que no había necesidad de agregarle más estrés al momento. Tenía razón, los embriones no podían esperar por ella. Si no llegaba a tiempo, tendríamos que cancelar la transferencia y criopreservarlos. Y sabe Dios cuántos sobrevivirían la descongelación.

—Pronto estaré ahí —fue lo único que dijo Mary al llamarme. O sea, aún no estaba en el edificio, ni en el estacionamiento, quizás ni en La Jolla. Le pedí que manejara con cuidado; era lo único que podía decirle a esas alturas. En lugar de venir con su marido con el tiempo necesario para descansar y estar relajada en el momento en que colocaran los embriones en su matriz, Mary estaba atrasada y la sentí alterada.

La doctora Adams salió a recibirme y me entregó las fotos con los trece embriones.

—Aquí tienes a tus bebés.

—¡Mis hijos! —exclamé—. ¿Cuántos vamos a transferir? ¿Dos, tres, cuatro, cinco… seis?

—Tres, es mi consejo. Es mi número de suerte. Sé que firmaste para reducir el número de fetos si el embarazo es múltiple, pero a juzgar por la calidad de estos embriones casi te puedo asegurar que todos se van a implantar —respondió.

Gonzalo y yo nos tomamos fotos con las copias polaroid de los trece embriones. Vi por primera vez al doctor Wood expresar sus emociones. Estaba contentísimo con los resultados.

—¡Con embriones así, hablamos de un setenta por ciento de posibilidades!

¿Sólo un setenta por ciento? Era como si me hubieran lanzado a la cara un vaso de agua fría. ¡Yo esperaba el cien por ciento! Adams me muestra los tres embriones que ha seleccionado.

—Son los mejores. Los nueve restantes los vamos a criopreservar. Sólo vamos a desechar uno, que no es muy bueno.

Desechado. Un embrión que no cumplió las leyes de la naturaleza. ¿Que su división no era perfecta? ¿Que el número de células no era par? ¿Que tenía más de un núcleo? ¿Que estaba fragmentado? ¿Que en vez de esfera parecía un óvalo? ¿Que los rezagados espermatozoides estaban incrustados en su impenetrable zona pelúcida? Quién sabe los problemas que tendría. ¿Y quién garantiza que los restantes, en el nivel de desarrollo en que se encuentran, no tengan alguna aberración cromosómica que les impida evolucionar y transformarse en fetos? No todos los embriones, lo sabía, se convierten en bebés. Eso no está en mis manos, ni en las del doctor, ni en la preparación uterina de Mary.

Entonces, la próxima decisión a tomar era si, siendo más agresivos, debíamos transferir más de tres embriones o seguir los consejos de la doctora. Si transferíamos seis, tendría que estar preparado para, en caso de que todos se implantaran, inyectar cloruro de potasio a cuatro de los fetos en sus pequeños corazones para detener sus latidos. De hecho, si se adherían tres, ya me había comprometido con Mary a destruir a uno de ellos. Mi firma estaba estampada en el contrato. No había vuelta atrás.

—¿Y cuál es el porcentaje de posibilidades de que pierda el embarazo si utilizamos la reducción fetal?

La doctora me explica que ése no es el asunto.

—Las probabilidades de perderlo son mínimas —me explicó—. Son del cinco por ciento.

—¿Cinco? ¿Y quién quita que yo no esté en ese cinco por ciento?

—El problema es el desgaste emocional que conlleva. Piensas que puedes, pero en el momento de tomar la decisión es bien difícil, créeme.

Y le creí. No sabía cómo decirle a Mary que estaba arrepentido, que no era capaz de clavar una aguja en el minúsculo corazón de uno de mis hijos. Tendría que tirar una moneda al aire y decidir a quién aniquilar. Era una tortura.

¿Al de la derecha, al del centro, al del medio?

Tal vez la decisión más acertada era transferir sólo dos embriones. Si se pegaban dos, quizás Mary estaría dispuesta a llevar a término el embarazo.

Tres. Tenía que transferir tres. Debía ser más agresivo. Estábamos frente a un porcentaje bastante alto de posibilidades, pero era el setenta, no el cien por ciento.

Decidido. Mary fue al salón de operaciones. Debía estar relajada, recordar momentos placenteros. El doctor insertó un catéter en su vagina con los tres embriones de clase A y de cuatro células cada uno, y los pasó del canal cervical hasta el útero cuidadosamente preparado. Le pidieron que se colocara boca arriba, con las rodillas plegadas a la altura de su pecho. Después de la transferencia debía permanecer en reposo por unas horas. De ahí fue transportada en silla de ruedas hasta su auto y se le recomendó que permaneciera en cama por dos días, sin siquiera levantarse para ir al baño.

Mis tres bebés ya comenzaban a crecer en el vientre de Mary. Comenzaban a dividirse en miles de células. Pronto se convertirían en unos hermosos fetos.

En ese momento, ya tenían dos semanas y tres días de edad.

DONUM VITAE

L A TRANSFERENCIA FUE UN éxito. Me imagino que eso quiere decir que no hubo ningún percance, que no hubo sangramiento. Pero no había garantías. Nunca hay garantías en los procedimientos de reproducción asistida.

Al mirar una y otra vez las fotos de mis bebés, no puedo dejar de visualizar sus destinos. Uno, desechado; tres en el interior de Mary, en medio de la batalla por sobrevivir, y nueve dormidos en el hielo. Son de clase A, lo que los hace casi perfectos —pero en estos procesos nada es perfecto—. De ellos, cinco fueron fertilizados de manera natural —si es que puede hablarse aquí de algo natural—, y ocho a través de la inyección intracitoplasmática (ICSI, por sus siglas en inglés). O sea, los primeros fueron logrados *in vitro* y el resto mediante la ICSI del espermatozoide. Fue usada una aguja siete veces más delgada que un cabello para penetrar el citoplasma del óvulo e inseminarlo.

Los tres embriones transferidos al vientre de Mary eran de cuatro células cada uno, y a uno de ellos se le realizó el *hatching* asistido para viabilizar su implante. De los nueve que fueron criopreservados, siete son de cuatro células y el resto de dos.

La familia está feliz. A mi mamá le hace ilusión la idea de convertirse otra vez en abuela dentro de nueve meses. En mi oficina han seguido paso a paso la extracción, la transferencia y hasta mi doble donación de esperma.

En medio de mi euforia, recibo un correo electrónico de Karen en el que me agradece el regalo del libro, me desea suerte y felices fiestas, y abre la puerta para mantenernos en contacto.

Le mandaré fotos del bebé cuando nazca. Trataré de mantenerme en contacto con ella sin que experimente una intromisión excesiva. Es una relación que, a la larga, puede ser beneficiosa para el niño.

Ella no es la madre, lo sé. Madre o padre es quien tiene la intención de serlo y cría, educa, juega y pasa malas noches con sus hijos. El resto son donantes, portadores, códigos genéticos.

Yo estoy comprometido con mis doce bebés. Incluso siento como si hubiera cometido un pecado con el que fue desechado, pero ¿quién decide qué es pecado y qué no lo es?

¿A dónde habrá ido a parar mi pequeño bebé imperfecto? ¿Al limbo? ¿A ese espacio entre el Paraíso y el Infierno, la zona gris donde por siglos han lanzado a los niños que mueren sin haber sido bautizados? Por suerte, ya el limbo no existe. La Iglesia decidió abolirlo. Para el papa Juan Pablo II, el limbo era una hipótesis teológica, no un dogma. Si todos debemos ser salvados, si ésa es una de las premisas de Dios, entonces me siento más tranquilo. En un final, ¿qué culpa tiene un embrión, un recién nacido, un niño, de que sus padres no llegaran a bautizarlo?

Que tú nazcas es obra de Dios. Dios es creador de la vida. Dios está de mi parte. Dios no te va a abandonar. ¿Y la Iglesia?

La infertilidad es una batalla que se puede ganar, pero las técnicas de reproducción asistida han provocado una verdadera conmoción en la Iglesia Católica.

Antes de ser implantados, los embriones ya son seres humanos. Así lo estableció la Congregación para la Doctrina de la Fe en el documento *Donum Vitae*, e hizo un llamado «urgente a salvaguardar los valores y los derechos de la persona humana en las intervenciones sobre la procreación». Para la Congregación, el embrión obtenido por un proceso *in vitro* es un ser humano y tiene derecho a la vida —hablamos de dos, tres, cuatro u ocho células, en dependencia de su desarrollo—. Para otros, el embrión vuelve a su orden natural en el momento en que es implantado en el útero. Entonces, ¿en qué momento se convierte en un ser humano? ¿Con el primer latido del corazón, con la primera señal del cerebro? ¿O cuando se ha desarrollado y su nacimiento es inminente?

El error de partida que encuentro en el *Donum Vitae* es que la procreación sólo es vista a través del matrimonio. Un hijo es el signo permanente de la unión conyugal, se asegura en el *Donum Vitae*. Pero la realidad es otra. ¿Qué pasa con los niños de madres solteras abandonadas por sus maridos? ¿Qué pasa si uno de los padres muere por causas naturales o por un accidente?

Al mismo tiempo, la Congregación considera que la maternidad de subrogación es ilícita, pues representa «una falta objetiva hacia las obligaciones del amor materno, de la fidelidad conyugal y de la maternidad responsable».

La oposición a la intervención médica, incluso en matrimonios en los que uno de los miembros sea estéril, es contradictoria. Si, por ejemplo, un ser humano tiene una enfermedad mortal, ¿su destino será resignarse a su deterioro hasta los últimos días, o luchar con ayuda de la ciencia? Enfermedades que hace dos siglos eran terminales, hoy pueden ser curables gracias al desarrollo tecnológico y médico. ¿Es prudente renunciar a los avances y seguir los mandatos del destino? Si una pareja es infértil, ¿por qué no puede recurrir a las nuevas técnicas de reproducción si, al final, el único creador es Dios?

Una nueva instrucción de naturaleza doctrinal, *Dignitas*

Personae, pretende ir aún más lejos al otorgarle al embrión humano, desde el principio, «la dignidad propia de la persona».

Algo que no se atrevieron a hacer en el *Donum Vitae* debido a que, según la nueva instrucción, «no querían pronunciarse explícitamente sobre una cuestión de índole filosófica». Pero ¿cómo considerar persona a un embrión de dos células, si en el mismo *Dignitas Personae* se asegura que sólo un tercio de las mujeres que buscan ayuda en la reproducción asistida terminan con un bebé? No todos los embriones, es sabido, se convierten en fetos. La mayoría no vence siquiera la etapa de división celular. Entonces, ¿puede ser considerado un embrión de dos células una persona con todos sus derechos?

Negar la vida a través de las técnicas de reproducción asistida es cegarse ante la realidad constituida por más de un millón de niños-probetas que han nacido en el mundo. En el mismo *Donum Vitae* se asegura que «la vida humana es sagrada porque desde su inicio comporta "la acción creadora de Dios"».

VAMOS A VISITAR a nuestra amiga Marina en su apartamento en Nueva York. Ella y Alex han comenzado a buscar un bebé.

—Hacemos la tarea todos los días —nos dicen. Marina tiene cuarenta años—. Estamos muy cerca. ¿Y ustedes?

—Ya hicimos la transferencia —les explico—. En quince días tendremos noticias. ¡Nuestros hijos tendrán la misma edad!

El hermanastro de Tatiana, otra amiga, acaba de tener trillizos en San Diego. Los niños fueron prematuros. La madre sustituta es la que está en problemas. El parto se complicó y perdió mucha sangre. Al parecer, tendrá que someterse a otra operación, una histerectomía. Ya no podrá volver a ser madre sustituta. Tampoco podrá tener más hijos.

Junto a Emma y Gonzalo, en Coral Gables, Florida, primavera de 2006. *(Foto: Pedro Portal)*

El día que conocí a Mary, la madre de subrogación, en Chula Vista, California, 15 de abril de 2004.

Los tres embriones.
Uno de ellos se convirtió
en Emma.
La Joya, California,
4 de marzo de 2005.

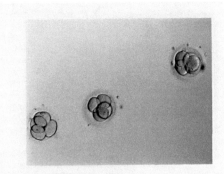

Armando Correa 3-4-05

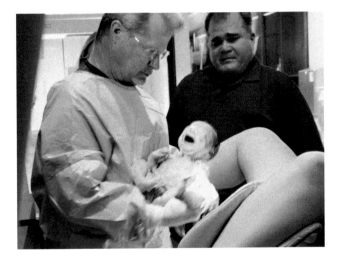

Centro: El día que Emma
nació. San Diego, California,
14 de noviembre de 2005.

Izquierda: Con Gonzalo,
cuando tuvimos a Emma
en nuestros brazos
por primera vez.
San Diego, California, 14
de noviembre de 2005.

Con Emma, al mes de nacida, en la Ermita de la Caridad del Cobre, en Miami, Florida, 14 de diciembre de 2005.

Emma, a los cuatro años de edad, con sus abuelos Niurca y Armando. Miami, Florida, 14 de noviembre de 2009.

Arriba: Con Emma y el doctor Samuel Woods, el día que se hizo la transferencia de los embriones de Anna y Lucas. La Joya, California, marzo de 2009. *Abajo:* Con Emma y Mary, el día de la transferencia de los embriones de Anna y Lucas. San Diego, California, marzo de 2009.

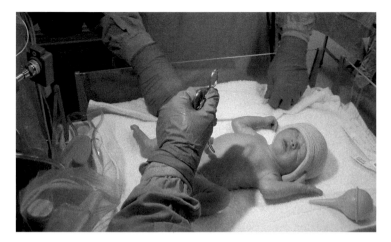

Primera foto de Anna al nacer. San Diego, California,
13 de diciembre de 2009.

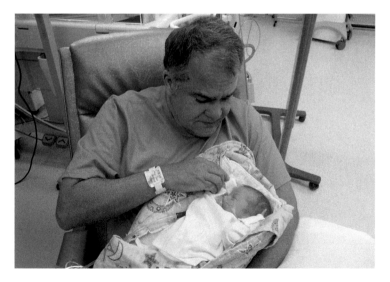

Lucas estuvo nueve días en la NICU. San Diego, California,
diciembre de 2009.

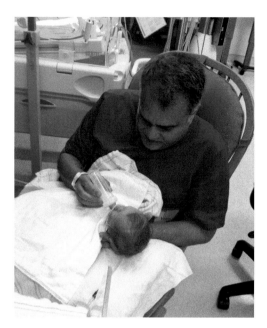

La primera vez que
pude alimentar a
Lucas en la NICU.
San Diego,
California,
20 de diciembre
de 2009.

La primera foto de Anna
y Lucas juntos.
San Diego, California,
24 de diciembre de 2009.

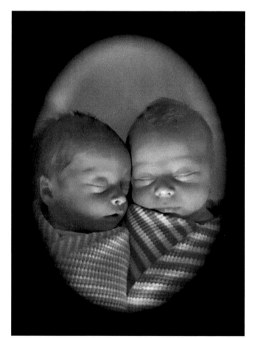

Arriba: La familia. Primera Navidad juntos. San Diego, California, 25 de diciembre de 2009. *Abajo:* El día del bautizo de Emma, Anna y Lucas, en Pasadena, California, 8 de enero de 2010.

Arriba: La familia en el Parque Central, en Nueva York, primavera de 2010. *Abajo:* Anna y Lucas en Nueva York, a los 8 meses, 12 de agosto de 2010.

Con Emma
y Gonzalo.
Cumpleaños
número uno.
Miami, Florida,
14 de noviembre
de 2006.

Con Emma
y Gonzalo.
Cumpleaños
número cuatro.
Miami, Florida,
14 de noviembre
de 2009.

La familia.
Nueva York,
13 de diciembre
de 2016.

La familia en Big Island, Hawái, verano de 2015.

Izquierda: Anna en Cancún, México, verano de 2017.
Derecha: De vacaciones con Anna y Lucas en Tokio, Japón,
24 de agosto de 2018.

De vacaciones con
Anna y Lucas,
en París, Francia,
primavera de 2019.

De vacaciones con
Emma en la Gran
Muralla China,
primavera de 2018.

My dad, me and my son

Mi padre, Armando Tirso Correa, Lucas y yo
(en el centro) a los dos años de edad.

Junto a Gonzalo, en La Habana, 18 de junio de 1989.

Con Sofía Vergara en una
de nuestras sesiones de fotos
para la portada de *People en
Español*. Miami, Florida,
1.º de marzo de 2008.

Con Eva Longoria, como
Audrey Hepburn, en una
de las sesiones de fotos de los 50
Más Bellos de *People en Español*.
Miami, Florida, marzo de 2009.
(Foto: Omar Cruz)

Con Ricky Martin, en su camerino, después
de su concierto en el Madison Square Garden.
Nueva York, 8 de octubre de 2015.

Con Jennifer López
en una de las sesiones
de fotos para la portada
de *People en Español*.
Los Ángeles, California,
16 de marzo de 2016.
(Foto: Kenneth Willardt)

Con Dayanara Torres
en una de nuestras
sesiones de fotos para la
portada de *People en Español*.
Los Ángeles, California,
18 de enero de 2017.
(Foto: Omar Cruz)

Con Daddy Yankee y Luis Fonsi, en una de las sesiones de fotos para la portada de Las estrellas del año de *People en Español*. Nueva York, octubre de 2017. *(Foto: Omar Cruz)*

Con Cardi B, en la sesión de fotos para la portada de *People en Español*. Nueva York, octubre de 2018. *(Foto: Jora Frantzis)*

Durante la entrevista a Michelle y Barack Obama para la portada de *People en Español*. La Casa Blanca, Washington, DC, 14 de septiembre de 2012. *(Foto: Omar Cruz)*

EL TERCER ACCIDENTE

16 DE DICIEMBRE DE 2004

M<small>E SIENTO EL VIENTRE</small> cargado —me comenta Mary. Es una buena señal, supongo. Creo que vamos a tener al menos un bebé. Aunque nos hacía ilusión tener mellizos. Lo que Dios quiera.

Mary se siente bien, y tiene la extraña sensación de que algo crece en su interior. Estamos ilusionados. Ella también. Pronto tendremos que pensar en un nombre. Aunque todavía es muy pronto. ¿Será de mala suerte nombrar a un bebé que aún no ha sido concebido? En realidad, pienso, los míos están concebidos, que todavía hayan sido o no implantados es otra cosa.

¿Trillizos? No. Sería demasiado. Fue horrible lo que pasó con la madre sustituta del hermanastro de Tatiana. No quiero ningún otro accidente. Tampoco quiero que le pase nada a la maravillosa Mary. A su manera, ella se emociona. No es muy expresiva, lo sé, pero ya me acostumbré.

El 16 de diciembre hemos sido invitados a una fiesta para celebrar la víspera del día de San Lázaro. Una «cubanada», como le llaman los amigos de Nueva York. Jorge y Hugo conmemoran la fecha cada año en su casa en el centro de Miami, rodeada de plantas exóticas y un minizoológico con leopardos, monos, cocodrilos y cacatúas. Recién llegados de Cuba habíamos asistido a una de esas fiestas.

El 16 de diciembre también sabremos si tendremos un bebé o dos. Mary irá a las diez de la mañana —la una de la tarde en Miami— a hacerse la prueba de sangre para detectar si está o no embarazada.

SON LAS DOS de la tarde. Voy a la cocina a preparar una ensalada. He estado relajado. Todos están a la espera de la noticia. Mi mamá y mi hermana me han llamado ya dos veces. Por la noche, lo anunciaremos en la fiesta de San Lázaro al resto de los amigos. Será una buena celebración. Encenderé una vela y le pediré al santo protector de la salud que mi bebé, o mis bebés, se desarrollen bien en el vientre de Mary. Que nazcan sanos y hermosos. Debo llevar algo morado a la fiesta. Es el color de San Lázaro.

Todavía no he terminado de preparar la ensalada cuando recibo la llamada de Ángela, de la clínica.

—Negativo —dice, y un silencio nos separa.

—¿Eso quiere decir que hay que repetir el examen? —le pregunto, confundido.

—Lo siento. La semana próxima el doctor hablará contigo y conversarán sobre el próximo paso.

—¿Hay algún margen de error? ¿Y Mary…?

He caído en el treinta por ciento. No nos tocó el exitoso setenta. Demasiadas ilusiones. ¿Y ahora, a quién llamo? Al ver mi expresión, Gonzalo ya ha comprendido.

—¿Nada? ¿Qué pasó? ¿No habían dicho que esos tres embriones se pegarían…?

¿Qué le puedo contestar? Nos engañaron. Mary no hizo lo que debía hacer. Tal vez debemos cambiar de madre sustituta.

Comenzar otra vez, pasar el examen, ser elegidos, elegir. Más meses y meses de búsquedas. ¿Y si fueron los embriones? Tal vez mis embriones tengan «aberraciones cromosómicas» y nunca se convertirán en fetos, y mucho menos en un bebé. Mis embriones, que aún no han tenido la oportunidad de convertirse en personas, son huérfanos guardados en el hielo. Pero tendrán un padre, ¿por qué no? Son de clase A; los embriones de cuatro células sobreviven mejor el momento crítico de la descongelación.

—¿Qué vas a hacer? —me pregunta Mary cuando por fin hablamos.

La verdad es que no sé. Ahora tengo que volver a pensar, tomar otra decisión. No soporto tener que tomar decisiones. Y también me tocará llamar a mi mamá y a mi hermana y ser consolado, y me debilita ser consolado. No soporto consolar ni que me consuelen.

—¿Tú quieres seguir? —le pregunto a Mary.

Ella me contesta con la misma pregunta.

—Quiero a mi hijo, es lo único que pido —le respondo.

Pero esperaba más de Mary. Que dijera que sí, que hay que continuar, que esto había sido tan sólo un accidente y nada más. Que la próxima vez va a resultar. Que tal vez debemos ser más agresivos y comunicarle a Adams que, en vez de tres, queremos transferir cuatro, seis o todos los embriones que nos quedan. Quiero escuchar que Mary está comprometida conmigo, lista para sacrificarse en la búsqueda de mi bebé.

Después de hablar con el médico, la llamaré de nuevo y tomaremos una decisión. Ya todos en las agencias lo saben. Melinda y Becca me dan el pésame como si hubiera perdido a un hijo, he perdido a tres de mis «hijos-no personas».

Mi mamá no lo puede creer. Mi hermana está destruida. No quiero oír más preguntas. Jorge me llama para darme las instrucciones para llegar a la fiesta, pero no puedo ir, no puedo darles la cara a todos y hablarles de mi fracaso. He perdido a tres de mis bebés. No hay velas para San Lázaro. No habrá ropa morada.

Demasiadas esperanzas. «Ese tipo de embrión se pega», me habían dicho todos en la clínica. Entonces, la culpa tiene que haber sido de Mary. Tal vez su hija de tres años le impidió hacer reposo. No resistió la inmovilidad.

O quizás ésta sea una señal de que no voy a ser padre. Ya probé con todas mis fuerzas. Siento que me he quedado sin energías.

El hermanastro de Tatiana obtuvo los óvulos con su primera donante. La madre gestacional salió embarazada de la primera transferencia. Los tres embriones se implantaron. Hoy es padre de trillizos. A mí me tocó caer en el treinta por ciento.

No soporto deprimirme; debo salir de un estado que no ayuda. A todo se sobrepone uno. Ha sido un accidente más; pero ahí esperan mis nueve bebés dormidos en tubos conservados a baja temperatura; uno de ellos se convertirá en una hermosa y saludable niña.

No tengo dudas, porque la última noche de 1999 te soñé. Y cada vez te veo más cerca. Éste es otro obstáculo que debo vencer. Tu rostro indefinido en el sueño me ayuda a continuar. No desaparezcas de mi mala memoria. Quédate ahí.

Ahora es necesario ser más pragmáticos. Basta de melodramas. Esta vez, ni siquiera acudiré a Nina Simone. Gonzalo comienza a recoger la casa, luego comienza a trabajar en el jardín. Ya llegará el momento de hablar, de reconstruir el guion de errores posibles. ¿Cómo no se nos ocurrió pensar en éste? «Negativo o positivo». Dos simples opciones.

No logro descifrar si el dolor llega del fracaso o de la pérdida.

Me dispongo a revisar el presupuesto. Los gastos han llegado a la estratósfera. El día que mi hija llegue estaré inundado de deudas. Necesito saber a cuánto asciende la cifra, hasta qué punto me puedo endeudar: todo tiene un límite.

Entre abogados, laboratorios, consultas médicas, la preparación de Mary para la transferencia y la extracción de los óvulos, han sido gastados 67 659,29 dólares. Y no estamos ni a mitad del camino.

Pero bueno, mañana será otro día.

Gonzalo no quiere que recibamos a nadie en la casa. Mejor veamos una película o pongámonos a leer. Necesito silencio. Y me doy cuenta de que para el fracaso estoy preparado. A lo que sí no estoy dispuesto es a perder mis embriones, uno por uno. Tres de un solo intento. Tal vez debí haber sido más cauteloso y transferir dos, o quizás uno. Si Mary es la causante de que los resultados sean negativos, sacrifiqué a mis bebés.

Ya es tarde. Será mejor irse a dormir. Que el tiempo pase lo más rápido posible.

Antes de acostarnos, nos llama Marina. Está embarazada.

2005

EL ENCUENTRO

AÑO NUEVO

ENERO DE 2005

SI LA VIDA COMIENZA desde que se forma el embrión, ya he perdido tres hijos. ¿La vida comienza al nacer, o desde que estamos en el vientre? No puedo ver sus rostros. No sé si alguna vez existieron, si debo o no olvidarlos.

Tengo dudas con respecto a continuar con Mary. Hablo con el médico. Él no comprende qué puede haber pasado. Ninguno de los tres embriones seleccionados a la perfección logró implantarse. Tengo dos opciones: volver a intentarlo con Mary o buscar a otra madre gestacional.

—Si no te preocupa el dinero, puedes intentarlo con otra madre —me dice el doctor.

Yo quisiera que fuera más concreto. Que me dijera que mis embriones sirven, que Mary puede llevar a término un embarazo con uno de mis hijos. Claro que me preocupa el dinero, pero precisamente porque pienso en el dinero es que no puedo darme el lujo de perder a todos mis embriones.

—No creo que haya sido Mary —afirma.

¿Entonces quién fue, doctor? ¿Usted, la luna? Mi conversación con el médico no me lleva a ningún lugar.

Reviso una vez más la base de datos en la agencia. Ahí está

Louise, madre de dos hijos, casada con un militar. Será madre gestacional por primera vez. No logro detenerme en el rostro de ninguna de esas mujeres que imploran ser elegidas. Necesito un impulso que ya no tengo, por lo que decido continuar con Mary.

Lo intentaremos una vez más.

—Me llamaron de la clínica y fueron muy fuertes conmigo —me cuenta Mary—. Comenzaron a preguntarme si había hecho reposo, si había tenido relaciones sexuales.

Alguien tiene que ser fuerte con ella, yo no podría. No tengo ningún derecho a reclamarle nada. Al menos, la clínica también tiene dudas. Quieren encontrar las razones de mi caída en el terrible treinta por ciento.

He decidido que, en adelante, no hablaré con nadie del proceso. Será mi secreto. Asumiré la carga de tomar todas las decisiones. No podré llorar ni celebrar con nadie. Así evitaré que me consuelen. Si el embarazo se confirma, esperaré a que Mary tenga doce semanas y sólo en ese momento daré la noticia. A mi familia, a mis amigos, incluso a Gonzalo.

Entro en estado de terror con las finanzas. Comienzan dos cuentas regresivas: la monetaria y la de los embriones viables. Si tengo nueve embriones criopreservados, eso quiere decir que, con las posibilidades de que no todos sobrevivan la descongelación, sólo tendré acceso a otros dos intentos en caso de que decida transferir tres embriones cada vez.

Ahora es necesario esperar que Mary menstrúe. Después, el médico la evaluará y le dará el alta para comenzar un nuevo ciclo. Tal vez podamos hacerlo en febrero, con lo cual mi bebé nacería en octubre o noviembre. En caso de ser gemelos, llegarían en septiembre, o quizás antes. No quiero hacerme ilusiones, pero tengo el presentimiento de que mi hija nacerá este año. Cierro los ojos y siento cómo me abraza y esconde su carita en mi cuello. Somos uno.

Ella ya existe, al menos tiene una edad. Aunque, para ella,

el tiempo está detenido. No puede crecer. Duerme lejos de mí. No puedo leerle cuentos por las noches, no puedo acariciarla ni en sueños, ni cantarle, ni inventarle historias. No puedo hablarle para decirle que recuerde siempre que soy su padre, que no me olvide, que siempre estaré junto a ella.

Pensará que la he abandonado para siempre en unos recipientes de cristal herméticos y rotulados, sumergidos en depósitos de nitrógeno líquido. Han detenido su metabolismo, y podrá vivir así por años. Entonces me doy cuenta de que la vida eterna existe: ella es la prueba.

Mis nueve bebés tienen dos semanas y tres días. Ya fueron creados; ahora quiero que despierten y comiencen a crecer en el vientre de Mary, pues para eso hice que vinieran al mundo. Quiero sentir cómo, cada mes, uno, dos o tres se transforman hasta salir a la luz. Los esperaré, llorarán, y ya no habrá quien detenga su metabolismo, porque la vida —ahora sí— habrá comenzado.

Para poder continuar con Mary debo hacer transferencias bancarias adicionales. Les pido a todos cuantos me rodean que no me hagan preguntas sobre el estado del proceso. No es superstición —o tal vez sí—, tampoco es desconfianza —al menos, eso creo yo—, es simplemente un intento de protegerme. Quiero sentirme en control, evitar el consuelo, olvidar los fracasos. Ya celebraremos juntos en su momento. Sólo compartiré el éxito, no el fracaso. La decepción se lleva en privado, no en un acto colectivo que la magnifique. Sólo les he dicho que voy a continuar con Mary, y que no me detendré hasta que mi hija sea una realidad. ¿Cuándo? Ya lo sabrán.

No hay una noche en que no piense en mis bebés.

MARINA NOS AVISA que espera una niña. Se llamará Luna.

MIS TRES BEBÉS

FEBRERO DE 2005

MARY NO SE SIENTE bien en su vecindario y ha decidido mudarse. Un depredador sexual convicto, recién liberado de la cárcel, ha llegado a vivir en su complejo de apartamentos.

—Hablé de ese problema con la dueña del edificio —me cuenta—, pero su respuesta fue que él ya cumplió con la sociedad; que fue declarado culpable y ya pagó su delito.

Está alterada. Le preocupa su hija. Aunque nunca la deja sola ni le permite jugar en los pasillos, la presencia del hombre es un peligro latente. Por las tardes, la lleva a las clases de fútbol 4 y una vez a la semana tiene clases de equitación. Teme encontrarse con el hombre, que seguramente no trabaja. Si acaba de salir de la prisión, piensa Mary, quién le va a dar empleo.

—La ley no debería permitir que viva en un edificio donde hay niños —me comenta. Mary no sabe cuál fue su delito. Si abusó de niñas, si se expuso, si violó, si alguien murió. Lo único que está claro para ella es que está registrado como depredador sexual.

A mí también me preocupa que ella esté estresada. Ya tiene nivelado el estradiol y ha menstruado dos veces, así que su ciclo está regulado. Todo depende de ella y de la disponibilidad del doctor Wood para hacer una nueva transferencia. Los embriones están listos para ser descongelados y, por mi parte, cuanto antes, mejor.

La madre de Mary, una enfermera recién retirada, va a dejar su condominio en San Diego para mudarse a Palm Springs con su novio colombiano. Mary está pensando en alquilar ese apartamento. Su hermana menor no desea irse con su madre, se niega a vivir en el desierto. Mary le propone que vivan juntas en el apartamento y ella le pagará a su madre el alquiler. Es una excelente idea, Mary estará acompañada, su hermana la puede ayudar con la niña y le será más fácil reposar después de la transferencia embrionaria.

Recibo un correo electrónico de Ángela.

—Acabamos de ver a Mary y su ultrasonido fue perfecto. La semana próxima comenzará con el Lupron y, si todo marcha bien, transferiremos los embriones el 3 de marzo.

La doctora Adams insiste en que más de tres embriones sería riesgoso.

—Para que un embrión se implante, un porcentaje está relacionado con el embrión mismo, otro con la preparación del útero y otro con la transferencia. Son demasiados factores. Si alguno de ellos falla, y en ocasiones no tiene que ver con el útero ni con el embrión, perderías la posibilidad de hacer otro ciclo —me explica.

Por su parte, Mary no deja de insistir en que dos es el máximo que ella puede portar. Es comprensible. El doctor Wood, a su vez, me advierte que, si quiero dos bebés, use tres embriones, pero si deseo sólo uno, él recomienda transferir dos. Antes transferí tres y ninguno se desarrolló.

En fin, Mary va a mudarse antes de empezar el tratamiento. Es una buena noticia.

En Miami, nosotros seguimos en el proceso de remodelar la

casa. Decidimos cambiar el piso. Las losas son rústicas, será un problema cuando el bebé comience a gatear. Lo mejor es un piso de madera.

Tu cuarto estaba listo. Aún sin muebles, sólo un pequeño armario blanco. Nos dimos cuenta de que íbamos a necesitar un sillón para balancearte. Pero hasta que Mary no esté embarazada y la llegada del bebé sea inminente, no compraremos la cuna. Y sólo la armaremos a tu llegada a la casa. Es la tradición.

He decidido que tres es el número indicado. Debo seguir la recomendación de los expertos. Por mucho que desee transferir los nueve embriones, si el nivel de preparación del útero no es el correcto, puedo perderlos todos. Y eso sí sería una crisis. No creo estar preparado para comenzar de nuevo a buscar otra donante de óvulos.

Ahora sólo quisiera dormir por semanas, que el tiempo se evaporara. Que llegara el 3 de marzo, y luego el 16 y luego el 1 de abril. Pero hay que tener paciencia. No puedo hacer nada. Esta vez no debo donar esperma, no es necesario que esté relajado. Todo depende de Mary, y de la manera en que decidan despertarse los tres bebés elegidos para sobrevivir a la edad del hielo.

Serán seleccionados al azar, y del tubo de ensayo pasarán al interior de Mary, donde dará inicio un cautiverio aún más largo: unas treinta y ocho semanas.

LA CANCIÓN DE CUNA

3 DE MARZO DE 2005

Uno no se levanta y piensa que hoy será el día en que puede cambiarle la vida. Por lo menos, yo trato de evitarlo. Estoy a miles de kilómetros de distancia de donde duermen mis nueve embriones, y en pocas horas van a despertar a tres de ellos. Voy a quedarme en Miami, quiero que Mary esté sola para la transferencia de los embriones. Comprendo que mi presencia la intimida.

Comienzo a dar vueltas por la casa, regreso a la cama —¿qué hacer para que el tiempo pase?— se me ocurre llamar a Mary para saber cómo se siente antes de ir a la clínica, pero después pienso que es mejor no hacerlo. Reviso algunos artículos que quería leer.

Voy a llamar a Mary. Acabo de ver que ha comenzado a llover en San Diego, y dicen que lloverá todo el día. ¿Qué tipo de señal podrá ser, buena o mala? No quiero volver a la lista de los errores posibles. No la necesito, porque ya no queda nada más por sucederme. Este año voy a ser padre. Es lo único que sé.

Mary se levantó temprano, se preparó y después del desayuno comenzó a peinar la frondosa cabellera de su hija. Con una niña de tres años, su vida está bien ocupada. Como todas las mañanas, le dedicó tiempo, jugaron, conversaron.

Su mamá ha venido de Palm Springs para cuidar a la niña mientras Mary está en la clínica y durante los reglamentarios dos días de reposo absoluto. El padre de su hija la acompañará a la clínica.

Ya han descongelado los tres embriones, que sobrevivieron el riesgoso momento. A veces la cristalización, por la baja temperatura, los destruye. Mary está relajada, y me comunican que la transferencia ha sido un éxito. No creo en el éxito. Nadie me aclara en qué porcentaje caeré ahora, ni quiero saberlo.

El doctor Wood me llama y recomienda que Mary se quede en el hotel más cercano a la clínica. La llevarán en una silla de ruedas.

—Es que llueve demasiado. Lo mejor es que descanse. La carretera puede ser muy peligrosa.

Voy a dejarla tranquila. No la llamaré. Que duerma, que descanse, que no sueñe. Al menos, que no tenga pesadillas. Y ahora, a esperar a que pasen quince agónicos días.

Trato de recordar canciones infantiles, alguna debo saber, pero las he olvidado todas. Sólo puedo rescatar los tristes boleros que mis abuelos me cantaban para dormir. *Ató con cintas los desnudos huesos, el yerto cráneo coronó de flores, la horrible boca la cubrió de besos y le contó sonriendo sus amores.*

Dios mío, ¿qué canción le cantaré? Con certeza, no será *Bodas negras*. Ya está en el vientre de Mary, ya ha comenzado a desarrollarse, ya tengo que pensar en mi hija considerando que existe fuera de un tubo de ensayo y que quedaron atrás las bajas temperaturas del tanque de nitrógeno.

Ahora está de regreso en el mundo real, donde ya debe haberse dividido en miles y miles de células, imposibles de contar. ¡Y yo no sé ni una sola canción de cuna! Ya tendría que empezar a cantarle. Todas las noches voy a leerle para que se duerma, así sentirá que estoy a su lado. Y todos los días, al despertarme, lo primero que voy a hacer es pensar en ella.

Sé que va a escucharme, porque estamos conectados desde el día en que la soñé, la última noche del siglo pasado. La sentiré crecer, veré cómo se aferra al vientre de Mary y luchará, porque sé que también ansía conocerme. Y porque ella no es de las que se rinden. Llevaba ya tres meses dormida en el hielo, a la espera de un príncipe azul, y llegó su hora.

Ella oirá mi voz y me reconocerá, porque desde miles de kilómetros de distancia le diré en un susurro: «Buenas noches, soy yo, tu papá, el que te ha buscado por años y no descansará hasta que te tenga en sus brazos, te abrace y te dé un beso». A partir de hoy, ya mi hija no es un sueño, es mi realidad.

Duérmete, mi niña, duérmete, mi amor, duérmete, pedazo de mi corazón.

EMBARAZADOS

18 DE MARZO DE 2005

LA VIDA TRANSCURRE EN círculos. Cada hijo que viene al mundo lo cierra, y abre otro que, a su vez, deberá cerrarse. Luego aparecerá uno más en ese ciclo infinito, que alguien sellará. Es una cadena interminable, y los hijos son sus eslabones. A veces, uno se conforma con vivir con eslabones perdidos, pero ello no deja de ser una ausencia.

Acabo de construir mi eslabón. Lo esculpo paso a paso, y en unos meses podré anunciarlo. Hasta ahora, esa ilusión ha sido mi secreto.

Gonzalo y yo vamos a preparar una cena familiar en la casa. Todos van a estar ahí y no puedo contarles que también hoy se cumplen quince días desde la transferencia, que hay tres eslabones que maduran en el vientre de Mary. Tal vez me llamen en medio de la cena y no pueda gritar de felicidad, tal vez mi rostro me delate, tal vez en medio del bullicio no escuche el teléfono y me dejen un mensaje y me encierre en mi cuarto y escuche una y otra vez la única palabra que quiero escuchar: «positivo». Entonces regresaré a la cena, sonriente y feliz con mi secreto, que aún deberé guardar por otros dos meses.

Hoy vendrá mi prima Iliana, que desea convertirse en abuela, mi mamá, mi hermana, mi sobrino, mis primas Romy y Betsy. Estaremos todos, y habrá alguien que pregunte cómo está Mary, qué ha pasado con la transferencia, incluso si ya tenemos un bebé en camino.

Mientras Gonzalo recoge la casa, regreso a Nina Simone. No estoy deprimido, simplemente necesito aislarme y no pensar más hasta que llegue la llamada con la palabra mágica, la única que pueden pronunciar, porque esta vez estaré en el porcentaje de los que triunfan. *I would give anything, anything I own, if you'd be my love. What more, what more can I say?* Sé que será una buena noticia. Estoy convencido, porque durante estos quince días le he cantado a mi bebé todas las noches, y todas las mañanas le he dado los buenos días. Nina me da buena suerte, me reconforta. Es mi consuelo.

Gonzalo y yo nos vamos al mercado. Al llegar al estacionamiento, recibo una llamada.

—Felicidades, papá —nunca antes la voz de Mary me ha sonado tan dulce.

No reacciono, no quiero decir nada para que me lo repita, para que diga una vez más la palabra que espero. En la primera transferencia me dijeron «negativo» y ahora quiero escuchar «positivo», pero Mary no usa palabras técnicas; ella me felicita y agrega «¡Estoy embarazada!». No puedo pronunciar una palabra, tengo deseos de llorar, de reír. Y sólo atino a darle las gracias. ¿Qué más puedo decir?

Hasta ahora no siente ningún síntoma. Ni mareos, ni náuseas, y lo mejor es que tampoco tiene ningún dolor en el bajo vientre, ni pérdidas. Ángela me explica que el análisis de sangre muestra que el rango de la hormona gonadotropina coriónica humana (hCG, por sus siglas en inglés) fue de 120. Si hubiera estado por debajo de treinta, el embarazo se hubiera considerado negativo. Esa hormona es producida por el embrión en el momento en que se adhiere a las paredes del útero, y posteriormente por la placenta. Mañana repetirán el examen y la hormona debe haberse duplicado para que pueda confirmarse el embarazo. Una de las funciones de la hCG es prevenir la desintegración del cuerpo lúteo del ovario y mantener la producción de progesterona. Durante los tres primeros meses, Mary debe mantenerse bajo una dosis de progesterona diaria.

En la cena, mi prima Romy comenta que ya quiere tener un bebé. Iliana, su madre, cuenta los días para convertirse en abuela.

—Yo quiero una nieta. Y creo que tú también vas a tener una niña. Mira a tu papá, él da más mujeres que hombres.

Así fue, mi padre tuvo un varón y cinco hembras; una falleció a los pocos meses de nacida.

Trato de llevar la conversación por otra vía, pero mi mamá vuelve a sacar el tema.

—¿Te imaginas que fueran gemelos? ¿Cómo van a hacer ustedes?

Ya nos arreglaríamos, y me ilusiona pensar que serán dos bebés. Es mejor estar preparados que sorprendidos.

ES VIERNES Y Mary se levanta temprano para repetir el examen de sangre y determinar si la hormona se duplicó.

—Lo siento. El número no es lo que esperábamos. Sólo subió a 187 —me dicen desde la clínica—. Vamos a repetir el examen el lunes y, si los números no han subido, detendremos la dosis de estrógeno y esperaremos a que Mary menstrúe de nuevo.

No me explican nada más. Así de sencillo. Los números no son los esperados. ¿Qué esperan de mí? Comprendo que en la clínica están entrenados para no crear ataduras emocionales. Son directos, van al grano, no suavizan las noticias. En lugar del 240 que esperábamos, llegamos únicamente a un penoso 187. No sólo no hay posibilidades de que tenga mellizos, sino que es muy probable que tampoco esta vez me convierta en padre.

No puede culparse a Mary. Todo depende del embrión y su calidad cromosómica. Si hay algún error, se desprenderá. La naturaleza es sabia.

Otros tres bebés lanzados al abismo. ¿Sobrevivirá alguno?

Cuento los minutos, las horas. Vivo en una batalla constante contra el tiempo. Otro fin de semana eterno.

AFERRADA

1.º DE ABRIL DE 2005

Si ustedes no se apuran, van a ser abuelos en vez de papás —bromea mi amiga Cristina. Son ésas las conversaciones que prefiero ignorar o trato de olvidar.

Por supuesto que se trata de algo que me preocupa. No he dejado que el tiempo transcurra porque quiera disfrutar más. No he detenido la llegada de mi bebé para tomarme unas vacaciones en Europa. Si no ha llegado, es porque Dios no lo ha puesto en mi camino.

Mi mamá me tuvo a los veinte años. Crecí con una mamá más joven que las del resto de mis compañeros de clase y que siempre fue mi orgullo. Era joven, estudiaba en la universidad, se hizo una profesional. Mi abuela se ocupaba de la cotidianeidad, y mi mamá de la esencia. Ir a las reuniones de la escuela, las citas médicas, discutir qué carrera iba a estudiar. Mi abuela y ella fueron el balance necesario en mi vida. Yo quiero estar para mi bebé en la cotidianeidad y en la esencia. Gonzalo me va a ayudar para que la fórmula funcione, pero mi edad me traiciona.

Ya sabes que eres una niña deseada desde antes de que te soñara. No vendrás a interrumpir mi juventud. No vas a limitar mis salidas, mis vacaciones, la relación con mis amigos, mis ascensos profesionales. Tú tienes la prioridad. Tú vas a ser mi hija, mi amiga, mis salidas, mis vacaciones, mi profesión. Pero no tendré veinte años cuando nazcas, y me aterra pensar que tal vez, cuando llegues a la edad que ahora tengo, ya no estaré a tu lado. Así que me propongo disfrutar cada minuto contigo.

Empiezo a calcular los años que tendré en cada etapa de tu vida y termino abatido. Un papá de veinte años es un papá ausente. Un papá de cuarenta es un papá presente, pero por un período más corto. Son ventajas y desventajas que hay que poner en la balanza.

No tengo otra opción. Es así y tendremos que acomodarnos. Cuando cumplas quince años, tendré sesenta y uno.

¿Te imaginas? Y las cosas se pondrán aún más graves. A tus treinta, seré un viejo de setenta y seis, ya retirado. A los cuarenta, si la salud me acompaña, tendrás como padre a un anciano de ochenta y seis. Y ahí dejo de contar. No tiene sentido. Por eso tengo que cuidar de mi salud como te cuido a ti.

Lo bueno de que yo haya tenido una mamá joven es que ahora tú vas a disfrutar de una abuela llena de vitalidad. Todo tiene su recompensa. Por eso tienes que nacer cuanto antes. Éste es tu año, nuestro año. Así que, por favor, aférrate a las paredes del útero de Mary. Lucha con todas tus fuerzas que aquí estoy yo, a la espera, con los brazos abiertos.

VA A SER medianoche, mañana es lunes, así que es hora de ir a la cama y, como todos los días, voy a cantarte para que duermas tranquila.

Me despierto y pienso en ti. Mary me avisa que ya tomaron su muestra de sangre y que me llamarán de la clínica con los resultados. A veces la hormona necesita setenta y dos horas para duplicarse en lugar de cuarenta y ocho. En ocasiones se implantan dos embriones y el tercero comienza un conteo regresivo. Aunque uno lanza señales de estar vivo, el otro resta esa energía que sintetizan la placenta y el cerebro.

—Felicidades, el embarazo está confirmado —me avisan de la clínica.

No lo puedo creer.

—¿Y el número?

—559.

—¿A cuánto debe elevarse mañana? —pregunto feliz y ansioso.

—No hacen falta más análisis. Ésta es la prueba de que hay un embrión en desarrollo.

—¿Que se convertirá en feto?

—No lo sabremos hasta que, en dos semanas, detectemos los latidos del corazón a través de un ultrasonido vaginal. En ocasiones hay saco amniótico, pero el cigoto no llega a evolucionar —me explica el doctor.

Sé que me tocan otros quince días de espera. Mi vida transcurre ahora en lapsos de dos semanas. Pero hoy podré dormir tranquilo y mi hija, desde lejos, sentirá mi canción de cuna más fuerte. Porque crece y sé que ya comenzó a vivir. De lo contrario, ¿para qué me llenaría de esperanza?

LOS LATIDOS DEL CORAZÓN

18 DE ABRIL DE 2005

Espero a MARY EN la estación de trenes de San Diego. Iremos juntos a su cita para el ultrasonido en busca de la prueba de que existes, de que hay un corazón que se desarrolla y no un saco vacío que envía señales equívocas.

Mary está rozagante. Su sonrisa me reconforta. Su ternura me da confianza. Si hoy detectamos los latidos del corazón, ella comenzará a recibir su pago, distribuido en mensualidades.

Ha comenzado a sentir náuseas por las mañanas. Una buena señal de que la hormona crece y hace de las suyas. A intervalos cortos, interrumpe su discurso y bebe agua de una botella enorme.

—Debo tomar casi un litro antes de llegar a la clínica —me explica. La recomendación es que tenga la vejiga llena.

Su cuerpo comienza a dar señales de transformación. Está constantemente somnolienta, es más sensible a los olores y tiene hipersensibilidad en los senos. Me cuenta todo eso como una queja y le respondo que lo siento, aunque en realidad, también lo celebro. Está embarazada. No cabe duda. Dentro del saco vamos a encontrar un palpitante corazoncito.

—Voy a separarme del padre de mi hija —me revela. No soy

bueno en esas situaciones, no sé consolar, y oscilo entre «¡Qué pena!» y «La niña debe estar grandísima…». El auto está lleno de muñecas, dibujos, lápices de colores. Su hija, por lo que veo, es el centro de todo. Por suerte, la hermana menor de Mary está con ella para ayudarla, y espero que lo siga haciendo en la medida que el embarazo avance. No me habla mucho de su madre, y yo no hago preguntas. Lo único que sé es que estuvo presente durante la transferencia embrionaria, y me imagino que también estará en el parto.

A mí me gustaría ver dónde vive, cómo es su apartamento, el cuarto de su hija. Pero nunca he sido invitado, y no voy a proponerlo. Un día fui a llevarle un regalo y me pidió que lo dejara en su puerta. Insistí un poco, y sólo logré que saliera a recogerlo al estacionamiento. Ni siquiera pude llegar hasta la puerta de entrada.

Entiendo que quiera proteger su privacidad, que no desee ser evaluada. Que rechace la idea de que un intruso venga y cuestione si su casa está arreglada o limpia. En realidad, yo nunca le reclamaría nada, más bien tenía curiosidad por ver el ambiente en el que mis embriones crecerían.

En la sala de estar de la clínica siempre hay alguien que espera con expresión de terror. Siento ansiedad por saber quiénes son, cuál es el nivel de infertilidad y desesperación que tienen. Nos miran a Mary y a mí como si fuéramos una pareja, y lo primero que hacen es dirigir la vista hacia el abdomen de Mary para tratar de detectar si está embarazada. Aún no se nota, no es posible que alguien lo sepa, sólo nosotros, y por eso irradiamos felicidad. Suham no está ahí para contarnos quiénes son los que esperan, si van a intentar un tratamiento *in vitro* o si contratarán a una agencia para que les busque una madre gestacional. Me gustaría contarles mi experiencia, recomendarles Surrogate Alternatives, darles consejos.

Hacen pasar a Mary primero y yo permanezco en el salón, junto a la pareja desesperada. No hablan entre sí. Tal vez el marido no quiera gastar un centavo más en hacer feliz a su mujer, que está obsesionada con un hijo. Tal vez él tenga hijos de un matrimonio anterior. Con esa actitud, el proceso se les hará aún más difícil.

Mary está lista para la ecografía. La habitación es tan pequeña que apenas puedo colocarme a un lado de ella, que ya tiene las piernas elevadas a la espera de que el médico introduzca el transductor, una especie de tubo blanco, cubierto con un lubricante estéril. Como el embarazo está en su etapa inicial, un ultrasonido transabdominal no es suficiente para detectar los latidos del corazón.

Aunque no existen efectos documentados, entro en pánico ante la idea de que la prueba pueda dañar a mis embriones o provocar un aborto. Ya sé que los ultrasonidos no usan rayos ionizantes, son ondas acústicas. La frecuencia que transmiten es imperceptible para el hombre.

¿No sería mejor esperar a que los embriones estuvieran formados, que el feto palpitara y creciera hasta un punto en que ninguna onda sonora pudiera alterarlo? Debo confiar en los desconocidos. No me queda otro remedio.

—Hay dos sacos, uno más grande y otro más pequeño —comienza a explicar el doctor—. Si detectamos los latidos cardíacos fetales a las siete semanas, hay un porcentaje alto de que el embarazo sea viable. A ver qué encuentro por aquí… Mira, ¿ves aquí? —me pregunta.

¡Yo no veo nada! Para mí, todo lo que aparece en el pequeño monitor en blanco y negro son masas abstractas en movimiento.

—¿No ves cómo palpita? Quiero asegurarme de que todos lo vemos —dice el doctor y Mary sonríe.

Al fin terminaron para ella las preparaciones uterinas. Yo

continúo sin reaccionar hasta que, ahora sí, logro ver un minúsculo puntito que se mueve acompasadamente. Al parecer, es ése el corazón que tanto hemos buscado. Entonces se dirige al otro saco embrionario, pero allí no hay movimiento.

—No creo que se dé. Éste no está desarrollado como el otro —comenta, pero no está seguro. Hasta ahora, tengo dos hijos vivos en el interior de Mary.

El médico hace imprimir la imagen del corazón de mi bebé y me entrega una foto. Al fin poseo algo palpable. Tengo una imagen de mi hija.

—En este caso, las posibilidades de que tengamos un bebé son del noventa y nueve por ciento… —aventuro. Porque sé que queda el uno por ciento en el que alguien tiene que caer. Nada es cien por ciento seguro en la reproducción asistida.

—Esto se ve muy bien —me responde el doctor—, aunque, efectivamente, cualquier cosa puede suceder en un embarazo. Tu bebé tiene unas siete semanas, y debería nacer el 22 de noviembre.

¿Cómo? Es lo único que me faltaba. Mi hija va a nacer el mismo día del cumpleaños de mi patético padrastro, a quien había olvidado. Vamos a tener que adelantar esa fecha o, mejor, atrasarla. Además, será Escorpio, como él. Ironías del destino. Siempre he pensado que mi padrastro era el estereotipo de un amargo Escorpio y ahora mi hija va a nacer bajo ese signo. Decido tomarlo como una señal para convencerme de que él fue un error de la astrología, y que voy a tener una hija maravillosa, con quien aprenderé a amar a los Escorpio.

No quiero escuchar nada más. Tengo dos hijos, uno de los cuales tiene un corazón que bombea a toda marcha. A la salida, la recepcionista me felicita.

—¡Vas a tener mellizos!

Dios mío, en voz alta, me intimida.

Mary y yo nos abrazamos al escuchar la palabra «mellizos».

Después de tantos intentos y fracasos, hemos salido de la clínica con algo concreto: la primera foto de mi bebé.

EN EL AVIÓN, a punto de despegar, entra una llamada de mi prima Romy.

—¡Sorpresa! ¡Estoy embarazada! Acabamos de escuchar los latidos del corazón. Va a nacer el mismo día del cumpleaños de mi mamá, el 30 de noviembre.

No puedo permitirme celebrar con ella. La felicito y guardo mi secreto por dos meses más. Voy a ser papá.

EL CUARTO ACCIDENTE

2 DE MAYO DE 2005

Mary me manda las fotos del ultrasonido de las ocho semanas. El embrión líder está cada vez más fuerte, y al fin aparecieron los latidos del corazón en el segundo saco. Hay esperanzas, entonces. El médico, de todas formas, es un poco pesimista. Dice que lo ve débil, que no cree que se desarrolle. Pero ¿hay alguna posibilidad? Posibilidades siempre hay.

En dos semanas, el ultrasonido nos dará una idea más cercana con respecto a si el pequeño embrión sobrevivirá o no.

La foto del vientre de Mary muestra con claridad ambos sacos. Es lo que más claramente puede distinguirse. Dentro de cada saco, una pequeña semillita. ¿Serán dos hembras, dos varones, una hembra y un varón? No tengo preferencias. Al principio, teníamos miedo de tener una niña. ¿Qué hacer el día que haya que llevarla al baño en un lugar público? Mientras esté en edad preescolar no habrá problemas; todo comienza a complicarse en la medida que crecen: la obsesión con el rosado, las princesas… pero aquél que Dios envíe será bienvenido.

El mismo día que debo recibir los resultados del ultrasonido de las diez semanas, en el que se definirá la vida de mis dos hijos, debo viajar a las Bahamas. Mi editor me ha enviado a entrevistar a Shakira, que estrena un disco después de cuatro años fuera de los estudios de grabación y ha pedido que sea yo quien la entreviste en persona. No puedo negarme, y al mismo tiempo, no puedo explicarle a nadie que esta vez estoy a la espera de una llamada importante, que no voy a poderme concentrar. Como he mantenido todo oculto, no puedo darle ninguna justificación a mi editor, y menos a Ceci, la representante de Shakira.

Es mi primer viaje a las Bahamas. Desde que llego al aeropuerto, compruebo que mi teléfono no tiene señal. El programa incluye visitar el estudio, compartir un rato con Shakira, ver algún ensayo de la grabación y luego tomar mi avión de regreso a Miami. Desde algún teléfono público del aeropuerto trataré de llamar a la clínica.

El hotel donde se hospedan la banda y el equipo de trabajo da al mar. Es una especie de cabaña de madera de varios pisos. Ceci me espera. Nos sentamos en la terraza y comenzamos a hablar del disco, de las incansables horas de Shakira en el estudio, de la portada del disco, que quería mostrarme en exclusiva.

—Nadie la ha visto. Es una gran sorpresa —me comenta mientras me la muestra.

Quedo estupefacto. La foto es una Shakira angelical, una Madonna renacentista con aires gitanos, extasiada ante un bebé desnudo en brazos. ¿Es la señal que busco? ¿Habrá visto Ceci mi cara de preocupación? ¿Desea Shakira enviar un mensaje a través de la bebita de cinco meses que sostiene en brazos, su primita Luciana, de que ya está lista para ser mamá?

Vamos al legendario estudio Compass Point, donde Shakira me espera. Ha cambiado mucho desde la última vez que la entrevisté, es como otra persona. Se ha liberado de innumerables capas de maquillaje, de las extensiones del pelo. Estoy frente a una Shakira al natural. Está muy entusiasmada con el disco, hablamos de la carátula que me ha sorprendido, de la relación con su novio y le pregunto sin rodeos si quiere salir embarazada, si está entre sus planes tener un bebé.

—Es el gran proyecto de mi vida. Lo que pasa es que, antes de ese gran proyecto, tengo una deuda conmigo misma, y es un año sabático. Antes de traer a un niño al mundo, en realidad no quiero hacer nada más que rascarme la barriga.

O sea, no está embarazada. Aún es joven. Todavía está de luna de miel con su novio. Ahora la espera una gira intensa y larga. El disco, *Fijación oral*, armoniza bien con la maternal Shakira.

—Quería referirme a una madre universal, la madre que alimenta, que da, que protege. Me parecía un lindo concepto y pensé que el título necesitaba una imagen, un ancla.

Terminamos la entrevista e insiste en que me quede hasta mañana y la acompañe a la grabación. Pero no es posible; no sé cómo explicarle que debo regresar en unas horas, que no puedo pasar un minuto más en las Bahamas. Nos dirigimos al salón de grabaciones, se recoge el pelo con su bufanda y me dedica mi canción favorita del disco. *No se puede morir con tanto veneno. No se puede dedicar el alma a acumular intentos. Pesa más la rabia que el cemento.* Shakira canta como si se le desgarrara la garganta, y alarga las vocales con una potencia que es casi imposible de creer que brote de su cuerpo menudo.

Logro al fin comunicarme con la clínica. Los minutos pasan. Cada vez que alguien me deja en el teléfono y tengo que esperar por alguna explicación del médico, es que hay alguna mala noticia. Lo sé. ¿Y qué estoy haciendo yo en las Bahamas? Mi editor hubiera mandado a otro escritor, o hubiéramos podido cambiar la fecha. Shakira lo habría entendido. Pero tenía que ser ese día, de lo contrario habría sido imposible conseguirla. Shakira iba a aparecer en una de las portadas de la revista, y no podíamos perder la oportunidad de entrevistarla.

—Uno de los fetos murió —ésas fueron las palabras del doctor.

Silencio. ¿Por qué no continúa? ¿Qué quieren, escuchar mi llanto?

—Poco a poco el cuerpo absorbe el saco hasta hacerlo desaparecer, y ese proceso no afecta la otra placenta —continúa el doctor—. El otro bebé crece, y su corazón late con fuerza. Lo siento, de veras lo siento mucho…

Y ahora yo, en el aeropuerto de una isla del Caribe, sin poder llamar a nadie, sin Nina Simone, con una espera de tres horas por delante hasta que salga mi vuelo. Siento que la piel me va a reventar, estoy como intoxicado, lleno de ronchas. No he comido nada, no he tomado otra agua que no sea embotellada. ¿Entonces, qué me sucede?

He perdido a mi hijo y no puedo desahogarme. Estoy en un lugar desconocido, rodeado de desconocidos que no saben, que no pueden entender que he perdido a uno de mis bebés.

Me aterra pensar que la muerte de uno pueda dañar el desarrollo del otro. El médico ha dicho que no. ¿Debo creerle? ¿Y qué va a pasar con ese saco vacío?

Entonces comienzo a orar, en silencio. *No me abandones. Hoy te voy a cantar antes de acostarme, al levantarme pensaré en ti. Quédate conmigo. Ya eres parte de mí. Eres un pedazo de mí. Ya no nos podremos separar jamás.*

No tendrá hermanos. Mi hija crecerá sola. Será hija de viejos. Lo intenté y me había ilusionado con que Mary llevara en su vientre dos bebés. ¿Acaso pedí demasiado? ¿No debería considerarme afortunado porque al menos voy a tener uno?

En la búsqueda, he perdido cinco hijos. Ahora mismo no sabría a dónde han ido a parar, pero sé que mi hija nacerá y mi pena tal vez se alivie el día que la estreche en mis brazos.

Aún quedan seis embriones congelados. Quién sabe si más adelante, después de tenerla a ella, tendré fuerzas para comenzar de nuevo todo este proceso enloquecedor. O tal vez espere a que ella me lo pida: «Quiero tener un hermanito». Tendrán que pasar algunos años. Tendré que ser paciente.

Nos conoceremos en noviembre. Cuento las horas, los días. Mientras, me dedicaré a cantar, desde la distancia, para que mi bebé se duerma. Algún día le haré saber a mi hija que, al menos, lo intenté.

LA PRIMERA IMAGEN

II DE MAYO DE 2005

ÉSTE ES UN BEBÉ muy hermoso! —exclama el doctor Wood mientras mueve el transductor en el interior de Mary. En la pantalla del monitor ya es posible distinguirte. Ahora sí tienes forma, ya has dejado de ser una minúscula partícula perdida en un saco.

—Aquí está la cabeza, el cuerpo, los brazos, las piernas. Un bebé completo —hace una pausa, me mira y sonríe. Mary busca mi reacción y yo grabo toda la escena. Hoy es el día en que todos sabrán que existes.

—Vamos a ver si quiere despertarse...

El doctor le mueve el abdomen a Mary, trata de buscar una reacción del bebé, pero él está dormido, muy apacible en su cuna de líquido amniótico. Levanta un brazo y vuelve a acomodarse en su cómoda posición fetal.

Hoy será la última visita de Mary a la clínica. Han terminado los viajes a La Jolla. Adiós, doctor Wood, adiós, doctora Adams. Ahora nos toca enfrentarnos al mundo real.

Un ginecólogo-obstetra la atenderá, realizará sus ultrasonidos. Será alguien habituado a atender a madres de subrogación. No habrá sorpresas, ni tendré que dar muchas explicaciones.

Imprimen para mí una foto en la que, por primera vez, puedo distinguir que mi hija es más que un embrión. A partir de hoy, es oficialmente un feto. Tiene el tamaño de un limón, unas dos pulgadas y media. Los dedos de las manos y los pies ya terminaron de separarse, así que ha desaparecido la imagen anfibia anterior. Las uñas han comenzado a desarrollarse. Si está despierta, no deja de moverse. Ya su esqueleto está formado, pero aún tiene una flexibilidad extrema. El saco se ha convertido en una placenta que ahora trabaja a toda máquina, y su corazón bombea con tanta fuerza que ya puede escucharse en el ultrasonido. Se está alimentando bien, pero aún no llega a pesar ni una onza. Es tan pequeña.

El primer trimestre está por terminar, así que los riesgos de perderla se han reducido. Ya es hora de nombrarte, porque ya eres una realidad.

En el taxi, camino al aeropuerto, llamo a mi mamá.

—Mary está embarazada. Vamos a tener un bebé. Debe nacer en noviembre. Iban a ser dos, pero uno murió…

No puedo continuar, comienzo a llorar sin control. El taxista me mira con pena, como si se me hubiera muerto un familiar muy querido. Lo llamaron de la clínica, así que tal vez esté acostumbrado a recoger pacientes desquiciados porque el embarazo no progresa o porque el proceso *in vitro* fracasó. No puedo contarle a mi mamá que mi pequeño bebé luchó en el útero de Mary por sobrevivir, trató de afincarse con todas sus fuerzas durante semanas, incluso su corazón llegó a latir, pero no resistió. Era muy débil. Ya me había hecho a la idea de que iban a ser dos, de que mi hija tendría un hermanito. Es muy probable que fuese varón. Los embriones masculinos son más débiles y, al mismo tiempo, más pesados. Dicen que en la fertilización *in vitro* nacen más hembras que varones. Las mujeres tienen un cromosoma menos. Tú serás una niña. Lo sé, estoy convencido. Pero para confirmarlo, tendremos que esperar al ultrasonido de las dieciséis semanas.

Gonzalo ya daba por sentado el embarazo.

—Lo sabía. Esperaba que me lo dijeras de un momento a otro. Sabía que este viaje a San Diego era definitivo. Ya tenemos que comenzar a pensar en los nombres.

Me imagino que mientras yo estoy en el aire camino a Miami, ya Gonzalo les habrá avisado a todos. Lo sabrán sus padres en Cuba, su hermana en Brasil, su otra hermana en Italia, Esther María en Los Ángeles.

Es oficial, vamos a ser papás. Bueno, lo somos desde que creamos los embriones. Mucho antes de que fueran conservados en bajas temperaturas para paralizar su metabolismo. No hay vuelta atrás. Este año nuestra hija nacerá. Llegará a nuestras vidas, y en ese instante todo cambiará. No seremos los mismos.

En el vuelo de regreso comienzo a imaginar sus ojos, su rostro, sus labios. Aún es una abstracción. Mi abstracción. Pronto tendrá nombre. Será lo primero que hagamos al llegar a Miami.

Mary me llama para advertirme que el seguro médico no está activo. La agencia me ha dicho que estaba aprobado, y pensé que Mary debía pagarlo, porque estaba a su nombre, y que luego la agencia le reembolsaría el dinero. Ha sido un error de comunicación de Surrogate Alternatives. Nunca me aclararon que era yo el responsable directo del pago, más aún cuando todas las cuentas se saldaban a través de la agencia.

¿Conclusión? No hay seguro. Nos hemos quedado sin cobertura médica.

Pero éste no es momento de pensar en malas noticias. Tengo un bebé vivo que crece dentro de Mary y que nacerá en seis meses.

¡ES UNA NIÑA!

8 DE JULIO DE 2005

Es MUY FÁCIL SENTIRSE paranoico si alguien extraño lleva a tu hijo en su vientre. Más aún si no conoces su casa, ni a su familia, ni sabes dónde trabaja o cómo piensa. Un documento legal es tu única fianza. No hay garantía. Nada es cien por ciento seguro en la reproducción asistida, y menos en la maternidad por sustitución. Mi hija crece en un cuerpo desconocido. Ése es mi dilema.

No me preocupa qué come Mary, si lleva una vida saludable, si cuida a mi bebé como cuidaría al suyo. Confío en ella, no tengo otra opción. Hasta ahora, el bebé me pertenece, siempre ha sido y será mío, pero ya las hormonas comienzan a hacer de las suyas, lo percibo. Es como si Mary creara una protección para alejarse, para obligarme a mantener distancia. Ella está en San Diego, y yo en el otro extremo del país. Sólo nos une un teléfono que ella rara vez contesta.

¿Por qué desaparece así? ¿No se da cuenta de que puedo enloquecer? Va al médico, se hace análisis para detectar cualquier anomalía en el feto, y no encuentra tiempo para marcar mi número, hablar conmigo o simplemente dejarme un mensaje, o mandarme un correo electrónico. Justificaciones siempre existen, que perdió la señal de Internet, que el modem de la computadora se dañó, que su hija lanzó el teléfono al inodoro.

Y yo me rompo la cabeza mientras trato de organizar mi desesperante guion de posibles errores.

A través de un análisis de sangre vamos a saber si el bebé se desarrolla bien. Hay enfermedades genéticas que pueden detectarse desde ahora con pruebas muy simples, como muestras de sangre, y otras un poco más invasivas, como la extracción de una muestra de la placenta, que podrían significar cierto peligro para la vida de mi hija.

Pero si Karen donó sus óvulos con veintidós años y Mary tiene veinticuatro, no creo que la amniocentesis sea necesaria. Podría poner en riesgo el embarazo, y a estas alturas sería lo único que faltaría. De sólo pensar que van a introducir una enorme aguja en la cavidad uterina de Mary para tomar células del bebé me aterrorizo. El feto puede sufrir daños, puede haber pérdida del líquido amniótico y, lo que es aún peor, una infección uterina que pondría fin al embrazo.

¿Debo consultarlo con Mary, o será mejor excluirla de cualquier decisión? Es mi bebé, pero es su cuerpo. No quiero sentar un precedente, y mi dilema es con quién consultarlo. No existe un libro de referencias para estos temas, y la agencia no es el mejor medio para hacerlo. Creo que, si les doy participación, podría perder el control. Es cierto que el contrato me otorga la autoridad de tomar cualquier decisión para proteger la vida del bebé o, en caso de existir algún problema genético, incluso terminarla. Pero aquí no se trata de un problema legal, sino más bien de un asunto de cortesía. ¿Qué parámetros debo establecer, ahora que entramos en el segundo trimestre, el decisivo?

Creo que nos inclinamos por las pruebas de tipo selectivo. En este sentido, es el ginecólogo-obstetra quien debe tomar la batuta. Nosotros seguiremos sus indicaciones. ¿Qué otra alternativa tenemos? De los exámenes que debemos hacer, uno es el estudio del pliegue de nuca, cuyo engrosamiento es analizado, y el otro es un examen de sangre, el *triple screening*, que determina los niveles de la alfafetoproteína, la gonadotropina y el estriol. Si la alfafetoproteína es baja con relación a la edad de Mary, ello indica un riesgo de que el bebé padezca del Síndrome de Down. En lo que respecta a la gonadotropina, la hormona secretada por la placenta, lo ideal es que no aparezca con un nivel alto en la sangre, pues sería una señal de posible alteración genética. Por su parte, el estriol, que es producido en conjunto por la placenta y el feto, no debe ser bajo, porque ello también conduciría a que el bebé tenga futuros problemas.

Ninguna de estas pruebas indica con absoluta certeza que el bebé nacerá con un cromosoma de más o de menos, pero ponen sobre aviso ante cualquier anomalía posible, e indicarán el paso a exámenes más concluyentes.

Algunos resultados los obtendremos en los próximos días, otros los recibirá el médico al pasar al menos dos semanas. Es la espera lo que aniquila en un proceso como éste. Nada es inmediato. Nada es concreto. Nada es palpable. Nada es seguro.

Hemos decidido empezar a llamar al bebé por su nombre. Si es varón, se llamará Lucas, que es mi segundo nombre. Nací el día de San Lucas. Buscamos el significado: «el que resplandece». Siempre quise tener un hijo con ese nombre. También nos gusta Oliver: «el que trae paz». Me gustaría combinarlo con Andrea, el primer nombre de mi mamá. O David, Alexander, Marco.

Si es hembra, será Gonzalo quien decida cómo llamarla. Me gustan Elisa, Anna, Elise, Sofía, Isabel, Inés, Lucía, Eugenia, Nadia. Pero Gonzalo siempre ha tenido debilidad por Emma. Su origen es hebreo, es el diminutivo de Emmanuela. En su referencia germánica, personifica a una mujer fuerte, gentil y fraterna. Para los griegos, Emma quiere decir «la que tiene gracia». En el santoral católico, su celebración es el primero de febrero. Santa Emma era en extremo generosa y se dedicaba a ayudar a los pobres. Lo mejor es que se escucha igual en inglés y en español. Y es fácil de deletrear. Pero hay demasiadas Emmas. Si nos decidimos, tendrá que llevar un segundo nombre. ¿Qué tal Isabella? Demasiado pretencioso. Isabel. Prefiero Isabel, «la que ama a Dios».

¿Emma? Mi mamá dice que «a nadie le gusta». Mi hermana piensa que Emma es nombre de señora, hasta a la prima Iliana le suena raro. No entienden que no es una encuesta de preferencia sino un hecho: si es varón, se llamará Lucas Gonzalo. Si es hembra, Emma Isabel. Ya se acostumbrarán. Entonces recuerdo al *Ángel de las Aguas* del parque central y a su creadora, Emma Stebbins. Y a la protagonista de la obra maestra de Flaubert, *Madame Bovary*. Son señales que no vamos a ignorar.

Emma Isabel. Decidido.

Por el Día de las Madres, le regalé a mi madre un boleto a Los Ángeles. La sorpresa es que desde allí iremos a San Diego por carretera con Esther María y Néstor, su marido. Teníamos la cita para el ultrasonido de las dieciséis semanas, así que, si el bebé está en la posición correcta, descubriremos su sexo con certeza.

Mi mamá iba a conocer a Mary. Había llenado una bolsa con regalos para ella y para su hija. No sabía cómo agradecerle. La cita era al mediodía, y llegamos temprano al consultorio, en un edificio lateral del Women's Health Center del Sharp Grossmont Hospital, donde debe nacer mi bebé.

Éramos cinco para presenciar el ultrasonido que nos permitiría elegir un nombre.

—¡Toda la familia! Voy a tener que buscar la habitación más

grande, para que todos quepan —dijo alegremente la recepcionista, que es la madre de una de las enfermeras que trabajan con el doctor Wood.

Creo que Mary se alarmó un poco cuando todos se acercaron a abrazarla. No lo esperaba. Gonzalo comenzó a explicarle cómo descubrir de forma tradicional el sexo del bebé: se toma un cabello bien largo, se ata a un anillo que se deja caer como un péndulo sobre el vientre de la embarazada. Si el anillo se mueve de manera circular, es una niña, si lo hace en línea recta, es niño. Mary lo miraba con una expresión que parecía decir, «¿De qué me habla?».

Ya se le nota la barriga, piensan todos. En realidad, creo que ella disfruta usar blusas holgadas. Su vientre es aún pequeño.

En el monitor, podemos ver el cráneo del bebé, su columna vertebral, y a ratos parece como si se chupara el dedo. Se mueve todo el tiempo. Lo miden, hacen cálculos.

¿Estará todo bien?

—Hasta ahora es un bebé de dieciséis semanas, muy bien formado. ¿Quieren saber el sexo? Pues parece que es niña...

Esther María comienza a llorar. Néstor la abraza. Mi mamá se emociona. Yo estoy en *shock*. Siento a Gonzalo detrás de mí, cada vez más cerca. Me toma la mano y la aprieta, firme. Me volteo y lo abrazo. Puedo sentir los latidos de su corazón que se confunden con los míos. Él sonríe. Cada vez es más real que voy a ser papá. De hecho, ya lo somos. Estoy con mi hija en el mismo cuarto, nunca antes tan cerca como hoy.

La técnica mueve el transductor sobre el abdomen de Mary y nos muestra sus riñones, su corazón. Detiene la imagen y escribe en la pantalla: «Definitivamente, es una niña».

La imprime, nos la entrega y salimos del cuarto con la imagen de mi Emma en primer plano.

—¿Ella es una Emma? Un bello nombre —dice la técnica.

Está claro que no es la primera Emma que recibe en su oficina.

Una niña. Dejo el mensaje en la clínica para el doctor Wood. Abrazo a Mary.

Emma Isabel. El nombre ya me es familiar. Mi hija existe. Cada vez es algo más concreto. Ha dejado de ser una ilusión. Ahora, a recorrer La Jolla y celebrarlo.

BABY CORREA

VIVO EN UN PERMANENTE estado de desasosiego. Cada vez que le envío un correo electrónico o le dejo un mensaje a Mary y ella demora veinticuatro horas o más en responderme, no puedo evitar preocuparme.

Vamos a cenar con unos amigos y me es imposible dejar de revisar mis mensajes. No puedo participar a plenitud de ninguna conversación. Todos mis temas giran en torno al bebé que esperamos.

Estamos a mitad del camino. Mary tiene veinte semanas de embarazo; la bebé ya mide diez pulgadas, está cubierta de una grasa, el vérnix caseoso, que ayuda a que su piel sobreviva en el líquido amniótico y que, a la hora del parto, funciona como lubricante.

Ya es también capaz de escuchar. Por ahora, debe conformarse con los latidos del corazón de Mary. La próxima vez que nos veamos, hablaré bien alto para que empiece a acostumbrarse a mi voz. ¿Qué le dirá Mary a Emma? ¿Conversarán? ¿Y la pequeña hija de Mary, se comunicará con ella?

LO ÚLTIMO QUE supe de Mary es que ya la siente. Ha dado sus primeras pataditas. Sólo eso, no me dio muchos detalles, no sé cuánto duró el movimiento, ni si se ha repetido. Mi bebé ya hace de las suyas, se impone y da señales si tiene hambre, si está incómoda o si no le gusta la música que Mary escucha. Ya se defiende.

Sentado en el banco de la terminal de trenes de San Diego, me dedico a mi ocupación fundamental de los últimos meses: esperar. He aprendido que el tiempo es un espacio al que pertenecemos y del que muy pocas veces salimos. Uno mismo es el tiempo. He aprendido también a evitar la desesperación. En un instante, la vida puede cambiar, pero también un instante puede ser una eternidad. Mary acordó recogerme para ir juntos a la cita del ultrasonido. Tiene quince minutos de retraso. Lo único que puedo hacer es dejarle un mensaje para que sepa que ya estoy en San Diego.

En su nueva camioneta negra, Mary llega radiante. Ahora sí luce embarazada. Lleva el cabello suelto y se ha maquillado. Los aretes que le regalé por el día de las madres le dan un aire de feminidad. Dice que le fascinan. Todo el mundo se los celebra.

No hay necesidad de hacer la amniocentesis. El resultado de la prueba de exploración triple fue normal. No hay defectos en el tubo neural ni peligro de que el bebé tenga Síndrome de Down, tampoco está presente material adicional del cromosoma 18, un síndrome bastante común que impide el desarrollo normal del bebé. Después de la consulta mensual con el obstetra continuamos hacia una clínica en La Jolla para hacer un ultrasonido en 4D. Quiero ver cómo se ve mi hija, cómo se mueve. Tal vez podamos lograr un perfil más detallado, su naricita, su boca, sus ojos, la forma de la cabeza. Aún es un poco temprano, me dicen, para lograr una imagen acabada.

Sin embargo, ahí está, con la mano en la mejilla, como si descansara; luego se chupa el dedo y se queda dormida. No quiere moverse.

———

HA LLEGADO EL momento de acudir a la corte y solicitar ante el juez la sentencia de paternidad. Más aún ahora, que he visto a mi niña. Llené toda la documentación requerida y se la envié a mi abogado. Desde antes de que nazca, debe constar que el bebé es mío. Mary renuncia en la corte a sus derechos y el documento es posteriormente sellado, de manera que en ningún registro público aparezcan el procedimiento a través del cual creamos a Emma ni los nombres de la donante de óvulos y la madre gestacional. Debo presentar esa sentencia en el hospital para que puedan tramitar el certificado de nacimiento sólo con mi nombre.

Quiero ver el primer documento donde se refieran a mi bebé como Emma, pero habrá que esperar. Le cuento al abogado que será una Emma y me responde que, para los trámites legales, seguirá siendo Baby Correa.

Cada vez que Mary me dice que sintió una patada o que la bebé no la dejó dormir, se refiere a ella como Baby Correa. Es nuestro código. Mi hija será Emma Isabel el día que nos conozcamos. Cada vez falta menos. Por ahora, me conformo con que sea mi Baby Correa.

Pero le pido que se porte bien, que no mortifique tanto a Mary. Hoy, además de cantarle para que se duerma, le leeré un cuento.

Uno de esos que empiezan con *Había una vez…*

CASI NUNCA ME encuentro en los centros comerciales a padres solos con sus hijos. Tal vez los fines de semana puede verse a alguno, y casi siempre llevan a un niño en lugar de una niña. Si van con una niña de seis, siete u ocho años, ¿cómo hacen si tienen que llevarla al baño?

Ya encontraré la solución. Ésa es una preocupación menor. Vendrán otras. La primera menstruación, escoger la ropa, los peinados, las muñecas, las amigas, los novios. Voy a tener a una bebé que pronto se convertirá en una niña y, sin que nos dé tiempo a pensarlo, en una adolescente. En un abrir y cerrar de ojos, será toda una mujer. Dios mío. ¿Sentirá la ausencia de una mamá? ¿Podremos llegar a ser nosotros padres y madres a la vez? A la hora de dormir, le voy a cantar. Es y será mi rutina nocturna. Le leeré sus historias favoritas. Conversaremos sobre la escuela, sobre lo que aprendió, sobre sus amigos, sobre sus miedos. Vamos a estar muy juntos.

Siempre he pensado que uno extraña lo que pierde. Emma no habrá perdido una madre, ganará dos padres. Sé que hay muchos tipos de familia. Yo mismo tampoco he tenido una convencional. Con amor todo se soluciona, y vamos a estar dedicados a ella todo el tiempo.

Aún no ha nacido y, en la distancia, ese bebé es ya el centro de nuestras vidas.

LAS PATADAS

AGOSTO DE 2005

E L DÍA ANTES DE volar a San Diego para un ultrasonido, debo entrevistar a Ricky Martin. Siento como si tuviera dos trabajos a tiempo completo, el proyecto de Emma y el de editor en la revista.

Nos hemos dado cita en un estudio de Miami Beach. Ya están listos el fotógrafo, la maquilladora y el estilista. Sólo tenemos dos horas para las fotos y la entrevista. Se trata de una edición especial, así que todo debe salir a la perfección. No es la primera vez que me encuentro cara a cara con él, ni la primera vez que responde a mis preguntas. Por momentos soy incisivo, pero él sabe que hay una línea de respeto. He tratado de ganarme su confianza publicando sus declaraciones al pie de la letra y evitando traspasar barreras que pudieran hacer peligrar su privacidad. Joselo, su mano derecha y uno de sus más fieles amigos, me recibe con su habitual camaradería y me comunica que Ricky está listo. Lo percibo alarmado, la fama hace a las personas vulnerables. Una celebridad de su calibre tiene que aprender a desconfiar, cuidarse hasta de su propia sombra. Cualquiera puede traicionarlo. El más cercano puede venderlo sin escrúpulos.

Para romper el hielo, o tal vez porque en estos días me he

vuelto monotemático, le comento mi proyecto. Mi hija nacerá en noviembre, se llamará Emma Isabel. Mary es la madre gestacional, Karen fue la donante del óvulo…

Ricky se queda atónito. No me molesta con preguntas. De hecho, yo le he dado todas las respuestas. Joselo también se muestra asombrado y no deja de felicitarme. Más de la mitad del tiempo programado para la entrevista lo empleamos en hablar de la subrogación y las leyes en California. A partir de ese momento lo sentí mucho más relajado. Respondió mis preguntas con sinceridad, las fotos fluyeron sin obstáculos. Creo que dejé a Ricky un poco perturbado ese día. Llevaba conmigo la imagen del ultrasonido de las dieciséis semanas, pero no me atreví a mostrársela.

Antes soñábamos con que la bebé se moviera. Yo llamaba a Mary cada semana para que me contara si sentía las pataditas, pero ahora no deja de moverse. La pobre Mary dice que hasta que ella no prueba un bocado, la bebé se mueve constantemente. Le avisa si tiene hambre, sed, sueño, o si quiere salir a tomar aire fresco. Con un puntapié controla el universo alrededor de ella.

Mary cuenta cómo su vientre se deforma y pasa en segundos de ser redondo a ser puntiagudo o viceversa. En ocasiones, los movimientos son tan fuertes que se queda sin aliento.

Ya Emma tiene cejas y pestañas, y los latidos de su corazón son cada vez más potentes. Se está quedando sin espacio en el vientre de Mary. Debe estar ansiosa por salir, pero en sueños le pido que tenga calma, que falta poco para que nos conozcamos.

Mary puede palpar su cuerpo, sentir cada movimiento. Cuánto la envidio. A veces siente como si ya quisiese salir, porque su vientre se contrae como si estuviera de parto. Es normal. En mis oraciones, pido calma; todo a su debido tiempo. Y que Emma siga creciendo y desarrollándose, ya estamos en la recta final.

Nuestra amiga Laura llama en la madrugada. Está embarazada. Va a ser mamá soltera.

LAS CONTRACCIONES

CADA HORA QUE PASA confirma que ya soy padre, aunque aún no tenga a Emma en brazos y estemos separados por una placenta, un vientre ajeno y miles de kilómetros de distancia. La distancia es una abstracción. Puedo ya sentirla, hablarle, verla. Nada ni nadie puede separarme de ella.

Emma tiene hoy treinta y dos semanas, pesa alrededor de cinco libras y su pie mide seis centímetros. Va a ser muy grande. La ultrasonidista lo ha confirmado, sonríe y comienza a analizar los latidos del corazón. De ahora en adelante, aumentará media libra por semana, y ya ocupa todo el espacio del útero. También sus uñas están formadas.

Mary ha comenzado a sentir contracciones, las llamadas Braxton Hicks, aunque esporádicas. El médico nos comunica que tiene un centímetro de dilatación. ¿Falta poco? ¿Vamos a tener un bebé prematuro? Por muy desesperado que esté por conocerte, estoy convencido de que debo ser paciente, y más en la recta final. Tus pulmones aún no están desarrollados, y debemos evitar cualquier complicación. De un centímetro de dilatación a los diez que necesitas para nacer, falta un gran tramo. Para la próxima consulta, en una semana, el centímetro de dilatación debe mantenerse. Ni más ni menos, me advierten.

Mary ha llegado a la fase en que se siente cansada. ¿Arrepentida? No creo. Su sonrisa perenne, siempre hablando de su hija, permite ver que está satisfecha. Más bien debe estar deseosa de salir del peso que le ha afectado la espalda, las malas noches y las patadas constantes. Falta poco, es el único consuelo que le puedo dar. Un mes y medio más, y adiós.

Cada semana, el doctor le revisará el cuello uterino, que debe suavizarse, y nos comunicará cuándo estará lista Emma para llegar. Es necesario esperar al menos hasta las treinta y seis semanas. Va a ser prudente fijar la fecha para que el parto sea inducido. Después de que nazcas, tendremos que permanecer al menos diez días en California. Es el tiempo requerido por las aerolíneas para que a un recién nacido le sea permitido volar.

Necesitamos un hotel. O decidir si manejamos contigo hasta Los Ángeles o nos quedamos en San Diego. Hago varias reservaciones en hoteles del área entre el primero y el 14 de noviembre.

Siento que estás a punto de llegar. ¿Estaré preparado? Nunca he cambiado un pañal. Ya nos las arreglaremos.

El Women's Health Center del Sharp Grossmont Hospital es donde vas a nacer. Las habitaciones son privadas y, si el parto no tiene complicaciones, en la misma cama donde Mary va a descansar, nacerás tú. Es un ambiente muy relajado. La familia tiene acceso al parto. Después se pasa a una suite donde permaneceremos dos días.

Allí firmo todos los documentos necesarios y dejo una copia de la sentencia de paternidad, pues el original tiene que estar en mi poder el día del nacimiento. Nos atiende una trabajadora social que nos da un *tour* por las diferentes habitaciones. Ya estamos registrados. Mary es la madre gestacional, ha quedado muy claro, y yo soy el padre con los únicos derechos sobre Baby Correa.

Al pasar por una de las habitaciones de parto, se cierra la puerta y se enciende una luz roja, como la de los estudios de televisión cuando tiene lugar un programa en vivo. Un niño está por nacer. De regreso, la puerta está abierta y se escucha el llanto del bebé. Otra puerta se cierra y otra luz roja se enciende. Mi corazón late con más fuerza. Un hombre llora sentado en un sofá y evita hacer contacto visual con nosotros. La trabajadora social sonríe para aliviar la tensión. Me gustaría saber quién es, qué le pasa, cómo está su hijo.

Calculamos que al menos cinco niños nacieron durante nuestra visita. Gonzalo lo ha filmado todo. Nos sigue con la cámara por cada rincón. Al principio, Mary luce un poco incómoda, pero luego se relaja. Incluso sonríe y posa para él.

A la salida hay una pequeña tienda donde pueden encargarse flores para el día del parto. También hay postales, muñecos de peluche. En la agencia recomiendan regalar una joya a la madre gestacional. Puede ser una cadena, unos pendientes. Creo que lo mejor será comprarle a Mary unos aretes de perlas de Tiffany's. Son elegantes y al mismo tiempo sencillos.

Junto a un arreglo de rosas rojas, recibirá la pequeña cajita azul con el lazo blanco y una dedicatoria a nombre de los tres, porque en ese momento ya habrás nacido, Emma: «A la mujer más maravillosa del mundo. En deuda contigo para toda la vida».

EL ÚLTIMO VIAJE

Hoy cumplo cuarenta y seis años. Mi hija nacerá en unas tres semanas. Mi familia nos despide con una fiesta que es más bien una bienvenida. Todos han traído regalos para Emma. Mañana volamos a San Diego. En La Ideal, una tienda de Miami para bebés, compramos el primer ajuar, el vestidito con que el que Emma saldrá del hospital. La vendedora nos advierte que debe ser amarillo. Es la tradición. Ella tuvo dos hijas, a una la vistió de blanco y «hasta el día de hoy ha tenido muy mala suerte». A la menor la vistió de amarillo, y es una triunfadora. El amarillo es el color de la Virgen de la Caridad del Cobre, la patrona de Cuba. Creo que es solamente una tradición cubana. Compramos unos calcetines, un pantalón, un vestido, un gorro, una manta. Todo amarillo.

No quiero que mi niña entre al mundo con el pie izquierdo. La suerte la va a acompañar. Pasamos demasiado trabajo en su búsqueda, y no estoy dispuesto a cometer un error por azar.

Ha sido un año único. Miro atrás y no puedo creer por todo lo que hemos pasado. Análisis equivocados, agencias olvidadas, donantes sin óvulos, embarazos no deseados, transferencias de embriones perdidas y decenas de miles de dólares.

Pero ya estamos cerca. Aquí, en esta casa, crearemos un hogar. Su cuarto junto al nuestro, sus primeros juguetes, nuestros primeros años juntos.

La casa ya tiene mecedoras, sonajeros, muñecas, vestidos, pañales, sábanas de colores, pequeños aretes de oro, crucifijos de plata, zapatitos rosados.

Nos sentamos en la sala y pongo en el televisor las imágenes que preparé. Las he titulado *En busca de Emma*, y son las fotos de nuestro proceso, el encuentro con Karen, el día que conocimos a Mary, el primer ultrasonido, la primera imagen en 3D, el hospital donde Emma llegará al mundo. La banda sonora es de Nina Simone. Nuestros invitados dicen que nos parecemos. Que tenemos la misma nariz.

Las imágenes desaparecen y la música permanece. Continuará, el próximo capítulo será tu llegada.

Es pasada la medianoche y los invitados no se han marchado. Aún tenemos que terminar de preparar la maleta. Nuestra niña no ha nacido y ya tiene su primer equipaje.

Viviremos en Los Ángeles hasta que podamos traerte a casa. Será otra larga espera. Al regreso, seremos tres. Mi mamá me lo recuerda. La vida puede cambiar en un segundo, y ese instante está por llegar.

MARY TIENE YA treinta y seis semanas. Todavía tiene un centímetro de dilatación, lo cual es normal, y su canal de parto está formado en un cincuenta por ciento. Decidimos inducir el parto el 14 de noviembre. Mary debe llegar al Centro a las 5:30 de la mañana, le administrarán la anestesia epidural y a las 4:00 de la tarde tendré a Emma en mis brazos. El vientre de Mary es enorme y mucho más bajo. Anoche pensó que Baby Correa se saldría a la fuerza, porque no dejó de darle patadas.

Nos instalaremos en un hotel a cinco minutos del hospital

para llegar temprano. Le daremos tiempo a Mary para que se prepare y pasaremos el resto del día con ella hasta que logre los diez centímetros de dilatación.

La madre de Mary, Diana, de Surrogate Alternatives, y Suham, la recepcionista de la clínica, la acompañarán ese día. Suham también está a punto de dar a luz. Es la cuarta vez que lleva al hijo de unos padres de intención. En uno de los partos tuvo mellizos.

Regresamos a Los Ángeles; trabajaré desde la casa de Esther María. Tendré que concentrarme para editar los artículos de la revista, y quiero dejar coordinadas al menos dos portadas, porque a partir del día en que mi hija nazca me desconectaré de la oficina por dos meses.

Marisela, la otra hermana de Gonzalo, y Fabrizio, su esposo, vinieron desde Italia. Marisela es actriz y va a actuar con su grupo en el Festival Internacional de Teatro Latino de Los Ángeles. Ellos irán con Esther María y Néstor a San Diego el día del nacimiento. Mi hermana vendrá a quedarse con nosotros en el hotel para ayudarnos. Mi mamá nos esperará en Miami.

Hemos decidido que, dos días después del parto, nos iremos a un hotel en Arcadia, cerca de la casa de Esther María. Habíamos planeado quedarnos cerca de Mary, para que la separación no fuera tan abrupta, pero luego hemos pensado que nos sentiríamos incómodos, tanto ella como nosotros.

Una posibilidad era que Mary se extrajera la leche materna para alimentar a la bebé durante los primeros días y la combináramos con la fórmula. Ya veremos el 14 de noviembre. Por ahora, sólo nos queda esperar.

En estos días, Mary está más sensible. Nos mantenemos comunicados todo el tiempo. Nos cuenta cuánto se movió la bebé por la noche, si la dejó dormir, la acidez que le provoca. Cualquier cosa que coma la llena demasiado y todas las noches su hija le canta a Baby Correa para que se duerma. Yo también. No he dejado de hacerlo.

EL DÍA ANTES

HOY ES LA ÚLTIMA noche. Mañana seremos tres.

Cierro los ojos y veo el océano frente a mí. Me despierto en el pequeño cuarto oscuro de un hotel. Al volver a cerrar los ojos, me veo olvidado en la arena de una playa vacía.

Caminaba descalzo por la orilla. Trataba de buscar a mi hija en el horizonte sin poder distinguirla. Las olas me lo impedían. Cada vez que creía encontrarla, el acompasado movimiento de la enorme masa azul la borraba de mi vista. En un momento, logré divisarla. Me esperaba, flotaba a la deriva.

Me quité la ropa y nadé por más de una hora. Me faltaba el aire. El agua estaba helada y era tan densa que en un momento dejé de sentir el cuerpo. Mis brazos ya no tenían fuerzas, mi corazón palpitaba con debilidad, estaba por perder el pulso. Los ojos comenzaron a nublárseme y, en ese instante, logré alcanzarla. Ella me miró y sonrió. No podía definir su rostro. Sus rasgos eran más precisos en la distancia; de cerca, se desvanecía.

Ambos sentimos que el esfuerzo había valido la pena. Me miró compasivamente, mi hija se compadecía de mí. No hablamos. No necesitamos decirnos ni una palabra.

Las olas habían cesado y flotábamos sin dificultad. Eran alrededor de las cuatro de la tarde. Al menos no hacía frío. Estábamos solos. Nadie podía rescatarnos.

El reto ahora era regresar a la orilla.

Trato de enfocarme en la escena y no veo el final. Estoy en medio del océano con mi hija, acabada de nacer. No hay vuelta atrás. Estamos juntos, aunque nuestro destino sea quedarnos a la deriva.

Buscarla ha pasado a ser parte de una zona nebulosa. Los años del desasosiego han llegado a su fin. Emma va a ser mi realidad, no mi sueño. He aprendido a cicatrizar sin que queden marcas. Las pesadillas, las olvido. Lo importante es que, dentro de unas horas, voy a tenerla en mis brazos.

DEBO DECIDIR QUÉ ropa voy a ponerme al despertar. Es preciso ensayar para que no haya ningún error. Primero, qué voy a decir al verla por primera vez. Quiero que escuche mi voz tan pronto como nazca. Quiero aprovechar que tendrá los ojos bien abiertos para mirarnos por unos minutos y reconocernos.

En ese preciso momento, cuando esté bien cerca de mí, le diré al oído que soy su papá, que hice todo cuanto estuvo a mi alcance para traerla al mundo desde que la soñé, la última noche del siglo pasado, y que nunca me separaré de ella. Le mostraré a Mary, y nos despediremos de ella. Algún día, cuando sea más grande, le contaré cómo fue que la concebimos con la ayuda de dos maravillosas mujeres. Pero para eso falta todavía mucho tiempo.

Entonces le pediré que cierre los ojos y descanse del esfuerzo que habrá hecho para desprenderse del vientre de Mary. Le cantaré bajito, los labios muy cerca de su carita. Al despertar me verá, porque ahí estaré, como siempre.

Duérmete, mi niña, duérmete, mi amor, duérmete, pedazo de mi corazón.

EL ENCUENTRO CON EMMA

Hoy nos vamos a conocer. Dice el doctor que sobre las cuatro de la tarde. Así, como si nada, como si todo se hubiese decidido ayer. La realidad es que han sido años de búsqueda, a veces casi hasta el desfallecimiento, en ocasiones sin esperanzas de encontrarla, pero con la certeza de que al final la tendría en mis brazos. Y hoy es el día. Aún no puedo adaptarme a la idea. Entrar al hospital con las manos vacías y salir con ella.

He practicado qué le voy a decir; trato de imaginarme cómo reaccionará a mi voz. Llevo una camisa roja, para nuestra buena suerte. ¿Acaso puede ya distinguir colores? ¿O aún es muy pronto?

Son las siete de la mañana y ya Mary está en la cama, ha «roto la fuente» y la epidural está lista. Su madre está a su lado. Gonzalo y yo somos como dos desconocidos que esperan.

¿Cómo se sentirá Mary después haber tenido a mi bebé por nueve meses en su vientre? ¿Estará lista para entregármelo, para dejarlo ir? Gonzalo tiene preparada la cámara de fotos y video. Está feliz.

Dos centímetros. Con la fuente rota, cuatro centímetros. A

cada hora, un centímetro más de dilatación. Emma nunca me ha escuchado. ¿Reconocerá tan sólo la voz de Mary?

La enfermera regresa, y después de otra extenuante contracción, la dilatación llega a cinco centímetros. No me desconecto del teléfono. En Miami, mi hermana y mi mamá están tan al tanto de la dilatación y los latidos del corazón como lo estoy yo. Seis centímetros. Mi hermana dice que de seis a diez centímetros se llega más rápido. A los diez, ya Emma estará lista para el impulso final, salir y gritar para llenar de aire sus pequeños pulmones.

Me dicen que está bien colocada, de cabeza, en el canal de parto.

Siete centímetros. Nunca antes contar había sido tan agotador.

Cada vez que Mary tiene una contracción, la hora cero se acerca más. Estoy junto a ella y puedo percibir el esfuerzo. La cabecita del bebé asoma y regresa. Con cada intento, el impulso es mayor. En esta batalla estamos juntos. Y sé que ella también quiere salir a conocerme.

Ocho centímetros. Los latidos de su corazón son cada vez más sonoros.

A pesar de la gran expectativa, todos estamos tranquilos. Mary se ve cansada, y aún no ha llegado el momento decisivo. Su madre se mantiene a su lado, revisa cuentas, teje. Es la primera vez que la vemos. Recuerdo que, al principio, estuvo en desacuerdo con que Mary fuese una madre de subrogación. Al final, le dijo que era su decisión, pero ahora está junto a ella.

Nueve centímetros. Entramos en la recta final. Salgo de la habitación, recorro el largo pasillo y escucho el llanto de los recién nacidos.

Diez centímetros. Debo volver adentro, junto a Mary. Una contracción y ya puedo ver la cabellera negra. Otra contracción y parece que va a salir. ¿Dónde está el doctor?

La enfermera continúa con el trabajo de parto y, de repente, aquella habitación apacible comienza a transformarse en un pequeño salón de operaciones. Me advierten que no puedo tocar nada que esté cubierto con un paño azul. Llega el doctor, la neonatóloga se acerca con una incubadora. Todo está listo.

—¿Quién va a cortar el cordón umbilical? —pregunta el doctor mirando a su alrededor, y se sorprende al verme llorar.

No puedo contestar. Gonzalo me advierte que me lo voy a perder, pero no puedo dejar de llorar aunque lo desee. Quiero, por el contrario, mostrarle a mi hija lo feliz que soy.

Me ubico a la izquierda del doctor, listo para cortar lo único que la ata a Mary.

Ya estamos en la etapa final. En un instante, todo se paraliza en la habitación. Percibo el rostro grave del doctor y del equipo, preparado para cualquier emergencia. Esos segundos son eternos. Yo estoy desorientado. Quiero estrechar la mano de Mary, pero no me atrevo. Su madre le seca el sudor de la frente. Mary, con todas sus fuerzas, contrae el rostro, sostiene el aliento, exhala un quejido leve y aparece su carita, toda arrugada.

Ahora les toca a los hombros, y luego los brazos y las piernas salen casi al mismo tiempo.

Se escucha un llanto suave. Espero el grito, la alerta, los pulmones llenándose de aire.

Corto el cordón y el doctor me muestra el milagro:

—Es una hermosa bebé —dice, mientras la neonatóloga la toma en brazos para limpiarla, pesarla, vestirla.

—Siete libras y siete onzas —declara.

—Número de suerte —agrega el doctor con una amplia sonrisa.

Ahora la recién llegada comienza a llorar con todas sus fuerzas y la neonatóloga asegura que era ése el sonido que esperaba. Adopta una expresión de enojo que hace reír a la enfermera.

—¡Emma, eres una *drama queen*!

Me colocan el brazalete con el nombre de mi hija en la muñeca izquierda. A Gonzalo también.

Mary nos mira complacida. Su madre comienza a llorar. Acaricio la cabeza de Mary para transmitirle nuestro agradecimiento.

Y por primera vez, envuelta en la usual sabanita para recién nacidos, la tomo en brazos.

—Bienvenida, Emma. Soy tu papá —musito en su oído, con la voz quebrada—. Te quiero con toda mi alma desde el día en que te soñé.

Sus enormes ojos abiertos me observan como si entendiese lo que le susurro. Como si reconociera la voz que le cantó durante meses desde el otro extremo del país.

Gonzalo no deja de filmar, nos abrazamos y le digo a Emma:

—Gonzalo es también tu papá…

Ella permanece con la vista fija en mí, y me dirijo a un rincón de la habitación para contemplarla con calma, delinear su rostro, dejar que sus manitas aferren mi dedo como si no quisiera dejarme ir.

Llegan el esposo de Mary y su hijita, mientras nosotros continuamos aislados, a la espera de que nos den nuestro cuarto en el hospital, hasta que finalmente nos despedimos de Mary y su familia.

Ahora estamos solos y la revisamos, cambiamos su primer pañal mientras ella hace pucheros y nos mira como asombrada. Le doy la primera toma de leche, que bebe con entusiasmo.

Cuando llega la trabajadora social, completamos toda la información para el certificado de nacimiento: «Nació el 14 de noviembre de 2005, en La Mesa, California». Escriben su nombre, Emma Isabel Correa. Escriben mi nombre, Armando Lucas Correa. Y en la sección donde debe aparecer el nombre de la madre, sólo una palabra: «Desconocida».

ANNA Y LUCAS

CUATRO AÑOS DESPUÉS

Cierro los ojos y vuelvo a ver el océano frente a mí. No puedo creer que, en pocas horas, seremos cinco. Cuando despierto, estoy a treinta mil pies de altura, lejos de Emma. Anna y Lucas están por nacer, o quién sabe si han nacido ya. Y yo, volando entre Nueva York y San Diego, en un punto equidistante de mi hija y de mis nuevos bebés, rodeado por más de doscientos desconocidos a quienes no les puedo gritar que mis mellizos están llegando al mundo.

Ya sé que todo puede cambiar en un segundo. No hay dudas. Hoy, mi vida dará un giro de ciento ochenta grados. Todos los planes se han deshecho, Anna y Lucas deberían haber nacido el 30 de diciembre, dos semanas antes de las cuarenta reglamentarias por ser mellizos. Mary se sentía bien, ha hecho un embarazo sin grandes contratiempos y hoy, domingo, 13 de diciembre, todo cambió. Al despertar, y siguiendo mi rutina diaria, reviso mi teléfono y veo una llamada perdida de Mary. Trato de comunicarme y me responde su máquina contestadora. Busco el teléfono de Gonzalo y veo que él también tiene una llamada perdida. Algo está pasando. Es demasiado temprano para ella, que vive en el horario del Pacífico. ¿Allá serán las seis, las siete de la mañana…?

Definitivamente, tengo que encontrarla. Despierto a Gonzalo para decirle que algo sucede, que insisto en localizar a Mary sin conseguirlo. Cuando más necesario es, menos funciona el teléfono. No tiene cobertura. ¿Qué hago?

Al fin, Mary contesta.

—Me levanté mojada. No mucho, pero creo que rompí la fuente. Llamé al doctor y me ha dicho que vaya para el hospital. No te preocupes, me siento bien, los niños se mueven, pero no tengo dolor, y por el momento, nada de contracciones…

Me siento y respiro profundo. Es preciso conseguir un pasaje lo antes posible para San Diego. Toda la familia tenía planes de volar el 20 de diciembre, habíamos reservado el hotel cerca del hospital, y una casa alquilada en Pasadena para cuando los bebés salieran de alta. Vendrían mi mamá, mi hermana, Ibis, las hermanas de Gonzalo y sus esposos. Toda la familia celebraría el fin de 2009 con la llegada de Anna y Lucas.

El programa ha cambiado de improviso. Corro a la oficina, debo terminar mi columna editorial para la revista. Estamos en cierre. O sea, tengo que dejar aprobadas todas las páginas y la portada antes de irme. Le escribo una nota a mi jefa y a mi equipo: «Mis hijos están por nacer».

Mary pudo llegar al hospital. Lucas rompió la fuente, pero Anna todavía no. Todo está bajo control, pero ella no cree que los médicos esperen hasta mañana para practicarle la cesárea.

Consigo un vuelo directo a San Diego desde Newark, sale a las seis de la tarde. Apenas tengo tiempo de preparar una maleta y salir para Nueva Jersey.

Esther María, la hermana de Gonzalo, y Néstor, su esposo, van manejando de Los Ángeles a San Diego y estarán con Mary en caso de que sea necesario practicarle una cesárea de emergencia.

—¡Que esperen por mí, por favor! —le imploro a Mary, y ella, calmada como siempre, me relaja con su voz dulce.

Son las seis de la tarde y mi vuelo está por salir. En el momento del despegue, recibo una llamada de mi amiga Norma Niurka.

Hace dos años que Norma batalla contra el cáncer, y hablamos casi todos los días. Cada vez que la ingresan me llama, como para despedirse. Me habla bajito, y se pone feliz al saber que los mellizos están por nacer. Me dice su habitual: «Ay, Mandy...», y suspira. Debo cortar, el avión comienza a tomar altura.

Cinco horas y media más tarde, aterrizamos en San Diego. Es de noche y lo primero que hago es revisar mi teléfono, esperando encontrar noticias. Sí, ya los bebés nacieron, Lucas pesó 6,1 libras, y Anna 5,9. Esther María no ha podido verlos, porque sólo le permiten al padre entrar a la NICU (Unidad Neonatal de Cuidados Intensivos, por sus siglas en inglés). No le permitieron entrar ni a Mary.

Me dirijo hacia la entrada principal del aeropuerto, y desde lo alto diviso a Esther María y Néstor, que me van a llevar al Hospital Sharp. Otra vez el recorrido hacia La Mesa, esta vez con una ansiedad que no puedo controlar. Ya estamos llegando, falta poco y pienso en mis hijos, solos en un salón, sin ningún familiar a su lado.

Al llegar a la puerta, Esther María busca a la asistente.

—¡Él es el padre de los mellizos!

La mujer sonríe y me felicita mientras me coloca dos brazaletes: Baby Correa 1 (niño) y Baby Correa 2 (niña).

Entro a la carrera y ahí están: Anna, dormida y respirando con suavidad bajo una lámpara que le da calor. Lucas, lleno de cables y rodeado de monitores que controlan los latidos de su pequeño corazón. Pelea por llenar de oxígeno sus pulmones prematuros, y su pecho se hunde como tratando de succionar todo el aire que haya en la habitación. Le han colocado en la cabeza un casco que lo ayuda a respirar. No puedo verlo, no lo reconozco. ¿Es ése mi hijo?

—A la niña te la podrás llevar en unas horas, después de su primera toma de leche. El niño debe quedarse en observación —me comunica la enfermera sin mirarme, para evitar cualquier reacción.

En estos momentos, soy como el espectador de una película en la que no participo, al menos por ahora. Todo ha transcurrido demasiado rápido.

Esther María y Néstor deben regresar a Los Ángeles. Mary está en otro edificio. Me dicen que está bien, aunque perdió un poco de sangre y tuvieron que ponerle dos transfusiones. Hablo con ella por teléfono, está adolorida, ahora necesita descansar.

Pasada la medianoche me entregan a Anna, que es mínima. Se acomoda en mi brazo y le doy la primera toma. Logra beber casi una onza.

—Es tuya. La puedes llevar a tu cuarto —me dice la enfermera, que ahora sí me mira, porque quiere ver mi expresión de felicidad. La acuesto en el cunero donde la van a transportar y me quedo por unos segundos observando a Lucas.

Aquí estamos, de nuevo en una habitación del hospital en el que Emma llegó al mundo. Revivo aquel día, la felicidad que fue verla y oírla llorar por primera vez. No pude estar aquí para la llegada de Anna y Lucas, pero aquí tengo a mi bebé pequeñita, y cuento las horas para que todos la conozcan.

Comienzo a hablarle, le cuento de Emma, de Gonzalo. Estamos solos, en el cuarto en penumbras.

Al amanecer, Marta, una enfermera que me recordaba desde el nacimiento de Emma, me dice que puedo dejar a Anna con ella para ir a ver a Lucas.

—Pasó la noche muy mal. Vamos a tener que entubarlo para

ayudarlo a respirar. Si no lo hacemos, podría dejar de respirar por cansancio —me explica la doctora mientras manipula la parafernalia que rodea a mi hijo.

El martes le darán el alta a Anna. Esther María y Néstor vendrán a ayudarme a mudarnos a un hotel cercano. Lucas tendrá que permanecer en la NICU. El miércoles, mi hermana e Ibis estarán aquí para ayudarme. Me cuesta mucho pensar que voy a dejar solo a Lucas, entre desconocidos. Hasta ahora estábamos en el mismo edificio, ahora vamos a estar separados. Aún no he podido decirle: «Soy tu papá, Lucas, y te quiero con toda mi alma». Lo más que pude hacer fue tomar su manita, no quiero arriesgarlo con mi contacto. Quiero que se ponga bien, que gane fuerzas, que madure para estar junto a su hermana y junto a mí.

Gonzalo y Emma van a tratar de adelantar sus boletos y vendrán el fin de semana. El martes por la mañana, la doctora me llama por teléfono.

—Lucas no está bien —me dice, y hace silencio. Una de esas pausas que los médicos acostumbran a hacer cuando están por dar una mala noticia—. Vamos a tener que colocarle un tubo directo al pulmón para que drene. Lo tiene lleno de líquido.

Llamo a mi hermana y no puedo hablar, el llanto no me lo permite. ¿Qué hago? Estoy desesperado, tengo que estar con Anna, no puedo dejarla sola y Lucas, ahí, en manos de una doctora que intenta salvarle la vida y en la cual tengo que confiar a ciegas.

Norma me llama. Le digo que estoy solo, que Lucas está muy débil, que no lo conozco aún.

—Cómo me gustaría estar contigo, ayudándote —me responde mi amiga—. Mándame fotos tan pronto como se tomen una los cinco juntos.

Su voz parece apagarse, como si buscara todas sus fuerzas para articular cada palabra. Sé que a Norma también le cuesta trabajo respirar, que sus pulmones están trabajando a un treinta por ciento de su capacidad, que se llenan de líquido y hay que drenarlos constantemente. Me despido y ella continúa ahí, al otro lado del auricular, como si quisiera acompañarme junto a Anna y darme aliento.

—Lucas es fuerte, créeme —dice. Y claro que le creo.

La habitación del hospital, con paredes revestidas de madera, es enorme para nosotros dos. Anna parece aún más pequeña en este espacio. El cunero de Lucas está vacío, esperando por él. En la NICU, la doctora se dirige a mí sin mirarme a los ojos.

—No podemos tener a ningún bebé entubado por más de dos días —y no me explica nada más—. Si mañana no respira por sí solo, tendremos que trasladarlo a otro hospital.

Anna y yo nos mudamos a otro hotel, uno que está a cinco minutos de Lucas. La primera noche, la pasamos solos. ¿Desde cuándo no duermo una noche completa? Es necesario alimentar a Anna cada dos horas, y el proceso de tomar la leche puede durar una. Mi hermana e Ibis llegan al día siguiente para que yo pueda pasar más tiempo con Lucas. Ibis me acompaña al hospital para saber cómo sigue. Él va a respirar por sí solo. Vamos, Lucas, tú puedes. Ten fuerza. Discúlpame por hacerte sufrir. Nunca imaginé que te adelantarías. Pensé que te quedarías dentro de Mary hasta estar listo para respirar afuera. Vamos a ganar juntos esta batalla.

—Una ambulancia va a trasladar a Lucas al Hospital Mary Birch, en San Diego —me informan; y recibo la noticia como una bofetada.

La doctora continúa manipulando a Lucas, veo tubos que entran y salen, agujas que cambian de lugar, sueros que se vacían y se cambian por otros.

—El hospital está a treinta minutos de aquí. Es posible que necesite una transfusión de sangre.

Estoy sentado frente a Lucas, me aferro a su manita y la enfermera me entrega una foto que le tomaron en la NICU, su primera imagen. Me permiten despedirme, me acerco a él por primera vez, puedo sentir los latidos de su corazón y le digo que nunca nos vamos a separar, que toda la familia está pensando en él. Permanezco desorientado en la sala del hospital, y vuelvo a la realidad cuando me hacen firmar un documento que aclara que Lucas puede morir en el traslado al otro hospital, que ellos no son responsables.

Con los paramédicos, voy llorando detrás de Lucas. Las personas que esperan en el *lobby* del hospital me miran desconcertadas.

Una enfermera me abraza y me asegura que Lucas va a estar bien, pero yo sigo llorando. Sé que se va a curar, no lo dudo, pero me angustia verlo sufrir.

Llegamos al nuevo hospital, donde la NICU es un salón enorme, con más de sesenta niños. Los cuneros están alineados, uno junto al otro. Lucas tiene a una única enfermera dedicada a él veinticuatro horas.

—Sus pulmones están limpios —me dice—. Lo más seguro es que mañana lo desentubemos.

Han comenzado las buenas noticias. Dios mío. Finalmente, mi hijo evoluciona. He visto su cara por primera vez. Comienzo a reconocerlo.

Al día siguiente llega mi madre y vamos juntos a ver a Lucas. Me permiten cargarlo y tengo la impresión de que hubiera nacido hoy. Aún tiene unas agujas en el ombligo por donde lo alimentan, pero pude tenerlo en mis brazos durante tres horas seguidas. No lo podía creer.

Con timidez, le pregunto a la enfermera, que comienza a bañarlo con un paño húmedo, cuándo piensa que le darán el alta.

—Calma —me advierte—. Es un proceso lento. Queremos

que cuando salga esté bien. Creo que en unos días podrá pasar a un salón de cuidados intermedios. Allí estará en una cuna.

ME PARECÍA UNA eternidad el tiempo que estuve separado de Emma. Estoy en el estacionamiento del hotel esperando que llegue. La veo salir del auto con Gonzalo y correr hacia mí. Todavía no permiten que vaya a visitar a Lucas, pero se quedó extasiada ante Anna. La miraba como preguntándose: «¿Y ésta es mi hermanita?». Pronto reirá sólo de verla. Pronto le tenderá los brazos. Pronto será su hermana mayor, la adorará y la importunará. Se harán reír y se acompañarán.

Lucas pasa a cuidados intermedios. Le di su primera toma de leche y la devoró. Traga y respira a la perfección. Ya estamos en un salón con bebés que aparentan estar saludables. Pronto nos iremos a casa, o más bien al hotel que será nuestra casa por varias semanas más.

Dos días antes de las Navidades, le dan el alta a Lucas. Gonzalo viene a buscarme con Emma. Lucas desborda ternura.

Cenamos todos, en familia. Esther María y Néstor prepararon y trajeron desde Los Ángeles la comida tradicional de Nochebuena y se quedaron a dormir en el hotel. Al siguiente día, lo primero que hice fue vestir a los bebés con ropa navideña, Anna de rojo y Lucas de verde. Nos tomamos la primera foto de los cinco juntos y se la envío a mi amiga Norma, que aún debe estar en el hospital: «Feliz Navidad. Nos veremos pronto. Aquí va la foto que te prometí».

Esa imagen le dio la vuelta al mundo. Los mellizos Anna y Lucas han nacido y están bien. La pesadilla ha pasado. Estamos todos en familia.

Alrededor de las tres de la tarde, recibo una llamada de Luisito, el hijo de Norma.

—Se nos fue —murmura—. Norma se nos fue.

No entiendo lo que dice. Tengo a Lucas, en mis brazos, alimentándolo. ¿Qué me quiere decir?

—Norma se murió —la voz de Luisito se quebranta.

No puedo preguntar más. Reproduzco en mi mente la última llamada, su despedida. Ella sabía que sería la última vez que hablaríamos y no le di el tiempo necesario, tampoco la llamé de nuevo. Estaba sumergido en mis propios problemas, con Lucas luchando por su vida.

—Norma se nos fue —repito, adoptando el mismo código de Luisito.

Irse. Marcharse. Uno se va sin despedirse. Así se alejó Norma. Les comunico a todos la noticia. Ellos enseguida comprendieron.

NOS MUDAMOS A un hotel en San Diego, como estaba planificado desde el inicio. Las hermanas de Gonzalo y sus familias se nos unen. Allí esperaremos el año nuevo. Luego iremos a la casa que alquilamos en Pasadena hasta que podamos volar con nuestros recién nacidos.

EL 10 DE enero, casi un mes después de haber nacido Anna y Lucas, entramos a un avión camino a casa. Somos seis, mi mamá nos acompaña. Gonzalo va sentado con Anna, mi mamá con Emma, y yo con Lucas.

Los problemas han quedado atrás. ¿Quién se acuerda de los días en la NICU? A veces pienso que me quedé sin lágrimas.

Mary viene a despedirse, con sus hijas. Ya está recuperada, ella es fuerte. Se alegra de poder al fin conocer a Lucas, porque al nacer, se lo llevaron de prisa, mientras que de Anna sí pudo despedirse. Ahora le da un beso, el último.

¿Qué siente Mary? ¿Cómo puede sobrellevar la separación de esos bebés después de haberlos tenido nueve meses en su vientre? Cuando la vimos en Miami, embarazada de seis meses con los mellizos, pude entenderla mejor.

—No todo el mundo puede ser madre gestacional —me explicó—. Yo sé que estos niños no son míos, sino de Armando. Me siento feliz de haberlo ayudado a crear su familia. Ahora bien, tanto Emma como Anna y Lucas, serán siempre parte de mi vida, aunque no los vea. Sé que están ahí, en buenas manos.

EL AVIÓN VA a aterrizar. Es de noche, hay frío, la temperatura está bajo cero. Miro por la ventanilla y es como si me enfrentara a una nueva vida. Le doy un beso a Lucas, le doy un beso a Anna. Emma viene hacia mí y me abraza, también la beso. Sigue abrazada a mí y me mira, con los ojos bien abiertos, con su habitual sonrisa. Ambos miramos a través de la ventanilla las luces de los aviones que despegan, le tomo la mano y nos preparamos para salir. El avión parece infinito, vamos a ser los últimos. Ya en el aeropuerto, Emma se deja caer sobre mí y la sostengo como si aún fuera mi bebé. Lucas y Anna abren los ojos y nos observan, con detenimiento. Emma les sonríe.

—Ahora somos cinco, papá —dice, y me besa.

Éste será un largo camino juntos.

CARTAS

Emma:

Te voy a contar una historia.

Unos días antes de que nacieras, mientras esperábamos felices tu llegada, algo mágico me ocurrió. Una luz entró por mi chakra corona (el chakra que tú conoces) y desperté. Me inicié al mundo espiritual, empecé a descubrir algo que yo no conocía, comencé a encontrar a Dios.

Por esa luz mágica comprendí lo maravillosos que somos los seres humanos, lo que podemos lograr a partir del Amor, el Amor incondicional, el Amor Universal. El Amor es la puerta que nos conduce hacia la felicidad, la paz interna. Tú eres una creación del Amor de tus papás, y por eso eres tan excepcional.

También por esa luz entendí que cuando un bebé nace, lleva adentro un Ser Divino, su alma, que escoge a la familia con quien desea vivir esta experiencia física en el planeta Tierra (el planeta donde vives), y por lo tanto escoge el cuerpecito que le va a servir de refugio. Por eso, te estamos muy agradecidos por habernos seleccionado como familia.

Percibí que los bebés nacen con mucha sabiduría y que pueden ayudar a sus padres con su conocimiento. Tus papás lo comprenden, y te dan la oportunidad de que lo desarrolles a plenitud.

Mantén la conexión con tu Ser Divino Interior y, de esa forma, siempre estarás cerca de la Energía de la Fuente creadora de los mundos, y tu vida será tan maravillosa como lo desees.

Ésta es la historia que te quería contar.

A tu nacimiento, al igual que al de tu primo Fabián, los considero un regalo que Dios me dio.

Abuelita Niurca

Emma bella:

Cuánta alegría, ternura y paz me ha dado ese nombre que lleva una personita tan especial, tan dulce, risueña y feliz: tú, mi nieta. Llegaste a mi vida sin jamás pensarlo. Has sido un regalo de Dios. Al saber que venías al mundo me sentí consternada, no entendía cómo podía acontecer tu nacimiento. Después pensé en la felicidad que ibas a darles a tus dos papás y comprendí que tu llegada sería para ellos y todos los que te queremos una gran felicidad.

Siempre llevaré dentro de mi corazón el caluroso recuerdo de los treinta días que estuve a tu lado. Me tomabas por el brazo y me llevabas de la mano a la cocina, temprano en la mañana, para que te preparara el desayuno. Con qué gusto pasábamos ese rato las dos juntas. Cantábamos canciones de niños que tú apenas lograbas articular. Quizás mis años futuros no me permitan disfrutar de tu crecimiento, ya que has llegado en el ocaso de mi vida a darme calor, ternura y dulzura al recordar los momentos vividos junto a ti.

Cuando pase el tiempo y ya no esté entre todos ustedes, espero que algún día pienses en esta abuela que te ha querido y recordado siempre. Si ves en una noche estrellada una luz, soy yo que te miro y te bendigo.

Tu abuelita Cuqui, de Cuba

Emma, mi princesita:

El día que naciste fue muy esperado. Por mucho tiempo te vimos crecer en fotografías y películas. Papá nos enseñaba tu día a día en la barriguita de Mary. Entonces el amor también creció y se hizo tan grande que ahora no podemos ver dónde termina.

Pienso mucho en ti y algunas veces me sorprendo jugando contigo. Aprovecho para decirte lo mucho que te quiero y me pregunto cómo atraer tu atención al menos por un ratico.

¿Si decidiéramos juntas qué hacer para divertirnos?

Correr por el parque, eso nos gustaría. Pero sería todavía mejor si nos acompañaran Fabi y tu abuela Niurca. ¿Qué tal si le decimos a Pcpi y a Papá que vengan? Le pediría a tía Ibis que traiga a Simpson —¡entonces sí que nos vamos a divertir!—. Llevamos una pelota o globos, un papalote, nos acercamos al lago y le damos pan a los patos. A ellos les encantaría que les dieras pan, y claro, de ese pan comeremos nosotras también.

¿Sabes qué podemos hacer después? A ver, piensa qué te gustaría. Preparar un picnic en la hierba, hacer té, llevar galletitas.

Podemos hacer muchas cosas divertidas como jugar dominó, o quizás armamos un rompecabezas.

Mientras, te propongo comenzar a leer un libro muy largo, tan largo que podría llegar a esconderse detrás del sol. Iremos página por página y demoraremos mucho en terminarlo, así que tendremos que organizar varios picnics para juntas disfrutar de ese libro que se titula En busca de Emma. ¿Viste? Se llama igual que tú, y yo creo que nos va a gustar.

Invita a Papi y a Papá, yo se lo diré a Fabi, a tu abuela, a tía Ibis, ah, y claro, a Simpson. Vamos a leerlo en el parque, entre tacitas de té y galletitas. También invitaremos a Leonorcita, a Valentina, a Naomi, a Gusti, a Emily, a Antón, tus primos y amiguitos de Miami.

Con todo mi amor, te abrazo y salto de alegría mientras espero para leer tu libro y correr juntas por el parque.

Tía Sahily

Mi querida primita Emma:

Ha pasado mucho tiempo desde la última vez que te vi. Cada vez que vienes a visitarnos, me sorprende cómo cambias.

Has pasado de ser un bebé a una niña muy rápido. Ya han pasado algunos años desde que nos conocimos, bueno, unos cuatro.

Ha pasado mucho tiempo y en estos momentos debes estar inmensa. Ahora nos encanta hacerte cuentos, verte fascinada, pero en cualquier momento tú vas a ser la que nos estará contando historias.

Te quiero mucho, desde el primer día que te vi en los brazos de tu papá, cuando te trajo de San Diego con sólo once días de nacida.

Tu primo grande, Fabi

Querida Emma:

Hay tantos niños en el mundo como sueños, porque cada niño es el sueño de sus padres convertido en una pequeña personita que crece y crece, hasta hacerse grande.

Y tú eres un gran sueño tejido por tus padres.

Desde el instante en que abriste los ojos por primera vez, la tolerancia y el amor se fundieron en una fiesta de colores que iluminó el cielo de California.

Yo lo vi porque estuve allí en esos días de otoño, cuando tu carita se asomaba al mundo con «escorpiónica» sutileza para saludar a quienes esperábamos con ansias tu llegada.

Fuiste concebida desde la felicidad y para ser feliz.

Por eso, si alguna vez te sientes triste, lo único que tienes que hacer es mirar al cielo o pintar un arco iris.

Allí encontrarás el justo sentido de la palabra tolerancia.

Con mucho amor,

Tía Ibis

Emma, bonita:

La noche del día en que naciste, la tía Mari y el tío Fabrizio, tío Néstor y yo viajamos a un lugar que se llama La Mesa para conocerte. Andábamos medio perdidos en la carretera, muy nerviosos porque no queríamos llegar tarde a la clínica. Pero llegamos tarde y nos dijeron que *no podíamos pasar. ¡Eran las diez de la noche! Por suerte, tu papi habló con las enfermeras y les contó que veníamos desde lejos y que no haríamos ruido y que nos íbamos a portar bien. Entonces, nos pusieron unos brazaletes amarillos y nos dejaron pasar.*

En la habitación había poca luz y estaba tu papá sentado en un sillón al lado de tu cunita, mientras tú dormías. Eras tan chiquitica y tan bonita que nos quedamos mudos mirándote. Y después te vimos despertar un poquito, tomar leche, volver a dormirte. Parecíamos unos bobos: mirándote y mirándote y tomando muchas fotos, como si fueras una persona muy famosa. En ese momento, tú eras para nosotros la persona más famosa y más importante del mundo. Nuestra primera sobrina, la niñita que todos esperábamos y que por fin podíamos conocer.

A veces, cuando uno está muy contento, llora. Es un poco raro, pero es así. Y todos los tíos llorábamos un poquito por la alegría de verte y por la alegría de ver lo contentos que estaban tus papás. Te cargábamos con mucho cuidado y hablábamos muy bajito para no despertarte.

Cada vez que te veo, ahora que ya eres una niña grande, me viene a la mente aquella noche. Aunque ya sabes muchas cosas, muchas letras, muchos números, cantar, bailar y hacer cupcakes, los tíos te vemos todavía como la pequeña Emma. Por eso siempre decimos: «¡Pero qué grande está esta niña! ¡Cómo sabe!». Y nos ponemos tan contentos como si te hubiéramos acabado de conocer.

Un beso bien grande,
Esther María, la tía de California
(y otro de mi perra Henna, que se divierte mucho contigo)

Mi muy querida Emma:
Eres una niña bella, brillante y simpática de tres años. La belleza de tu pelo es rara vez mostrada en otra cabeza.
El que a tu prematura edad preguntes «cuántos ángulos tiene un

círculo» muestra con vehemencia tu superior inteligencia, principalmente a una profesora de Matemáticas, como yo lo he sido por muchos años.

La coquetería con que seleccionas a diario la ropa y los accesorios con que te vas a vestir, la precisión que muestras en tus pasos de ballet y otros muchos ejemplos que yo podría enumerar, son indicativos de tu gran simpatía.

Pero no sólo por lo anteriormente indicado te quiero, te admiro y eres muy importante en mi vida: la felicidad que creas en tu padre Gonzalo (a quien quiero no sólo como a mi ahijado que es, sino como si fuera mi propio hijo) hace que seas un muy importante ser humano en mi vida.

Continúa brindando placer en tu vida y en la de las otras muchas personas que te rodean y te quieren: tu padre Mandy, tus múltiples abuelitas y tías, amiguitos y muchos más.

Espero que por el resto de mis días continúes ligada a mí como siempre se ha mantenido tu padre Gonza.

Tu «abuelita» Lydia

Emmita querida:

Del otro lado del océano de donde vives tú, en un país muy bonito llamado Italia, que un día seguramente visitarás, vivo yo. Cuando tú te acuestas en tu camita y empiezas a soñar, yo me estoy levantando para comenzar un nuevo día. Tengo una foto tuya y cada mañana te doy los buenos días. Quizás en sueños me has escuchado alguna vez.

Siento una gran emoción al escribirte esta carta, la misma que sentí la primera vez que te tuve en brazos, el día que naciste. La alegría y felicidad de todos los presentes esa noche no cabían en el espacioso cuarto donde estabas pasando tus primeras horas de vida. Tan grande eran que hasta las alarmas de las ventanas comenzaron a sonar.

Tendrías que haber visto a Papá y Papi, estaban radiantes como si ellos también hubiesen nacido contigo. Tú eras su gran sueño desde hacía mucho tiempo. Debes saber que para realizar un sueño no basta cerrar los *ojos. Se debe luchar con pasión, constancia, fuerza y tanto, tanto amor. Y fue esto lo que hicieron tus papis para que la hermosa niña que eres dejara de ser un sueño.*

Ya han pasado más de tres años de ese maravilloso día. Ahora eres una niña feliz e inteligente que comienza a descubrir el mundo con la curiosidad ingenua de tu tierna edad.

Recuerdo con alegría inmensa los fantásticos días que pasamos juntas en tu casa de Nueva York hace sólo unos meses. Te disfruté al máximo. Cierro los ojos y me parece verte caminando con talento natural por toda la casa con tus tacones rojos. Me moría de la risa. Tu sonrisa contagiosa y tu vocecita ronca hablando ese español, que me sonaba tan único, las tengo estampadas en mi memoria como un gran tesoro. Y cuando estoy un poquito triste me basta mirar las fotos tuyas y de tu primita Leonorcita para recuperar la tranquilidad y la alegría.

Gracias, Emma, por darme tanta felicidad.

Tía Mary

Cara nipotina Emma:

Pequeña, gran estrella del firmamento. El recuerdo del día en que apareciste está unido a una etapa de gran alegría para mí, por la coincidencia de situaciones y momentos felices compartidos con algunas de las personas que más quiero. Por eso me parece todavía más lindo.

Quisiera que te llegara el eco de esta voz lejana para trasmitirte la felicidad y la belleza que tu llegada ha traído a la vida de muchos.

Pero todas las palabras serían vanas porque frente a la belleza y la felicidad solemos quedarnos sin palabras.

Quizá serían más útiles las imágenes: las tuyas mirando el mundo que te rodea, curiosa y divertida, y revelando, con tu pequeño ser especial, la ternura y la maravilla.

Mejor aún lo explicarían las miradas y las sonrisas en los ojos y en los rostros de los que, a su vez, te miran a ti, te acompañan, te observan deslumbrados y te cubren de amor. Sobre todo, tus papás, que desde el principio te han soñado y han fuertemente deseado que tú estuvieras aquí, para jugar y hacernos jugar contigo en el jardín de la vida.

Un poeta ha dicho: «Es fácil. Todo lo que necesitas es amor».

Como los poetas son fantásticos mentirosos, nosotros les creemos y sabemos que recibirás amor infinito y protección, caricias y sueños, para hacerte volar sobre un mundo donde no necesitarás de otra cosa.

It's easy.

Fabri, tu tío italiano

Querida Emma:

¡Qué tarde aquella! Transcurrieron tres horas interminables en el aeropuerto. Finalmente vi a mi hijo y luego de abrazarlo, casi temblando, comenzaba otra nueva emoción.

Viajábamos hacia su casa y la inminencia del próximo encuentro mantenía húmedos mis ojos. Por fin, frente a mí, tú y Leonorcita. Las dos mirándome con sus caritas de muñecas de carne y hueso. Dos ángeles que habíamos esperado por largos años estaban allí, contemplándome.

La más pequeña, monísima, no podía comprender aún. Tú, en cambio, me observabas, entre expectante y confusa con tu fascinante expresión pícara y ansiosa: ¿Quién será este viejito? Todos dijeron a coro: «¡Es tu abuelo Gonzalo!». Me regalaste una tímida sonrisa. Seguramente por instinto sentías que aquel viejito era otro más a quererte. Y esto te complacía.

Ya ha pasado un año y medio desde aquel momento inolvidable y tus fotos, que esperamos siempre, llenan nuestras vidas de alegría. Creces rodeada de un amor que te resulta, desde ya, tan fácil de devolver, que estoy seguro lo harás con gran intensidad, cuando «seas grande». Ahora, cada día, aprendes y aprendes muchas cosas lindas que llenan tu tierno corazón.

Dice un refrán chino: «Para ser un hombre hay que plantar un árbol, escribir un libro y tener un hijo». Yo, con todo respeto hacia su autor, me permito agregar: «¡Y tener una nieta como Emma!».

Abuelo Gonzalo

Emma:

Hace mucho tiempo escribí la historia inconclusa de dos hombres, Liro y Rintumino Doriló, que criaban juntos a una niña llamada Hebe...

Aún no salgo de la sensación de sorpresa que dan los reencuentros imposibles. Esta niña no es Hebe, es Emma. Sus padres son realmente sus padres, Mandy y Gonzalo, sin necesidad de ser tíos, ni padres adoptivos, ni ningún otro tipo de familiar cercano.

Emma no es un personaje, es una niñita real que ya debe haber devorado varios pomos de leche y reclamado a su modo toda su sencillez.

Pues tan pronto te vea te daré un besito, Emma. Un besito muy nervioso porque nosotros, los grandes, nos hemos convertido en un pedacito de tiempo ya detenido para siempre en la progresión de una historia específica, mientras que ustedes, los bebés, vienen desde el secreto mismo del tiempo, pero lo traen envuelto en una sencillez inexpugnable.

Bueno, pequeñita, ya se te hará la clásica cosquillita en los pies...

Tu tía Sonia María

Querida Emma:

Todos los días durante esos nueve meses, tú y Gustavito fueron el centro de nuestras vidas. Yo llamaba a tus papás cada vez que tu primito hacía algo nuevo en mi barriga, o si sentía algo extraño, porque realmente llegó un momento en que casi confiaba más en mis primos —tus papás— que en mi propia ginecóloga.

Tus papás, a la vez, me ponían al tanto de cada cambio en tu corta vida. Después de cada consulta nos llamábamos e intercambiábamos las noticias. Mirar los videos de los ultrasonidos y luego los videos que tu *papá hizo con tanto amor: En busca de Emma y En busca de Gustavito o Juliette, era nuestro entretenimiento favorito.*

Como ves, después de cuatro años, no hemos cambiado mucho, ustedes siguen siendo el centro de nuestra atención. Nuestros temas de conversación fueron del desarrollo del feto a los cambios de pañales, y a escoger la mejor escuela para ustedes.

Hay veces que hablamos de cosas diferentes, pero siempre terminamos hablando de ustedes. Y es que Emma, eso nunca va a cambiar. Desde el día que tus papás te crearon, tú fuiste, eres y siempre serás la razón de sus vidas.

Los quiero mucho ,y me siento muy afortunada y bendecida de haber podido compartir esta dicha.

La prima Romy

Emma, mi querida ahijada:

Cuando puedas leer y entender este libro y estas cartas que te hemos escrito, ya serás una niña grande. Ya se te habrán caído los dientes de leche, ya habrás tenido tu primer día en la escuela y ya podrás andar a toda velocidad en la bicicleta que desde ahora prometo comprarte.

Pero si te puedo dar algo de valor, realmente de valor en la vida, será compartir esto contigo: jamás he conocido a alguien que haya sido tan deseada, tan planeada y tan querida como tú. Y eso te ha hecho una de las niñas más afortunadas del mundo, una que se ganó la lotería de la vida, porque vives en el corazón de Papá y Papi —así como en el del resto de nosotros, tíos reales y postizos—. Sabrás, por palabras y acciones, que naciste y creciste rodeada por algo que no todos los niños tienen: amor.

Aún recuerdo el día en que Papá me confió su plan secreto de tenerte. Secreto, aclaro, por la superstición esa de que cuando uno cuenta las cosas, quizás no se dan. En los más de diez años que yo tenía de conocer a Papá, jamás lo había visto así, tan feliz, tan emocionado. Bueno, hasta el día que

*llegaste tú. Ahí sí todos lloramos de emoción. Y desde ese feliz día, sólo nos
has dado razones para sonreír.*

Te quiero desde antes de que nacieras,

Tu madrina, María

Mi *Emma, mi motivación para ser mamá:*

*Te comencé a querer desde el momento en que brindamos con
champagne en casa de una amiga de tus papás. Papá llamó a Papi para
decirle que venías en camino. Brindamos, lloramos de la alegría y desde ese
momento comenzó una película sin fin.*

*Irnos de compras, pensar en ti, conversar de cómo serías, a quién te
ibas a parecer y ver videos de partos que Papá nos enseñaba, me introdujo
a un mundo al cual yo le temía mucho: ser mamá.*

*Pero llegó ese momento y no me cansaré de darle gracias a tu papá.
Decidí comenzar el hermoso viaje interminable, el que siempre ansié pero
nunca dejé de temer. Tu papá aceleraba mi embarazo cuando aún no había
comenzado. Él me veía ya con un bebé dentro de mí y se lo decía a todo el
mundo.*

*Cuando sucedió, él fue el primero en recibir la noticia, a las seis de la
mañana. Nos pusimos muy felices. Le dije, además, que lo que venía para
él era la gran Emma, porque mi corazón me decía que ibas a ser niña.*

*Recuerdo el día en que Papi y Papá decidieron tu nombre. Estábamos
en Miami Beach con Richard, un amigo de tus padres. Ahí surgiste como
Emma Isabel. Todos brindamos —como ves, brindábamos muy seguido
porque tú nos motivabas, nos dabas felicidad—.*

*No naciste en Miami, y ya yo llevaba a tu amiguita Valentina dentro
de mí. No sabes cuánto sufrí esa separación. Fue un mes de lejanía, pero
de mucha comunicación. Nos hablábamos todos los días, y me llegó la
primera foto tuya. Eras una muñequita, estabas tan bella, tan hermosa;
me dio tanta alegría que sentía las paditas de Valentina como señales de
amor hacia ti.*

Llegaste a casa, a Miami, y cuando te tomé en brazos fue maravilloso. Ahí comenzaron las dichosas siete de la noche y los llantos interminables. Un día te cargué en medio de uno de esos llantos, me fui a tu hermoso cuarto, me senté en el sillón y te puse encima de mi barriga. Te mecí y te hablé bajito: en ese momento también eras mi niña, quería que sintieras a Valentina como tu hermanita, y te quedaste profundamente dormida.

A partir de ahí comenzaste a crecer muy cerca de mí. Ya no te duermes en mis brazos, pero Valentina y tú se abrazan como las grandes amigas lo hacen. Y eso, sabes, es porque tus papás y yo nos adoramos.

Emma, quiero que Valentina y tú nunca se separen. Las dos fueron concebidas con mucho amor y se sintieron una muy cerca de la otra desde que eran tan sólo un simple embrión.

Siempre estaremos aquí para ti.

Laura y Valentina

Querida Emma:

Ésta será, sin duda, una de las cartas más importantes que yo escriba, y será una carta muy simple, «de ingeniero», como diría tu papá.

Recuerdo cuando te conocí, redondita y frágil, recibiendo amor a montones y devolviendo felicidad y alegrías; sobre todo recuerdo la fascinación que producías en tu tía Leo, cómo se iluminaba ella y me deslumbraba a mí cuando te tenía en sus brazos. Te diré algo que nunca le he dicho a nadie: tengo la certeza de que fue en uno de esos momentos mágicos, en que ella te cargaba y yo las veía jugar, que nació tu prima Leonorcita, y no después, como todos piensan.

Para mí eres la ternura, eres mi reencuentro con la infancia y mis deseos de tener hijos, eres preocupación y alegría, eres la familia, la inteligencia y la inspiración. Eres además una niña, y serás una mujer con mucha suerte, pues la vida te regaló el privilegio de contar con los mejores papás del mundo, que hicieron todo por tenerte y harán todo por hacerte una persona feliz.

Finalmente, lo más importante: eres el amor. El amor te hizo y el amor te salvará siempre.

Tu tío Osvaldo

Mi querida Emma:

Creo que fui tremendamente afortunado de haber podido estar presente en los días de tu concepción y en la hora de tu nacimiento.

Entonces una cosa se me hizo clara: eras una niña totalmente moderna, una niña del siglo XXI. Las condiciones científicas y técnicas y los avances médicos que posibilitaron tu existencia eran nuevos en la historia del mundo.

Pero también entendí que, en ese momento, se habían dado las circunstancias sociales y políticas que posibilitaron que tú aparecieras entre nosotros. Esas condiciones, aunque más difíciles de entender, no eran menos milagrosas. Fuiste un milagro porque toda vida lo es, pero también por ser un prodigio de la sociedad, el resultado de un balance de fuerzas tremendas que nunca antes habían conseguido ponerse de acuerdo.

Verás: tus padres y tus tíos, y tías y abuelas, venimos de un lugar donde muchas cosas estaban prohibidas. Una de ellas era el amor. Algunas personas estaban autorizadas a llevar una vida plena, con hijos y familia, y otras no. Para que tus padres pudieran amarse y constituir un hogar con una niña como tú, tuvieron que cruzar el mar y venir a este lado de la Tierra.

Debes saber que este mundo loco hizo las paces para que tú nacieras. Una nueva etapa en la convivencia de los seres humanos y un contrato social más justo fueron tus comadronas.

Por esas razones sentí un gran orgullo al conocerte esa mañana de otoño en San Diego, junto al océano Pacífico, en el Oeste de las películas. Sentí orgullo de saber que tus padres eran tan valientes, auténticos pioneros, como aquellos que habían conquistado esas tierras muchos años antes. En cuestiones de paternidad, ellos fundaban un mundo nuevo. Se *habían lanzado al futuro, con todas sus incógnitas y todos sus desafíos, sólo por amor a ti, Emma Isabel.*

¡Ojalá que la vida les depare largos años de felicidad!

Ahora recibe un beso de tu tío,

Néstor

Mi querida sobrina Emma:

Alguien muy querido siempre me decía: «Cuando tengas que elegir entre el corazón y la razón, elige siempre el corazón, porque de las elecciones del corazón uno nunca se arrepiente». Creo que fuiste puro corazón, antes, durante y después de tu nacimiento. Tus padres te eligieron y creo que tú también a ellos, te desearon tanto y, con ellos, todos los que los amamos nos unimos a ese deseo de amor único y entrañable que es la llegada de una nueva vida.

Y así, el deseo te hizo llena de luz y de esa sonrisa campanillante, y así nos enseñaste a los papás que tuvimos niños después de ti cómo se ponen los pañales, cuál es la mejor leche, cómo es el entrenamiento del potty...

Hoy no necesitas traje de princesa, tú reinas, divina entre los grandes, los pequeños, las mariposas y las flores.

Tuya siempre,

Tía Leo

Emma, la niña más ansiada:

De no ser porque tu nacimiento fue vislumbrado, pensado y planeado por tus padres, diríase que es un regalo misterioso, algún prodigio que ha venido a cumplir su destino con una varita mágica que transforma la vida de quienes la aman.

Como eres un ser privilegiado tocado por la gracia, nada en ti es común y corriente. La decisión de buscarte —una decisión tan radical que ni yo, que me creo trasgresora, comprendí a cabalidad en el primer momento— fue un acto inconmensurable de amor.

Desde que eras sólo un deseo en la mente de tu papá y tu papi hasta el momento en que llegaste, la aventura estuvo guiada por ese amor y una dedicación absoluta. Bella y alegre Emma, que ya muestras señales de una personalidad encantadora, serás bailarina, actriz o escritora, arqueóloga o científica, siempre adorada y mimada en el maremágnum de la existencia.

Cuando tengas edad para leer esta carta y el libro donde tu papá narra la extraordinaria gesta de tu nacimiento, tal vez, con tu habitual curiosidad, le preguntes qué quiere decir maremágnum, y recuerdes a una tía lejana que tiene su mente y su espíritu puestos en ti.

Tía Norma Niurka

Emma, mi Elekemele:

Para explicarte por qué para mí eres Elekemele en lugar de Emma, tendría que escribirte más de una carta, pero intentaré hacerlo en estas líneas. Sé que no nos vemos muy a menudo, pero siempre estás presente, aunque tú vivas en la gran manzana y yo en la ciudad de los taquitos y el Palacio de Hierro. Lo único que te puedo decir es que Elekemele es el lenguaje con el que puedo demostrarte mi cariño y darte las gracias. Antes de que tú llegaras, en mi vida sólo existían dos pequeñas personas que me hacían creer que lo imposible se podía hacer realidad: la Alacalá y la Putumayo, mis sobrinas. Al igual que tú, en cuanto nacieron y las vi, supe que esos serían los nombres con las que yo las reconocería (los nombres que les pusieron sus padres son Carla e Isabel).

Tiempo después de su llegada, tus papás me dieron la noticia de que venías en camino después de años y años de estar buscándote. Así que cuando supe por todas las tribulaciones por las que atravesaron para llegar a ti, sabía que tú también serías otro maravilloso ser humano que me haría entender que por más complicado que parezca, los deseos, el amor y la felicidad sí se pueden alcanzar, así que te llamé Elekemele.

La primera vez que te vi, aún estabas en el vientre de Mary y te movías en su interior bajo la melodía «Summertime» cantada por Caetano Veloso, en un video que te hizo tu papá. Jamás se me olvidará la forma en que ese CD llegó a mis manos. Fue una de las tantas veces que tus papás me dieron asilo en tu casa de Miami. Vestido con sus pantalones Adidas y su playera Lacoste azul, tu papá estaba sentado frente a la computadora en su estudio lleno de papeles, revistas y libros y, muy orgulloso, con una expresión que nunca le había visto, me enseñó tus primeras imágenes y me regaló el vídeo. Se lo veía tan feliz, que a partir de ese momento te di las gracias. Gracias, Elekemele, por alumbrar y dar tanta vida a una de las personas que ocupa un buen pedazo de mi corazón. Eres muy afortunada de ser la luz de tus papis, dos personas fuera de serie que, por más complicado que sea, luchan por alcanzar los sueños e intentan entender el dialecto 'Afrikánder'.

Tu tía Carole

Mi Emma querida:

Recuerdo muy muy claro el día que te conocí. Estabas enrolladita en trapos que lucían riquísimos encima de la mesa de tus papis, con toda una pandilla de familia enfocada en ti. Todos contemplándote, todos sonriendo, todos extáticos de una felicidad que yo desde afuera percibía sobrecogida. Eras el centro del universo para todos. ¡Cuánta felicidad trajiste! ¡Qué privilegio acercarme para ver este acto de magia de tus papis!

Ni en mis sueños más surrealistas hubiera imaginado que unos años después fueras mi Tata, dormirías acurrucadita con nosotras, te bañaría y te desenredaría el pelo y nos reiríamos juntas del increíble coeficiente de inteligencia de Sam...

¡Cuántas vueltas da la vida, Tata! Cuántas alegrías sigues regalando a todos los que te rodeamos. Ya te miro hacia arriba en vez de hacia abajo, ya eres tú la que pintas las uñas y maquillas y decoras tu habitación con luces de colores. Te estás haciendo grande en todos los sentidos y me ilusiona ser testigo de cómo te vas convirtiendo en una mujer.

*Que esta alegría que nos has regalado se duplique en tu felicidad,
Tatica; que permanezca en ti esa picardía creativa que te caracteriza. Que
nunca falten las luces de colores en tu imaginación. Y que la vida me siga
sorprendiendo con regalos tan hermosos como el de acercarnos.*

¡Te quiero mucho!

¡¡¡PASTA!!!

Tía Tata (tía Yisel)

Bandolera mía, mi niña Emma:

*La vida cambia en un segundo. Radicalmente. Tú le diste un vuelco a
mi vida, el más hermoso.*

*Aquí estamos Papá Mandy y yo contigo desde aquella tarde de
noviembre que saliste del vientre de Mary a conquistarnos para siempre.
Eras la bebé más hermosa. Papá Mandy estaba muy nervioso y no
dejaba de llorar de felicidad. Yo no quería perder un segundo sin tomar
tus primeras fotos y, a la vez, dejarte grabada para siempre en mi
memoria.*

*Demoré un rato en cargarte. Le dije a tu papá que estaba sudado,
pero en realidad lo que tenía era un poco de miedo. Eras perfecta y me
aterraba hacerte daño, tan frágil. Me fue difícil creer que ya estabas ahí y
que eras nuestra.*

*Tú fuiste nuestro acto de magia. A veces te me esfumabas, pero
seguíamos ahí, batallando, llamándote por tu nombre, porque tuviste
nombre antes de que fueras una pequeña célula, como la de la foto del
libro que leemos todas las noches.*

*Ahora, cada minuto que paso contigo lo disfruto porque veo cómo
vas creciendo, cómo vas cambiando, cómo vas aprendiendo. Me encanta
cocinar para ti, bañarte, enseñarte a montar carriola y bicicleta, leerte y
jugar a las casitas y a todo lo que inventamos todos los días.*

*Emma, tú eres nuestra creación. Tienes dos papás que te quieren
muchísimo y que estarán contigo, siempre.*

Hoy te abrazo y me pellizco para saber que ya no estoy soñando. Soy el hombre más feliz del mundo porque te tengo a ti.

Te adoro,

Papi Gonzalo

Mi Emma Isabel:

Cierro los ojos y puedo sentir aquella tarde en San Diego cuando nos conocimos y te tomé en brazos por primera vez.

Hoy, orgulloso de ti, de tu inteligencia, de tu calma, de tu paciencia, puedo rememorar cada minuto a tu lado. Cómo ha pasado el tiempo, pero para mí, aún sigues siendo mi bebé.

De pequeña, en las noches me sorprendías con tus ocurrencias y tus frases tan especiales; como cuando nos pusimos a dibujar y yo quería hacerte un retrato y me dijiste: «Píntame con la boca feliz». O cuando te disfrazaste de bailarina española, comenzaste a taconear y te detuviste con un: «Papá, a mí me gusta el baile español, pero también el baile en inglés».

Un día, después de llegar de Nueva Orleáns, donde tuve que pasar un fin de semana trabajando, me miraste a los ojos y me dijiste: «No quiero que trabajes más». Te expliqué por qué tenía que trabajar y que yo también me ponía triste cuando no estaba contigo un fin de semana. Te asustaste, se te aguaron los ojos y me interrumpiste: «No te pongas triste, Papá. Cuando te pongas triste lo único que tienes que hacer es llamarme por teléfono».

A los tres años, ya sabías del mágico embrión que fue creciendo poco a poco en el vientre de Mary, la madre de subrogación; de la pequeña célula que aportó Karen, la donante del óvulo; del día que corté el cordón umbilical; de cómo lloré de felicidad al verte venir al mundo.

Recuerdo que, en esa época, a la hora de dormir, mientras hojeábamos las leyendas de princesas y animales encantados, me pedías que te leyera también En busca de Emma. *Leyendo juntos aquel pequeño libro de fotografías, me abrazabas antes de que el sueño te venciera y me decías bien bajito al oído, como si quisieras confiarme un gran secreto: «Papá, éste es mi libro favorito». Y yo era, en ese momento, el papá más feliz del mundo.*

Te quiere, con todo el corazón,

Tu papá Mandy

Mis queridos Anna y Lucas:

Gracias, porque sus almas decidieron vivir esta experiencia de vida en nuestra familia.

Recuerdo exactamente el momento, el lugar y la hora en que Papá (mi hijo) me llamó para decirme que ustedes estaban ya por nacer. La emoción fue infinita.

Cuando tuve la oportunidad de ir a San Diego a verlos fue realmente una experiencia de alegría y gozo interno. Ustedes estaban bellos.

Verlos ya entre nosotros, sus primeras sonrisas, su llanto, me llenaba de un sentimiento profundo de agradecimiento hacia la vida.

Esta abuelita está muy orgullosa de ustedes, y sepan que llenan mi vida de Amor.

Abuelita Niurca

Mi Anna:

Cuando llegaste al mundo tuvimos la noche entera para nosotros solos. Eras tan pequeña y a la vez tan firme, con esa mirada curiosa, atenta, buscando siempre una respuesta, que desde ese día comencé a aprender de ti. Has venido para completarme. Nunca nacemos con todas las partes que necesitamos. Tú, sí.

Mientras oraba por la salud de tu hermano, aún lejos de mí en aquella habitación de hospital, conversamos sobre nuestra familia, sobre los sueños, sobre los libros que quería escribir, sobre el futuro y, por un instante, pude verte adulta. Iniciamos ese diálogo con el que hasta el día de hoy nos dormimos.

No sabes cómo ansío que llegue la noche para que me preguntes cómo

me fue el día y tenga que relatarte cada detalle hasta que me pidas que
te haga «questiones». Y ahí empiezas ese diario tuyo que nunca deja de
sorprenderme.

Eres un alma vieja. Llegaste a nosotros con una sabiduría que se
adquiere sólo a través de los años, y que incluso algunos no logran.

Sigamos soñando juntos. Gracias por darme la oportunidad de seguir
aprendiendo a tu lado.

Eres mi vida,

Todo mi amor para ti.

Tu papá

Mi Lucas:

Te vi batallar desde que naciste. Eras grande y fuerte, lo sabía, y
cuando llegué al hospital habías querido llegar antes de tiempo. Allí
estabas, conectado a tubos y agujas, intentando que tus pulmones se
llenaran de oxígeno.

Te vi a través de un cristal, sin poder tocarte, acariciarte, darte el
primer abrazo.

Fueron días eternos, a tu lado, separados, hasta que me dieron la
oportunidad de tenerte en brazos. Ese día, te vi sonreír por primera vez.
Tal vez fue un simple gesto, una reacción instintiva, pero para mí significó
que me reconocías. Que sabías que estaba a tu lado, que siempre estuve
contigo, juntos en la batalla.

Tú eres el equilibrio en la familia. Sabes dar y recibir mucho cariño. Y
como tus hermanas, eres inteligente y sabio.

Llevas nuestros nombres, el de Papi y mío, y eso me llena de orgullo.

Disfruto verte crecer, rodeado de amigos, admirado y querido.

Eres nuestra paz.

Gracias por toda tu bondad.

Siempre contigo,

Papá

Mi Anna (con dos enes) querida:

(Acabo de recibir tu texto diciendo: «Hi»). Leerte siempre me provoca un salto de felicidad en el corazón.

Dicen que la familia o amigos que nos rodean han estado muy cerca de nosotros en vidas anteriores. A mí me encanta esa idea. Sí te puedo decir que desde que escuché las historias de «Ana» por primera vez, supe que seríamos cómplices, que nos entenderíamos sin muchas palabras, que me encantaría conocerte. Me contaron de tu mirada curiosa, de tu poder intuitivo, de tu naturaleza cuidadosa reconociendo tus vulnerabilidades y poderes más allá de los físicos. Así que antes de verte por primera vez, te conocí en cuentos.

Un día resultó que la niña de los cuentos se convirtió en mi sobrinita y desde que te conocí, tuve una sensación de conocer tu alma de antes. ¿Cuáles son las posibilidades de tener dos sobrinitas que se llamen igual? Supe entonces de tu segundo nombre: Lucía.

Tenerte cerca ha sido una inyección de vida. Desde el primer día te me acercaste, cautelosa pero segura: «¿Quieres jugar conmigo?». Estabas segura de que contestaría que sí.

Desde entonces espero con ganas nuestros ratos juntas. Los juegos se han ido transformando. En español primero, porque no sabías inglés, ni leer, ni escribir, luego no querías nada en español. En esos tiempos creamos tu primer email: «doglovera» y te molestaste mucho cuando escribí «Ana». En un grito ensordecedor: TWO EEEEEEEEES!!!! Tía Sahi y yo morimos de risa. Ese día aprendí que mi sobrina más pequeña se llamaba «Anna» (con dos enes).

Cuando seas grande, quiero que sepas de mis momentos favoritos contigo, Tata, los que guardaré conmigo siempre, y que provocan una sonrisa cada vez que aparecen... Nuestros PJ Parties con tu trapito de dormir, meterte en «el shower» y empaparte con ropa mientras gritas desaforadamente, ver tele acurrucadas antes de ir a la cama, cuando te acuestas arriba de mí y me agarras de la mano durante las pelis, ver tu cara cuando finjo que te quiero ahorcar si me empujas o aprietas con esa fuerza hercúlea que no sé de dónde sacas, observar tu curiosidad insaciable cuando le lavaba los dientes a Tara, descubrir cada vez más tu sensibilidad y cómo tratas de ocultarla, como protegiéndola, aprender a leer todo lo que no dices pero sientes, ver tu mueca medio risa y medio asco cuando te aprieto y te beso, asombrarme cada vez más de como lees tan fácilmente... no sólo libros, sino cada instante que te rodea con tanto tino. Tus frases que me matan de la risa: STOOOOOP, I'M BOOORED, TELL ME A STORY! ¡DIOOOS MÍOOOO! Son tantas que no caben en esta página.

Nuestros encuentros se han ido transformando, pero siguen teniendo la ilusión de la primera vez. Aún es un reto robarte un abrazo al llegar (esta última vez lo logramos instantáneamente); nuestras historias deben ser cada vez más increíbles, más políticamente incorrectas o más hiperrealistas, porque lo común te aburre. Sigues tan segura de lo que quieres y de lo que conseguirás como cuando te acercaste a jugar conmigo la primera vez. Ojalá, cuando leas esta carta, te llegue al menos un pedacito del amor tan grande que guardo en mi corazón para ti... ¡infinito!

Te espero en el próximo encuentro para continuar nuestra última conversación sobre el significado de la vida, como esperaremos siempre Tía Sahi y yo tus textos y tus FaceTimes, tus risas y tus comentarios únicos, tu abrazo y tu manito siempre calentita.

¡Te quiero mucho mi Tatica, mi Anna (con dos enes)!

Tía Tata (tía Yisel)

Mi Lucas, mi único Titi,

Esta tarea de escribirte me ha gustado casi tanto como tu abrazo.

¿Sabes qué rico es escribir cosas que se sienten y no decimos usualmente? Debiéramos inventar un juego de estos la próxima vez que tengamos un sleepover.:)

Quiero contarte un cuento. Éste no es inventado como los que jugamos en el carro. Éste es de verdad...

Cuando te conocí tenías cuatro añitos y yo estaba muy feliz porque te convertiste en mi sobrinito mayor. Me mirabas curioso entre pausas de conversaciones con amigos imaginarios y luchas de ejércitos de soldaditos. Hacías preguntas que me robaron el corazón por su ingenuidad y candor. Tenías muchos Legos, y cuando yo era pequeña siempre quise tener muchos Legos como los tuyos, así que me encantó jugar contigo a armar cosas extrañas que después destruías en un segundo (o nos destruían algunas «Tatas»). ¡Qué horror! Quererte fue tan natural como tu abrazo. Te encantaba jugar a inventar cuentos y «veo-veo». A mí me encantaba verte reír a carcajadas de las historias increíbles y raras que te contaba. Te tomó un par de años decidirte, pero fuiste el primero de los dos en querer hacer tu primer sleepover en nuestra casa. ¡Tía Sahi y yo explotábamos de felicidad! Nunca nos contaron, pero sospecho que fuiste tú el que convenció a Anna. Nunca olvidaré ese día. Hicimos una cena en la sala para celebrar el acontecimiento ¡y brindamos con champaña de mentira! Nos reímos mucho del monstruo que te poseía cuando caía el alba y comenzabas a dar gritos aterradores, vimos películas hasta muy tarde y te encantó que te lavara los pies antes de acostarnos. Dormimos todos apretados en el cuarto, felices.

Ya te estás poniendo grande y nos ganas a todos en Rummikub, Titi. Estás grandísimo, y esas manos preciosas ya son casi del tamaño de las mías. La próxima carta que te escriba quién sabe qué acontecimiento trae a cuestas. Mientras llega esa próxima carta, escribiré un deseo como los que quemamos al final del año para hacerlos parte del universo...: que permanezcan siempre en ti la sonrisa, el niño, el grito divertido y liberador al caer el alba y el abrazo único y sanador que me regalas en cada bienvenida.

Te quiero mucho,

Tía Tata (tía Yisel)

Anna de mi corazón:

Ese día maravilloso en que vinieron Lucas y tú, fuimos todos a conocerte a San Diego, los tíos todos, tu abuelita Niurca, tu primita

Leonorcita, tu primo Faby, por eso Emma siempre decía cuando le preguntaban de dónde era: «soy sandieguera».

Estabas con una miradita pícara, observando cada movimiento de figuras geométricas, como en ese momento nos veías, porque los bebés, cuando nacen, solo ven figuritas. Siempre sonreías, muy convencida de vernos a todos locos con arrebatos de contentura.

Guardaré nuestros momentos en un cofrecito sagrado:

- *Jugar a «peo peo».*
- *Cuando en casa hiciste yoga por primera vez, y estabas como si lo hubieras hecho toda la vida.*
- *Viendo pelis en la casita de las tías, comiendo* popcorn.
- *Jugar a los escondidos en la casa de campo.*
- *Tus cuentos aterradores del dentista cuando te sacaron el diente*
- *Cuando Tata te enseñó a lavarle los dientes a Sam.*
- *Cuando se lavaban los pies antes de dormir y se mataban de la risa.*
- *Pedirle a Alexa que les hiciera cuentos antes de acostarse tirados en el piso.*
- *Cuando se bañaron en el patio y se hizo de noche, y no paraban de saltar y reír en la piscina, dando vueltas en círculo, para que se hicieran olas.*
- *Cuando aprendieron a jugar Rummikub*
- *Jugar Mafia, Pasta, que tanto nos gusta.*
- *Encendiendo el fuego del 31 de diciembre, despidiendo el 2019 en la casa de campo para quemar nuestros deseos.*
- *También guardaremos la boda de Tayo y Taya, porque Tayo le dio la sorpresa ese mismo día en que ustedes fueron bautizados y le dijo a Taya las palabras más hermosas que una novia soñaría escuchar. Fue tan emocionante, que todos lloramos. Deberías pedirle a Tayo que te lo cuente.*

Nuestro cofrecito no tendrá fondo, será infinito como el cielo, y allí seguiremos guardando nuestros momentos, esos que vienen para quedarse, con estrellas fugaces, luceros, cometas y hasta planetas y siempre, siempre, nos encargaremos de que tenga mucha luz.

Te amo Anna, y mi felicidad se multiplica con tu sonrisa, tus llamadas en FaceTime, tus mensajes. Con tu risa, tus preguntas y tus juegos.

Quiero terminar mi cartita para ti, jugando a los escondidos, yo me quedo y salgo a buscarlos... casi te encuentro...

Tu tía feliz,

Sahi

Mi pequeño gran Lucas

Desde que estabas en la barriguita de Mary, fuiste un bebé inquieto. Te apresuraste a salir porque sabías muy bien la felicidad y el amor que te esperaban. Sí que nos diste un susto. Vi como Papá y Papi, con sus miradas, te decían cuánto amor había para darte.

Con el nacimiento de tu primita Catherine, hoy 9 de enero de 2020, mi corazón recuerda sensaciones similares a la llegada de Emma y la de ustedes, los primeros twins en esta familia. Sentí una explosión de alegría con tu sonrisa temprana, con tus manitas que se enredaban entre aparatos que te hacían respirar mejor y que papá apartaba cuando te daba la leche.

¿Sabes que eras el bebé más grande, fuerte y más hermoso en el cunero?

Recuerdo cómo la enfermera le pidió a Papá y a Papi alguna ropa usada de ellos para colocarla en tu cunita y que pudieras sentir su olor.

Son tantos los momentos que hoy están pasando como en una película. Recuerdo cuando tus papás te ponían encima de ellos para que sintieras su calorcito. Ahora más que nunca, sigues siendo nuestro bebé grande.

¿Sabes algo que nunca te he dicho? Una de las cosas que más me gusta en el mundo es hacer Legos contigo.

Soy tu madrina-tía, la más feliz del mundo. Me quedo con tu abrazo, igualito al abrazo de Fabi, y me lo llevo, para tenerte siempre.

Te amo con todas las fuerzas de mi corazón.

Tu madrina-tía feliz,

Sahi

Anna:

　　Parecía que ibas a ser una niña muy buena, pero eres tremenda. Parecía que te iban a gustar solamente las muñecas, y en cambio te gustan los bichos más feos, las ranas, los ratones. Parecía que ibas a ser una llorona porque dabas unos gritos del demonio y te ponías roja como un tomate, pero lo que más te gusta no es dar gritos, sino dar órdenes. Parecía que no comías nada porque eras chiquitica y flaquita, pero comías más que un señor grande.

　　Contigo nunca se sabe lo que va a pasar. Parece una cosa y es otra. Cada vez que te veo tienes una sorpresa.

　　Por eso me encanta ser tu tía y tu madrina.

　　Un beso,

Taya

My dear Anna,

　　Just a brief note to comment on the issue concerning your gift for creating nicknames.

　　A few years ago, maybe four, you came up with your own private nickname for me, your uncle Néstor. The word chosen by you was Tayo. And as an extension of that, my wife, your dear aunt Esther María, became Taya.

　　In a flash, the linguistic and logical subtleties of such a wonderful verbal invention became apparent to us: Tayo is tío (uncle) in Spanish, but tweaked and tricked by the exchange of the Spanish «i» (ee) for the English «i» (ÿ).

　　As a result, we became your auntie and uncle not only in both English and Spanish, but in some sort of dialect that I would like to call «correacted Spanglish» (after your last name «Correa», of course).

　　When you acted upon the word «tío» and transformed it into «tayo», you «correacted» it. And I'd say that you operated upon the meaning and morphology of that word in such a way as to transform it into something much lovelier and endearing than its original connotation.

Finally, please, be advised that, as wordsmiths in our own right, Esther María and I welcome you into the trade and approve of your linguistic experiment in the case of Tayo and Taya.

Big hugs and kisses,

Tayo Néstor

AGRADECIMIENTOS

A MI MAMÁ NIURCA; a mi hermana Sahily; a mi sobrino Fabián; a los tíos Leonor, Marisela, Fabrizio, Osvaldo, Néstor, Yisel, Marlén, Ibis y Ana; a los abuelos Esther, Gonzalo, Correa y Lydia; a los primos Iliana, Ovidio, Romy, Gustavo, Betsy y Ulises; a Yolanda, Estradelia, Tania, Reizel, María Julia, Nora, Vicky y Vivian, por estar con nosotros en esta odisea.

A mis amigos y equipo de *People en Español*, por ser pacientes con mis obsesiones, especialmente a Chiara, María, Herman, Nicole, Ángel, Isis, Miguel, Kika, Elvis y Carole, que vivieron mis tribulaciones para convertirme en papá.

A María Antonieta Collins, a Laura García y a Norma Niurka, por estimularme a escribir *En busca de Emma*.

A Mirta Ojito, por sus sabios consejos.

A la tía Esther María, por haber tenido la paciencia y la dedicación de leer estas páginas por primera vez.

AL EDITOR RENE Alegría, porque creyó en este proyecto con pasión y me abrió las puertas para convertirlo en realidad hace diez años.

A Cecilia Molinari, por su precisión como editora hace diez años, y ahora por la exquisita traducción al inglés.

A la editora Patricia Mazón, que lo publicó en México.

A Omar Cruz, el mejor fotógrafo, por su increíble paciencia con Emma, y por las hermosas imágenes que tomó para la portada de este libro.

A los editores Judith Curr, Edward Benítez y Ariana Rosado Fernández, por haber rescatado *En busca de Emma* y brindarle la posibilidad de una mayor audiencia.

A Johanna Castillo, mi amiga, editora y ahora agente literaria, por siempre haber creído en mí. Cuando leíste *En busca de Emma* me propusiste que escribiera una novela y comenzamos un camino juntos. De ahí surgió *La niña alemana*.

A BECKY, QUE me abrió el camino para llegar a la agencia de madres gestacionales.

A Greg, padre de gemelos, a quien seguí paso a paso para buscar a Emma.

A Diana y Melinda, de Surrogate Alternatives, que me pusieron en contacto con Mary, la madre gestacional.

A Darlenne y a Becca, de A Perfect Match, que me facilitaron a la donante de óvulos.

A los doctores Samuel Wood, Linda Anderson y Catharine Adams, verdaderos genios detrás del entonces Reproductive Science Center, que me ayudaron a crear a Emma, así como a todo su equipo; en especial a Angela Scroop y Suham Rojas.

Al abogado Thomas Pinkerton y su equipo, por ayudarme a transitar por intrincados vericuetos legales.

Al doctor Hamilton Steele, que trajo al mundo a Emma, Anna y Lucas.

A la doctora Lisa Pérez-Grossman, por ser una amiga, y por ayudarnos con Emma desde el día en que nació. A todo su equipo, por su dedicación; en especial a Lianet.

A la donante, por haber aportado la mitad necesaria para crear a Emma, Anna y a Lucas.

A Mary, por su gentileza y ternura. Por haber incubado durante nueve meses a Emma, Anna y Lucas.

A Gonzalo, porque juntos buscamos y encontramos a Emma, a Anna y a Lucas.

BIBLIOGRAFÍA

Adams, Catharine A., Anderson, Linda S., Scroop, Angela L., Wood, Samuel H. (2003, septiembre). «Gestational Surrogacy Enhances Implantation Rates in Egg Donation Cycles». *Fertility and Sterility. fertstert.org. American Society for Reproductive Medicine.* Volumen 80, Suplemento 3, página 135.

Beck, Melinda. (2008, 9 de diciembre). «Ova Time: Women Line Up to Donate Eggs for Money». *The Wall Street Journal.*

Crook, Hank. Fudge, Tom. (2009, 14 de julio). «A Growing Number of Military Wives are Becoming Surrogate Mothers». *KPBS.*

Darrach, Brad. (1989, 4 de octubre). «Baby M.» *People.*

Derek, Julia. (2004). *Confessions of a Serial Egg Donor.* Adrenaline Books.

Didion, Joan. (2007). *The Year of Magical Thinking.* Vintage International.

Dutton, Gail. (1997). *A Matter of Trust. The Guide to Gestational Surrogacy.* Clouds Publishing.

Ehrensaft, Diane, PhD. (2005). *Mommies, Daddies, Donors, Surrogates. Answering Tough Questions and Building Strong Families.* The Guilford Press.

Fassa, Lynda. (2009). *Green Kids, Sage Families. The Ultimate Guide to Raising Your Organic Kids.* New American Library.

Fenton-Glynn, Claire. (2019, 26 de abril). «Surrogacy: Why the world needs rules for "selling" babies». *BBC News.*

Fleming, Nic. (2008, 18 de enero). «Scientist Makes Clone of Himself from Skin Cells». *The Telegraph.*

Green, Ronald M. (2007). *Babies by Design. The Ethics of Genetic Choice.* Yale University Press.

Griswold, Zara. (2005). *Surrogacy was the Way. Twenty Intended Mothers Tell Their Stories.* Nightengale Press.

Haberman, Clyde. (2014, 23 de marzo). «Baby M and the Question of Surrogate Motherhood». Retro Report. *The New York Times.*

Hartman, Kendra. (2013, 9 de diciembre). «La Jolla Doctor Sees the Potential in Every Infertility Case». *sdnews.com.*

Hornblower, Margot. (1987, 1.ro de abril). «Judge Awards "Baby M" to her Biological Father». *The Washington Post.*

Kane, Elizabeth. (1988) *Birth Mother. The Courageous, intimate story of America's First Surrogate Mother.* Harcourt Brace Jovanovich, Publishers.

Kane, Elizabeth. (1980, 8 de diciembre). «Surrogate Mother Elizabeth Kane Delivers Her "Gift of Love"—Then Kisses Her Baby Goodbye». *People.*

Lewin, Tamar. (2015, 16 de octubre). «Egg Donors Challenge Pay Rates, Saying They Shortchange Women». *The New York Times.*

Lewis Cooper, Susan. Sarasohn Glazer, Ellen. (1998). *Choosing Assisted Reproduction. Social, Emotional & Ethic Considerations.* Perspectives Press.

Markens, Susan. (2007). *Surrogate Motherhood and the Politics of Reproduction.* University of California Press.

Mazziotta, Julie. (2019, 1.º de mayo). «How a Trailblazer in Surrogacy and Sperm and Egg Donation Helped Thousands Become Parents». *People.com.*

Menichiello, Michael. (2006). *A Gay Couple's Journey Through Surrogacy. Intended Fathers.* The Haworth Press.

Mundy, Liza. (2007). *Everything Conceivable. How Assisted Reproduction is Changing our World.* Anchor Books.

O'Neill, Anne-Marie. Schindehette, Susan. (2000, 15 de mayo). «The Hendersons. A Single Father Through Surrogacy». *People.*

Orenstein, Peggy. *Waiting for Daisy. The True Story of One Couple's Quest to Have a Baby.* Bloomsbury. 2008. Accedido el 2 de enero de 1998.

Ragoné, Helena. (1994). *Surrogate Motherhood. Conception in the Heart.* Westview Press.

Salkin, Allen. (1999, 21 de marzo). «She's Come a Long Way, Baby M: Gifted Child Born Amid a Two-Family Uproar Thrives». *The New York Post.*

Sandel, Michael J. (2007). *The Case Against Perfection. Ethics in the Age of Genetic Engineering.* The Belknap Press of Harvard University Press.

Sarasohn Glazer, Ellen. Weidman Sterling, Evelina. (2005). *Having Your Baby Through Egg Donation.* Perspectives Press, Inc. The Infertility and Adoption Publisher.

Scott Sills, E. «Gestational Surrogacy and the Role of Routine Embryo Screening: Current Challenges and Future Directions for Preimplantation Genetic Testing». *onlinelibrary.willey.com.* Accedido el 23 de noviembre de 2015.

Shaughnessy, Mary. (1987, 23 de marzo). «All for Love of a Baby». *People.*

Stotland, Nada L. M.D. (1990). *Psychiatric Aspects of Reproductive Technology*. American Psychiatric Press, Inc.

Telling, Gillian. (2019, 24 de octubre). «4 Surrogates Share Why They Carried Babies for Other Families—and Whether They'd Do It Again». *People.com*.

Vilar, Irene. (2009). *Imposible Motherhood. Testimony of an Abortion Addict*. Nueva York: Other Press.

Watson Rapley, Sandra. (2005). *Intended Parents: Miracles Do Happen. A True-Life Success Story of Having Children Through Surrogacy*. iUniverse, Inc.

Whitehead, Mary Beth. (1989). *A Mother's Story. The Truth About the Baby M Case*. St. Martin's Press.

Whitehead, Mary Beth. (1986, 20 de octubre). «A Surrogate Mother Describes Her Change of Heart—and Her Fight to Keep the Baby Two Families Love». *People*.

Ziegler, Stacy. (2005). *Pathways to Parenthood. The Ultimate Guide to Surrogacy*. Brown Walker Press.

«In the Matter of Baby M., a Pseudonym for an Actual Person». The Supreme Court of New Jersey. 109 N.J. 396 (1988). 537 A.2d 1227. *law.justial.com*.

«Thomas Pinkerton: The San Diego Surrogacy Case». *CNN.com*. Accedido el 15 de agosto de 2001.